# 臺灣歷史與文化 研究輯刊

## 二三編

## 第 4 冊

## 日據臺灣五十年（下）

李 理 著

花木蘭文化事業有限公司

國家圖書館出版品預行編目資料

日據臺灣五十年（下）／李理 著 -- 初版 -- 新北市：花木蘭
文化事業有限公司，2023〔民112〕
目 4+178 面；19×26 公分
（臺灣歷史與文化研究輯刊二三編；第 4 冊）
ISBN 978-626-344-196-5（精裝）
1.CST：臺灣史 2.CST：日據時期

733.08　　　　　　　　　　　　　　　　111021713

ISBN-978-626-344-196-5

9 786263 441965

臺灣歷史與文化研究輯刊
二三編　第 四 冊　　　　　ISBN：978-626-344-196-5

日據臺灣五十年（下）

作　　者　李 理
總 編 輯　杜潔祥
副總編輯　楊嘉樂
編輯主任　許郁翎
編　　輯　張雅淋、潘玟靜　美術編輯　陳逸婷
出　　版　花木蘭文化事業有限公司
發 行 人　高小娟
聯絡地址　235 新北市中和區中安街七二號十三樓
　　　　　電話：02-2923-1455／傳真：02-2923-1452
網　　址　http://www.huamulan.tw 信箱 service@huamulans.com
印　　刷　普羅文化出版廣告事業
初　　版　2023 年 3 月
定　　價　二三編 13 冊（精裝）新台幣 38,000 元　　版權所有 · 請勿翻印

# 日據臺灣五十年（下）

李理　著

# 目

# 次

## 下　冊

# 第九章　殖民統治政策的轉變
## ——內地延長主義

　　第一次世界大戰期間，歐洲許多古老帝國瓦解，新興國家紛紛宣告成立。1917 年俄國成立了第一個社會主義國家。美國總統威爾遜也提出了少數民族、被壓迫民族、被殖民的民族都有獨立自主的權利的主張。民主思潮與民族自決思想自此彌漫全世界，臺灣人民也開始覺醒，日本殖民統治者洞察時勢趨向，謀求統治順利，轉而實行「同化政策」，高唱內地延長主義。

## 一、文官總督的上任及「法三號」的出臺

　　在臺灣島內外民族民主運動不斷高漲的情況下，日本統治內部其組織也發生了變化。日本政府內部，於 1918 年 9 月，第一次實現了政黨政治內閣，即以「政友會」為基礎的原敬內閣。原敬早在 1896 年擔任外務次官之時，就曾向臺灣事務局提出《臺灣問題二案》，〔註 1〕主張採取與法國殖民地阿爾及利亞模式的「內地延長主義」，即殖民地延長適用殖民母國的法律和制度，也就是同化政策。此案與以後的後藤新平的沒有方針的生物學殖民地經營論大相徑廷。而日本政府和臺灣總督府的臺灣政策，並沒有採用原敬的急進的同化政策。

　　原敬組閣以後，於第二年八月以敕令第 393 號，修改了《臺灣總督府官制》，將「臺灣總督由陸海軍大將或中將充任」改為「總督親任」，〔註 2〕這樣

---

〔註 1〕伊藤博文編：《秘書類纂臺灣資料》，原書房，1977 年復刻版，第 32～34 頁。
〔註 2〕《臺灣總督府警察沿革志》（第一編），第 176 頁。

使文官的就任成為可能，並新設臺灣軍司令官。這樣，如果臺灣總督由文官擔任，軍政和軍令則由臺灣軍司令官所統轄，總督擁有一般政務的統理權，而為維持安寧秩序，在必要的場合，有請求臺灣軍司令官使用兵力的權力。

1919 年 10 月，原敬內閣任命田健治郎為臺灣總督，田成為臺灣的第一任文官總督。田健治郎和原敬在日清戰爭後，均曾任臺灣事務局的委員，曾參與臺灣統治基本政策之立案，田也支持原敬的同化政策。在任命總督的同時，又任命陸軍大將柴五郎為臺灣軍司令官。

1919 年 11 月 11 日，田總督到達臺島。就其同化主義的施政方針加以具體指示。內容涉及到教化、警察、交通、水利、農業、衛生等方面。他認為：「夫臺灣乃構成日本之一部分領土，雖然屬日本帝國憲法統治之版圖，不能視同英法各國之以殖民地只為其本國政治之策源地或經濟上的利源地而論。因此，統治方針，皆以此大精神為前提，作種種經營設施，使臺灣民眾成為完全之日本民臣，效忠日本朝廷，加以教化善導以涵養其對國家之義務觀念。統治方針雖然如是，而當在實地施行時，對其施行方法，須為慎重查核，勿致有誤其緩急順序為要。對於地勢、民情、言語、風俗相異之臺灣民眾，如俱以實行與內地同一法律制度，勢必齟齬干戈，反招苦惱。必先致力於推行教育，一面啟發其知能、道德，一面使知我朝廷撫民精神與一視同仁之聖旨，而予醇化融洽，與內地人在社會上接觸無任何逕庭，結局須為教化善導，使其到達政治上均等地步。而欲貫徹此目的，端賴官府不斷加以誘挽指導。在民眾則須忠勤互勉，而盡最善之努力。」〔註3〕為了貫徹其施政方針，田總督首先就基本立法的法源進行改正，對臺灣總督的立法權加以限制，以求得對地方行政進行大改革的法源。

1896 年的「六三法」授予臺灣總督立法權，雖以三年為期限，但之後再三延長。1906 年又繼之「三一法」，但本質上仍與「六三法」無異。日本內地一直對此進行爭議。

由於「六三法」早在發布時就有違憲之爭議，且就委任立法問題政府也對議會負有言責，而第一任文官總督田健治郎，對臺灣統治的根本方針，夙報同化主義，在內地延長主義的施政方針下，原敬內閣制定了「法三號」代替「三一法」，由法制局長橫田千之助提出，對臺灣的根本法進行修正。

---

〔註3〕簡後聰著：《臺灣史》，臺北：五南圖書出版公司，第 606～607 頁。

此議案日本議會競開會五次，於 1921 年 3 月 5 日正式議決，次年 1 月 1 日起開始正式實施。其基本內定如下：

第一條：法律之全部或一部，如有施行於臺灣之必要者，以敕令定
　　　　之。

　　　　前項情形關於官廳或公署之職權、法律上期間或其他事
　　　　項，如因臺灣特殊情形沒有特例之必要者，以敕令定之。

第二條：在臺灣須以法律規定之事項，如該法律尚未制定，或雖有
　　　　法律而不適合臺灣情形者，以因臺灣特殊情形有沒有特例
　　　　之必要者為限，得以臺灣總督之命令規定之。

第三條：前項之命令應經主務大臣奏請敕裁。

第四條：如有臨時緊急之必要者，臺灣總督得不依前條之規定，經
　　　　自發布第二條之命令。依前項規定所發之命令，經公布後
　　　　應奏請敕裁。如不得敕裁，臺灣總督應即發布其命令將來
　　　　失效。

第五條：依本法臺灣總督所發之命令，不得違反施行臺灣之法律及
　　　　敕令。

附　則：本法自大正十一年（1922）1 月 1 日施行之。依據明治二
　　　　十九年法律第六十三號或明治三十九年第三十一號臺灣
　　　　總督所發之命令，於本法施行之際，其現在尚有效力者，
　　　　暫時仍依從前之例。〔註 4〕

「法三號」最引人注目的就是將「委任立法」的形式從以「律令」立之，修改為以「敕令」定之，從而結束了長達 25 年之久的律令立法時期，開始了敕令立法時代。以前根據「六三法」和「三一法」，在臺灣施行的法律均是以總督的命令即律令為原則，而「法三號」則是以日本國內法在臺灣施行為原則，特例的部分才由臺灣總督制定律令。從某種程度上說，「法三號」是為貫徹「同化政策」而制定的。

在「法三號」尚未實施的 1919 年時，已經在臺灣實行了《共通法》，即規定了在日本及臺灣同等施行的法律。「法三號」實施後，除了若干特例外，民法、商法、民事訴訟法、民法施行法、商法施行法、人事訴訟手續法等法令皆在臺灣開始實施。但在憲法的全面適用及刑法的一元化終未實施於臺灣。

〔註 4〕《臺灣二施行スヘキ法令二関スル法律》，JACAR：A01200193300。

## 二、內地延長主義的殖民統治政策

### （一）創設總督府評議會

1896 年，根據「六三法」，設立了「臺灣總督府評議會」，其權限是議決臺灣總督制定的律令，就預算決算、重大土木工程設計、人民請願等總督所提出的諮詢事項，提供意見。評議會的權限非常有限，且能夠充任評議會員的，只限於總督府的高級官僚。1907 年時又設立了「律令議會」，此議會的職務僅限於律令的審議，會員亦如前例，全部由日本人的高級官員來充任。

田總督上任後，於 1921 年以敕令第 241 號公布了新的《總督府評議會官制》〔註5〕，恢復評議會制度。當時總督府評議會最初定員為二十五人，其中七人為官吏，十八人為民間，日臺人各九人。下表為評議會成立後歷次會議所諮詢的內容：

| 評議會召開時間 | 諮詢事項內容 |
|---|---|
| 第一次評議會（1921 年 6 月 11～15 日） | 1. 道路相關事項<br>2. 民法在臺灣實施後如何處置特例<br>3. 商法在臺灣實施後的特例事項 |
| 第二次評議會（1921 年 10 月 18～24 日） | 1. 道路相關事項<br>2. 民法及商法施行相關事項 |
| 第三次評議會（1922 年 6 月 16～22 日） | 1. 委員會附議相關教育之件<br>2. 民法及商法施行相關法令案 |
| 第四次評議會（1923 年 11 月 12 日） | 1. 現在祭祀公業相關執行措施 |
| 第五次評議會（昭和 2 年 10 月 3～5 日）<br>第六次評議會 | 1. 現在祭祀公業相關執行措施<br>2. 普及實業教育的執行策略<br>3. 本島住民海外發展的切實方式 |
| 第七次評議會（昭和四年 1 月 8～9 號） | 1. 本島產業特別振興的方策 |

此表根據 JACAR：A01200607700 中所附的《評議會的沿革及實績》內容整理而成。

臺灣總督府評議會由總督親任會長，特聘林獻堂等 9 名「新民會」骨幹為「評議員」，對總督的政務進行監督評議。從上述評議會諮詢內容來看，並沒有什麼重大的事項，這可以看出，臺灣評議會的實質，就是為了敷衍這些改良主義的紳士們，以「御用文人」的高官厚祿方式，來收買林獻堂等人，使他們自願停止民權運動。

---

〔註 5〕《御署名原本・大正十年・勅令第二百四十一號・臺灣總督府評議會官制》，JACAR：A03021330400。

### （二）地方自治制的實施

　　1920 年 8 月，總督府以敕令第 218 號發布了地方官官制改革案。此案於 9 月 1 日開始實施。緊接著，在 10 月 1 日，開始實施與日本內地地方區劃一致的州制市制街莊制。新的「總督府地方官官制」，廢止了以前實施了二十年的「廳與支廳制」〔註6〕，實施「五州二廳制」。其案第一條明文規定：「臺灣設置下記各州廳：臺北州、新竹州、臺中州、臺南州、高雄州、臺東廳、花蓮港廳。州及廳的位置及管轄區域由臺灣總督定之。」〔註7〕還規定：「在各州設置郡及市。郡的數量為四十七個，市的數量為三個，」郡及市職員配置如下：「郡守四十七人、市尹三人、理事官專任三人、視學專任五十人、屬專任四百人、技手專任五十人。」〔註8〕

　　伴隨著地方官官制的改革，1920 年 8 月，總督府以訓令第 144 號頒布了《臺灣總督府州事務分掌規程》，又以訓令第 145 號頒布了《臺灣總督府郡事務分掌規程準則》。

　　從前發全廳補助機關的支廳總共有八十六個，如今全部廢止而統合成為四十六個郡。還有以前大都由警察擔任的支廳長以下的地方官吏，也都換成文官來擔任。並且新設立了「市尹」、「郡守」。在行政規劃上，州、市、街莊都以公共團體之名獲得法人資格。另外，除了郡以外，各級行政區都設有「協議會」，各個協議會的協議會員雖然都是民間人士（日臺人），但都由地方官遴選出來的，州協議員由總督任命，市協議會員由州知事任命，而街莊協議會員則由州知事或廳長任命。但各項協議會員的民選是在 1935 年以後才開始實施的。

　　1935 年實施市制、街莊制的改革，市設置議決機構「市會」，街莊和以往一樣，保留諮詢機構的「協議會」。同年實施選舉，在市議會員，街莊協議會員之中，各半數是由州知事遴選之，半數則由民選出來，以限制選舉方式實施選舉，選舉權與被選舉權的資格相同，必需符合條件者。同年實施了選舉，由於是限制選舉，有選舉權者的數目少，所以投票率達到了 95.5%。當選者的比

---

〔註6〕廳與支廳制──一九零一年兒玉源太郎擔任臺灣總督時，在民政官長後藤新平的主張下，將臺灣全島劃分為二十個廳，各廳之下設置分廳。廳及分廳之下都有專辦警察業務的機構，支廳長全部為警察充任。一九零九年全島重劃為十二個廳，廳下設八十六個支廳。行政區劃雖有變更，但警察權力並未削弱。
〔註7〕《臺灣總督府地方官官制》，JACAR：A01200179200。
〔註8〕《臺灣總督府地方官官制》，JACAR：A01200179200。

例，在市會，日本人佔了 51%，臺灣人佔了 49%，街莊協議會由於日本人居住者較少，所以只占 8%，臺灣人則佔了 92%。〔註9〕儘管設置州會、市會這種自治的方式是值得肯定的，但由於州知事可以請求總督，市尹可以請求州知事，取消州、市會及州、市參事會的決議案，甚至也可以請求總督取消其選舉，所以「自治」是有名無實的。

## （三）警察組織的大改革

其中「警視於各州或廳在勤者專任一人，充當支廳長者三人，充任警察署長者四人，各郡配置定員人數為七人。」〔註10〕另外，此次改革還廢止了巡查補及隘勇的名稱。〔註11〕巡查補及隘勇從來都以本島人及生番人來擔當。巡查補及隘勇制度也一直被看作為一種差別待遇。田健治朗總督為了更好地同化臺灣人民，體現其「準自治制度」，在 1920 年的中央及地方行政改革中，廢止了巡查補及隘勇名稱，將巡查補改為巡查，將隘勇改為警手。其主要目的是穩定警察隊伍，推進警察業務的進步。

這次改革從內容來看，「警察制度」彷彿實現了田總督試圖讓警察回歸到的其本職務的範圍內。因為，從「兒玉—後藤」時代開始，臺灣的地方行政基本上是以警察行政區作為行政管區的「廳及支廳制」。廳及支廳的自主權力狹少，很多事情都必須等待總督的批示。「州制市制街莊制」的實施，廢止以前以警察為行政中心的「廳與支廳制」，回歸到以行政治理為中心的普通民政區劃。州知事的設立，使以前的中央集權制度得以打破，實現權力的下放，體現了分權的宗旨。判任官以下官員的任免，也屬其權力範圍。各州廳職員設置的員額也體現了這一思想。以前由警察協理負責的稅務及森林事項，現在由專任的稅務吏及森林主事來掌理。警察機構作為州政府的輔助機關，警務部長作為知事之下的最高警察首領，其機構下設幾個分課，作為單純的監督機關而存在。警察具體執行的業務，則由郡守警察署長直接掌理，同時，知事有制定行政警察法取締法規的制定職權。從警察的執務內容來看，警察專理「警察與衛生」事務。

這一新的行政機構與舊時的廳與支廳時代，在形式上確實有所不同對於郡守警察權制度，田健治朗在九月一日的官制改正的總督府會議上提出：「廢

〔註9〕 黃昭堂：《臺灣總督府》，自由時代出版社，1989 年，第 156 頁。
〔註10〕 《臺灣總督府地方官官制》，JACAR：A01200179200。
〔註11〕 《臺灣總督府警察沿革志》（第一編），第 627 頁。

止支廳，設置郡守市尹，亦是這次改革的重點之所在。從來支廳長以下的官吏都由警察官吏充任，普通行政事務亦由警察掌理。此舉畢竟只是順應時代的便宜手段。普通行政事務由普通文官來擔當，警察只發揮其本職功能。然而警備力量的重要性是不言而喻的，此次改革只不過是將警察復歸到其警察本來的職責範圍內，斷沒有縮小警備力量的想法。並且付與郡守以警察權，以確保行政機關的統一性。」〔註12〕

　　但實質上由於警察在近二十年的時間裏，一直是臺灣行政的主導實踐力量，想一下子就將本由警察主持的行政事務全部收回，由普通行政人員辦理也是不可能的，因此，在這次「總督府地方官官制」改革案中，由警察主導的地方行政機構仍然保留。首先是郡守或市長擁有警察權。另外是名義上廢止了「廳與支廳」制，但實質上，在臺東廳及花蓮廳等一些地方支廳制還在保留。支廳長仍舊由警察充任。地方行政仍舊由警察把持。知事儘管本身沒有警察權，但其有設置警察署的權力，且有權規定警察分署管轄區域。

　　雖然新的行政機構與舊時的廳與支廳制度儘管在形式上不同，但實質卻很相似。由於二十幾年養成的警察對行政的滲透能力，想一時加以消除是不可能的。警察對行政的干預，是採用強制手段，其效果自然高於普通的行政手段。經過長期的警察政治時代，人民已經習慣於並認同了警察行政。擁有警察權力的郡守及市尹，借助於警察力量來鞏固安定自己的行政統治，自是順理成章之事。特別是此時期的警察不論從質量還是從技術層面上都比以前有了長足的進展。

## （四）日臺共學制及共婚法

　　總督府的教育始於 1895 年在臺北創設的芝山崖學堂。次年又開設了「國語傳習所及國語學校」，前者以臺灣人為對象的初等教育，為地方行政施行之準備並作教育之基礎，後改為公學校。國語學校分為師範、國語及實業三部。師範部養成日人及臺人的公學校教員；國語部則對臺人授以日語的中等普通教育；實業部對臺人授以農業電信及鐵路有關的中等技術教育。

　　由於日本在臺教育的主要目的是貫徹殖民政策，但也建立了臺灣初等教育的基礎。總督府以教育作為同化、開化臺灣人的手段，在 1918 年〈臺灣教育令〉頒布以前，臺灣島內的教育制度面對漢人、原住民、在臺日人都不一樣。

---

〔註12〕《臺灣總督府警察沿革志》（第一編），第 625 頁。

日語教學、初等教育師資、初級專業人才為日治時期前半的教育重點。在受完六年制公學校教育後，有三至四年的國語學校是培養初等教育師資，五年制醫學校培養醫生，還有職業講習所作為職業教育機關；原住民所受的是蕃人公學校，修業年限僅四年；在臺日人所受的教育制度則與日本相同，並有為其設立的高等教育機關。

　　1922 年 1 月廢除三一法，改行法三號，日本的法律原則上適用於臺灣。同年 2 月，修改〈臺灣教育令〉，讓臺灣與日本的學制相同，自此臺灣各地紛紛開設中學校、高等女學校、職業學校、高等學校等學校。修改後的《臺灣教育令》，表面上使臺灣的教育制度與日本的教育制度一致，但是臺灣人的升學機會還是不如在臺日本人。這是因為中等學校的和學考試對小學校（日本人）公學校（臺灣人）之畢業生完全依照小學校畢業程度施行，臺灣兒童必須與日本兒童一樣接受小學校畢業程度的日語考試，其困難就可想而知了。

## 1926 年末學齡兒童入學率的比較表

|  | 男　子 | 女　子 | 平　均 |
|---|---|---|---|
| 日本人 | 98.3% | 98.1% | 98.2% |
| 臺灣人 | 43.0% | 12.3% | 28.4% |
| 原住民 | 74.3% | 69.4% | 71.8% |

此表引自葉榮鐘的《日據下臺灣政治社會運動史》第 60 頁。

　　從上表中可以看出，臺灣人兒童的入學率遠遠低於日本人，甚至還不及原住民，那麼臺灣人中等教育之升學的困難就不待言了，隨之的高等教育就更艱難了。當時除醫專及臺南高等商學校外，其他的諸學校均在日本內地各大城市舉辦招生考試，因此高等教育大部分為日本人所點有，教育制度之同化，事實上卻使臺人被剝奪接受高等專門教育的機會。因此留學教育成為臺灣人受高等教育最主要的途徑，留學地以日本為主。1918 年以前多是接受中等教育，1918 年以後，受高等教育的比例攀升。修習科別以醫、法、商為主，整個日據時期，臺灣在日本拿到高等教育文憑的超過六萬人，這些精英成為社會上的領導階層，並且扮演臺灣的文化啟蒙的要角。

　　在 1920 年以前，日本人與外國人的婚姻雖被日本政府所承認，但是有關日本人和殖民地人民的婚姻及認養問題，在法律上是無效的，此種狀況持續了二十多年。田總督就任後，先以通告的形勢，使日臺人之間的婚姻關係合法，

於 1920 年 8 月發出通告：「日本人和臺灣人之間的婚姻及認養申請，自今開始受理。」〔註13〕但行政命令沒有法律效力，故在 1921 年修訂了《戶籍法》。根據修訂後的《戶籍法》，日本人與殖民地人的婚姻及認養關係，被認為應當是可以完全合法化的，但於由修訂的附則規則「本法施行的日本，由敕令所定。」由此相關敕令一起都未公布，故日臺人之間的通婚，可以說是日本人採取的同化的權宜之策。

## （五）撤廢了笞刑

1904 年時任臺灣總督府民政長官之後藤新平，參照英埃及總督之建議及延續清代之肉刑，而於 1904 年 1 月以律令第 1 號發布《罰金及笞刑處分例》，對於主刑 3 個月以下之臺灣人或清國人得施以罰金或笞刑（鞭打臀部），罰金或笞刑均得相互易科。此一刑責雖有制定細則，要求執行笞刑前須囑醫師先行診察受刑人身體，經認定無法承受者應予暫緩執行；每次笞數不得超過鞭打 25 下、且至多 4 次等較為「人道」之規定，然既為日本國內法律體系所無，亦不合世界先進文明之法律，因而迭受批評。1919 年首任文官總督田健治郎上任後，即於 1921 年 5 月 1 日公布廢止此項不人道之法令。

## 小結

綜上，總督府實施的同化政策，著重點在於「效忠日本天皇與對國家之義務」，這在「使臺灣民眾成為完全之日本民臣」這一點上，是較過後藤的「以無方針為方針」，可以說是一種進步。但這不是日本殖民統治者自願的，是新形勢所迫，故其是有保留的同化，即是「教育同化、經濟同化、但政治不同化。」教育同化在於養成榨取工具，經濟同化在於便於擴展日本商品之市場，而政治上對臺人則一步也不讓。但不管怎麼說，這種不情願的同化之策，在客觀上還是促使臺灣在許多方面與日本逐漸接軌。

〔註13〕黃昭堂：《臺灣總督府》，自由時代出版社，1989 年 5 月，第 152～153 頁。

# 第十章 「同化會」與臺灣近代
# 民族民主運動的開啟

　　1895 年日本據臺以後，臺灣各地武裝反抗運動風起雲湧。總督府以臺灣人民強悍難治為藉口，確立了以「六三法」為法源的殖民地特別立法體系。在兒玉—後藤統治時期，又依據所謂「生物學原理」，殘酷地誘降鎮壓人民的武裝反抗，建立了「警察」為主「保甲」為輔的高壓政治，並以新的「鴉片專賣制度」為契機，使臺灣財政快速獨立並貢獻於日本母國。臺灣殖民統治雖然基本走上正軌，但臺灣各地小股武裝反抗仍然不斷，特別是大陸辛亥革命的成功，極大地鼓舞了臺灣人民，他們又秘密開展了一系列武裝反抗日本殖民統治的鬥爭。這些武裝反抗運動都被總督府殘暴鎮壓下去，但總督府與在臺日本人，仍將臺灣視為禁臠，極力主張臺灣之特殊性。另一方面，隨著殖民地經濟的發展，臺灣人高等教育普及程度的提高，一些臺籍精英開始接觸到西方資本主義民族民主革命的思想。以臺中紳士林獻堂為首的臺灣知識分子精英，開始尋求高壓殖民統治下臺灣人的民族民主運動的道路。林獻堂個人特別崇拜「戊戌變法」三君子之一的梁啟超，曾到日本去拜訪梁啟超，詢問臺灣民族民主運動策略。在梁啟超的啟發下，他聯合日本著名民權運動者板垣退助，促成了同化會在臺灣的成立，開啟了臺灣近代民族民主運動之濫觴。

## 一、梁啟超與臺灣民族民主運動策略的確立

　　林獻堂（1881～1956），臺灣近代著名政治家、民族民主運動先驅者，對臺灣人境遇極為同情，關心臺灣未來的前途與命運，積極尋求在臺灣開展民族

民主運動的策略。在總督府嚴苛的警察政治下，他廣求知識於各報刊，深受孫中山三民主義的影響，特別注重「民權主義」一條，「如滬之《萬國公報》，戊戌變法後，由橫濱獲讀《清議報》《新民叢報》，繼而於東京讀《民報》創刊號首頁，則為國父孫中山先生之三民主義，自是民族民權思想，日益磅礴，方知欲與異族抗衡，必須提高教育」〔註1〕1907年春天，「翹望本島人伸張權利，並暗中企圖促進此機會成熟」〔註2〕的林獻堂，借初次造訪日本之機，拜訪了私淑仰慕已久的梁啟超。

　　林獻堂與梁啟超的初見，並非純然的邂逅或偶遇〔註3〕，而是林獻堂多方打探後的巧遇。林獻堂的翻譯甘得中在其《獻堂先生與同化會》一文中回憶了這次巧遇的情形：「某日訪任公先生於橫濱新民叢報館，迄無要領，轉往大同學校晤林儒校長，告以來意，林氏謂任公不在這裡，請向神戶同文學校問湯覺頓校長。歸途遊奈良寓某旅舍，時既薄暮，細雨霏霏，余翻閱旅舍登記簿，有三位祖國人在焉，曰潘博、陳莒笙，余一位忘其姓名。知陳氏為新民叢報發行人，必知梁先生現在何處，即詢下女偕上三樓，至廊下，囑下女持片先入請，她云不必。正在談話間，室內突走出一位問何事？答以我臺灣人，欲知梁任公先生行蹤於潘陳二君。那位又問你找他何事？余說素讀他文章，久懷仰慕，冀一識荊耳。那位乃相揖入座，即曰：我即梁啟超也，聞之喜極。」〔註4〕

　　甘得中的回憶還提到兩人相遇後，林獻堂當時還向梁啟超出示了林儒的介紹信。這正說明兩個的相遇是林獻堂有意求訪下的巧遇。此後林獻堂當即向梁啟超請教，望其指明方向。由於語言不通，雙方只好筆談。梁啟超初落筆則言：「本是同根，今成異國，滄桑之感，諒有同情……今夜之遇，誠非偶然……」〔註5〕

---

〔註1〕《林獻堂先生紀念集／年譜・追思錄》，臺北，海峽學術出版社2005年版，第47頁。

〔註2〕（日）臺灣總督府警務局編：《臺灣總督府警察沿革志》（三），南天書局，1995年版，第12頁。

〔註3〕《臺灣總督府警察沿革志》（三）第12頁記載：「時為明治四十二年（1907），林獻堂等人赴日本內地觀光之時，在奈良市與流亡政客梁啟超邂逅，聽其說有所啟發。」「沿革志」中對此事件的說法，也許是由於編纂者本身對林與梁的見面情況不甚瞭解，也許是由於編排上的需要，而省略其具體情節。這種情況卻致使後來研究者對林與梁的初次見面情況有誤讀，導致一些相關文章中出現林與梁偶遇的寫法。

〔註4〕《林獻堂先生紀念集／年譜・追思錄》，第55頁。

〔註5〕《林獻堂先生紀念集／年譜・追思錄》，第57頁。

梁啟超的傷時懷世之感，幾使林獻堂等人落淚。他向梁啟超訴說了臺灣人民的苦境，求教先生指導迷津：「我們處異族統治下，政治受差別，經濟受榨取，法律又不平等，最可痛者，尤無過於愚民教育，處境如斯，不知如何而可？」〔註6〕

梁啟超答稱：「三十年內，中國絕無能力可以救援爾等，勿寧效愛爾蘭人之抗英。初期愛爾蘭人採取暴動抗爭，但小則以警察，大則以軍隊，終被壓殺而無一幸免，後乃變計，勾結英國朝野，漸得放鬆壓力，繼而獲得參政權，終得與英人分庭抗禮……爾等何不效法之？」〔註7〕

梁啟超告訴林獻堂的方法，就是臺灣人不要再作無謂的犧牲，最好仿傚愛爾蘭人對付英國的手段，多多結識日本的政界要人，以此牽制日本殖民當局，使其不至於過分壓迫臺灣人民。梁啟超所談「愛爾蘭之抗英」之策，即是非暴力民族民主運動，與林獻堂主張的溫和的抗爭想法不謀而合。林獻堂自謂聞之「妙不可言，自是銘心印腦」〔註8〕，因總督府壓迫虐待臺灣人民而深感悲憤但又不知如何解脫的抑鬱心境也豁然開朗。

這次會見，堅定了林獻堂鬥爭的信心，成為其人生的一個重要轉折點。林獻堂立即邀請梁啟超擇機前往臺灣，向民眾宣傳其進步思想；同時希望梁啟超為他引見日本政要，以為日後民族運動的開展奠定基礎。

林獻堂與梁啟超見面後，時常有書信來往。1910年春天，林獻堂攜子赴東京時，再次晉謁了梁啟超。當時梁啟超作《贈臺灣遺民林獻堂兼簡其從子幼春》的七古長詩一首，內容除對林氏個人推崇勉勵外，還對總督府對臺灣的苛政，如製糖會社、保甲制度及日人對臺胞的歧視侮辱等進行了批評。

1911年2月，梁啟超赴臺成行，幾經周折才被允許登岸，每日特務跟蹤監視，切身地體會了日本警察對中國人的歧視，目睹了殖民統治下臺灣人民所遭受的種種不公，傷感無奈而難於直抒胸臆，遂作詩賦表達其意，以詩寄情言志，留下了詩詞近百首〔註9〕，隱晦地表達了殖民統治下臺灣人民的哀怨之情，及對殖民統治者的強烈不滿，暢言了臺灣同胞對祖國的思念之情。

梁啟超臺灣一遊，掀起了臺灣知識分子對祖國的思慕與熱愛，激發了臺灣

〔註6〕《林獻堂先生紀念集／年譜·追思錄》，第56頁。
〔註7〕《林獻堂先生紀念集／年譜·追思錄》，第56頁。
〔註8〕《林獻堂先生紀念集／年譜·追思錄》，第56頁。
〔註9〕梁啟超：《飲冰室合集·專集》之二十二《遊臺灣書牘》，臺北，中華書局1989年版，第202頁。

人的民族意識，刺激了青年人對新思想新知識的求知欲，對臺灣社會、特別是臺灣知識分子階層，影響極為廣泛深刻。他們集結在胸中的壓抑悲憤之情，因梁啟超的溫存與慰撫，得到暫時的宣洩，強烈的民族主義情懷得到釋放。梁啟超所倡導的非暴力溫和的民族運動方法，為臺灣民族民主運動指明了新的方向。此後，林獻堂領導的非暴力溫和的臺灣民族民主運動在臺灣轟轟烈烈展開，而其牛刀初試，則是助板垣退助成立臺灣同化會。

## 二、臺灣民族民主運動人士在日活動與同化會的發起

1913 年 5 月，林獻堂前往大陸拜訪梁啟超，在歸途中順路訪問了東京。經與之志向相投的前臺中清水莊莊長王學潛介紹，和臺灣前稅關官員佐藤源平、中西牛郎及《東京每日新聞》副社長寺師平一等相識，並透過他們的關係，希求與內相原敬會面。佐藤等人之所以願意幫助林獻堂引見政要，並不是因為與林道同，而是想從臺灣謀取私利。他們曾用發行漢語報紙的名義，向板橋林本源家族募款，但事生齟齬未能成功，得知林獻堂來臺，以為可以利用。〔註 10〕

林獻堂之所以想拜訪原敬，則是因為原敬個人對臺灣的態度關係。原敬在第一次西園寺公望內閣時期，曾任日本中央臺灣事務局委員，在「六三法」草案擬定時，曾對臺灣總督擁有立法、行政、司法等廣泛的權限（特別是具有法律效力之命令的發布權）、臺灣的預算不需帝國議會協贊及總督武官制等提出了質疑；另外他還向國會提交過著名的《臺灣問題二案》〔註 11〕，提出不將臺灣當成「殖民地」來看待。不過，原敬的主張及其提案並未獲得國會多數的同意。〔註 12〕原敬的意見雖未被採納，但此後臺灣到底應視為「殖民地」還是「內地同樣」的爭議則在日本政府內部一直持續著。而原敬「內地同樣」觀點也為他贏得來了受壓迫的臺灣人的好感。這也是林獻堂此次希望拜訪原敬並期望能獲得其支持的原因。

不過，原敬以工作繁忙為由拒絕了林獻堂他們的請求。林獻堂等人後經寺師平一引見，轉而拜會當時正閒賦在家，已經七十八歲的自由民權運動領袖板

---

〔註 10〕（日）《臺灣總督府警察沿革志》（三），第 13 頁。
〔註 11〕（日）伊藤博文：《秘書類纂臺灣資料》，東京：原書房，昭和 52 年版，第 32〜34 頁。
〔註 12〕（日）《岩波講座近代日本と殖民地 4——統合と支配の論理》，東京：岩波書店，1995 年版，第 33 頁。

垣退助伯爵。板垣是日本近代自由民權運動的倡導人,純真的理想主義者,主張尊重、聽從民意的自由民權思想。其所領導的自由民權運動雖最終失敗,但它所廣布的人民權利與革命的思想,給一般國民指明了結成政黨、爭取參政議政權的道路。板垣此時雖「採菊東籬」,但對世事仍有思考,懷有「擁有東亞的和平非以日支兩民族的同盟不足以維持的信念。而且似有在日支同盟的手段方法上,非利用臺灣人不可的看法」。〔註13〕也許正因為如此,板垣才願意會見來自臺灣的「下等」之人。

　　林獻堂向板垣控訴了臺灣總督府統治政策的嚴苛狀況。板垣非常同情,表示:「臺灣總督政治,不足以佐百姓,反是為虐,實大謬不然。」〔註14〕他勸慰林獻堂說:「你們臺灣人原是漢民族,與大陸人民,情如手足,今日為日本臣民,與大和民族誼似同胞。君等處在兩民族之間,持有情誼之柄,用以溝通雙方意志,言歸於好,應為中日親善之梁。另有一事,君等需覺悟,臺灣處於列強環伺之中,中國既無海軍,臺灣又孤懸在海外,終必有被白人佔據之一日,如緬越印度各民族,食苦必多。今隸屬帝國,既是同文同種,猶同是孔子弟子,與日人相處,較為輕鬆愉快。」〔註15〕他還表示願意幫助林獻堂,強調說:「日支(華)提攜,進而團結亞洲各有色民族,方得以安固東洋永遠之和平。」〔註16〕林獻堂聞板垣言非常激動,當即請求其赴臺進行視察。板垣也表示願意。佐藤等人也認為這是一個好的機會,便勸說林獻堂出資。

　　1914年2月,板垣退助等一行人來臺訪問,臺灣總督親率文武百官前往迎接。板垣不顧高齡,僕僕風塵到各地訪問,並安排演講。其主題均為強調東亞民族的團結,向臺灣民眾宣傳其「同化意識」,「日本人是亞細亞人,應該和中國提攜,對抗白色人種。臺灣最近中國,適於親善融和,所以在臺的內地人要尊重人種;有保護臺灣人生命財產之義務。我這次細察臺灣人與日本人的關係,深感應該互相同化。盼望諸君共同協助,造成一個真正的日本殖民地」。〔註17〕同時,板垣強調日本在國防上「實有與支那人締結親交之必要,而若欲開其端緒,舍本島外實無他途。余此次來臺視察本島之理由委實在此」。〔註18〕

〔註13〕（日）《臺灣總督府警察沿革志》(三),第13頁。
〔註14〕《林獻堂先生紀念集／年譜‧追思錄》,第60頁。
〔註15〕《林獻堂先生紀念集／年譜‧追思錄》,第60頁。
〔註16〕《林獻堂先生紀念集／年譜‧追思錄》,第60頁。
〔註17〕（日）《臺灣總督府警察沿革志》(三),第13～14頁。
〔註18〕（日）《臺灣總督府警察沿革志》(三),第13～14頁。

阪垣演講的主旨著重於日中兩國之提攜，目的當然是為日本謀取利益，對臺灣人境遇的說辭，也是出於強者對弱者的同情。儘管這樣，被差別待遇已久的臺灣人，親耳聽到板垣「內（日）臺人」不分軒輊的說辭，看他放言批評總督府對臺之施政，自是前所未聞，大為感動，好評如潮。

板垣退助根據在臺視察的情況，歸日後寫成《臺灣之急務》一文，提出了著名的「日臺同化主義」。〔註19〕隨板垣赴臺的寺師、中西、佐藤等人，看到板垣在臺受到極大的歡迎，便積極地謀劃擁戴板垣成立臺灣同化會，故「沿革志」中評價說：「這些人的言行頗為奇矯，事事煽動本島人，頻頻發出挑撥的言辭，或責難總督府的施政，或謾罵官員的行為，以博得本島人的歡心。」〔註20〕不管這些人的目的如何，他們在同化會的成立過程中，還是起了一定的促成作用。

同年7月，板垣又發表了著名的《關於臺灣同化會首倡》一文，倡導成立臺灣同化會。板垣文中提出亞洲人在今後的國際關係上必須團結對抗歐美人的迫害，「尤其日支（華）兩國之親疏，關乎我國國運消長至重且大固無論矣，此點自不待言……蓋帝國新領土之臺灣島，是南門之鎖鏈，且為日支（華）兩民族之接點。是故，該島之統治如何，不只將我殖民政策之成敗昭示與世界，同時亦將為決定日支兩民族離合之端緒」；「且於此間殖民地統治者，往往急功近利而又智於苟安，愚民以逞，阻塞一切知識開發之機會，欲藉法律加以壓迫，是皆貽誤統治之大計，緣此而不遺留百年之禍根？本來天不在人上造人，不在人種之上造人種，保持頂天立地平等之生存乃人類之原則。徒然抑制民智以求保全統治之全者所能為力哉。又有進者，精神教育不行，則愛國心無由而生，愛國心不生，則如何能養成完全之國民乎！唯有斷然實行精神教育以開發智識，於所顧之處施行善政，使民無不平之聲，捨此別無他策」。〔註21〕他強調「統治臺灣之根本唯有採取同化主義」。〔註22〕

板垣另在《臺灣同化會設立趣旨》一文中，明確了創立臺灣同化會的意義與作用：「同化主義是臺灣本島殖民地官民一般的輿論，而如欲使土著島民和官吏及內地人能不拘形式以收渾然同化之實者，首先要有交際的機關。這就是設立本會的動機。為了使島民和內地官民的親密交往，儘量擴大其範圍，令利

---

〔註19〕（日）板垣守正編：《板垣退助全集》，原書房，1969年版，第403～408頁。
〔註20〕（日）《臺灣總督府警察沿革志》（三），第15頁。
〔註21〕（日）《臺灣總督府警察沿革志》（三），第15頁。
〔註22〕（日）《臺灣總督府警察沿革志》（三），第16頁。

害關係趨於合理，藉以培養理想和友愛之情，這是它的著眼點。」〔註23〕該會之事業在於「致力精神教育、謀慈善事業之普及、期競爭之圓滿、平等利用交通運輸、獎勵農工商諸業、以圖組合事業之發展等」。〔註24〕

板垣為設立臺灣同化會還上下奔走，徵得當時首相大隈重信的同意，並收集貴族院議長德川家達、眾議院議長奧繁三郎、東鄉平八郎元帥、川村景明等日本知名人士的贊助文，編纂成《朝野名士對臺灣同化會意見書》。

晚秋時節，林獻堂再度赴東京拜訪板垣退助。板垣將《臺灣同化會設立趣旨》及《朝野名士對臺灣同化會意見書》示與林，以示日本朝野對臺灣的重視，同時建議林獻堂拜訪這些名士，向他們說明臺灣情況。在板垣的安排下，林獻堂等人造訪了這些人士，大致說明下列情事：「自六三法通過後，對臺灣所有立法，皆由總督以律令行之，臺灣幾成總督府之臺灣，似與日本帝國無涉，若現在之總督政治，雖經二十餘年之久，始終以警察為政，既不足以佐百姓，徒使人民畏懼。勿論為臺灣計，為日本國家計，終非良策。雖於形而下之物質文明略有進步，無如形而上之精神文化落後如故。如臺灣初等教育之就學者，尚在百分之二十餘，而中等學校甚至一所亦無，較諸美國之於菲律賓，實相距甚遠。歷代總督之為政，雖宣稱奉天皇陛下一視同仁之聖旨，但僅教育一端即如是，其他庶政當可類推而知。」〔註25〕

日本政界對林獻堂等人的游說，反應較為積極。法務相尾崎行雄、內閣秘書長江木翼及立憲同志會領袖島田三郎、河野廣中等人，都表示待有機會訪問臺灣進行實地調查。立憲黨黨魁犬養毅，亦深表同情。他說：「日本國內官僚濫用職權，警察枉法妄為，已為世人所疾首蹙額，而於臺灣想必更甚；日本之普選要求不久將漸及臺灣，雙方互勉繼續努力；至於委任立法乃因環境特殊所採措施，約定今後將檢討廢止事宜。」〔註26〕

時任首相的大隈重信對成立「臺灣同化會」也表示贊同。他認為：「板垣之同化會，其主旨將為臺灣別開新生面，臺灣之總督政治為後藤新平所建，根深蒂固，非大舉清掃，其污穢終難廓清。」〔註27〕另據甘得中在《獻堂先生與同化會》中記載，大隈甚至還勉勵林獻堂等人說：「在臺日人經常欺負你們，但

〔註23〕 （日）《臺灣總督府警察沿革志》（三）第二編中卷，第16頁。
〔註24〕 （日）《臺灣總督府警察沿革志》（三）第二編中卷，第16頁。
〔註25〕 《林獻堂先生紀念集／年譜‧追思錄》，第63頁。
〔註26〕 《林獻堂先生紀念集／年譜‧追思錄》，第65頁。
〔註27〕 《林獻堂先生紀念集／年譜‧追思錄》，第66～67頁。

日人在朝鮮、滿洲皆是如此,實在毫無辦法。聞同化會將在臺展開活動,盼諸位惠予協助,切勿畏懼,若有事可直接告知我,以電報或書信亦可。」〔註28〕

如果真如甘得中回憶的那樣,首相大隈重信支持成立臺灣同化會,且對「兒玉—後藤」時代所確立的「生物學」統治政策有所微詞,可以推知可能日本政府內部對臺殖民策略有所反思,希望能找到更合適的方式來進行統治,以適應時代的變遷所帶來的新情況,平息臺灣人民的不滿,鞏固穩定日本對臺的殖民統治。另外,由於林獻堂與日本政界高層的頻繁接觸,也使貴眾兩院議員對臺灣庶政開始置喙,報刊雜誌也開始言及臺灣統治的問題。

## 三、臺灣民族民主運動人士積極參與同化會的籌組

林獻堂等人在東京籌謀之時,恰好民政長官內田嘉吉歸京。於是林等去拜訪,內田嘉吉極為傲慢,「高踞毫不為禮,問來京何事?答以何事。又問何時返臺?答以何時。他只哼一聲,非止無杯茶相待,連叫坐也沒有。」〔註29〕從內田的態度推測,可能還不知道林與板垣謀劃成立同化會之事,或已經知悉但並不認同,出於統治者對殖民地人民的藐視,對林獻堂等人相當地冷淡。

成立臺灣同化會必須得到總督府當局的認可,故林獻堂返臺後再次拜訪內田嘉吉,欲告知板垣伯爵近日訪臺並請求惠予協助。門吏告之內田正在入浴,不便相見。林等返回路上,門吏將其追回。內田備茗果咖啡相迎並贈與書籍,言語態度至為殷勤,較上次判若兩人。他表示:「同化會主旨極佳,正與本官所持方針吻合,唯政治如利刃,若使小孩玩弄,實危險萬千。君等為地方先覺,請指導民眾勿使近之,以防不測。」〔註30〕

從內田嘉吉的言語分析來看,表面上雖認同板垣的同化政策,但卻輕蔑地將臺灣人視為未成熟開化的孩童,認為他們搞政治危險萬千,並警告林獻堂等人臺灣人不要接近政治。這說明,儘管內田在口頭上說什麼同化會與其統治方針相吻合,但實際上並不贊同在臺灣成立同化會。儘管這樣,同化會的成立計劃還在繼續進行著。11月中旬時,以首倡者板垣退助署名的《同化會趣旨書》,以伯爵的名義分發給各廳下區長、保正及其他地方有力人士。

板垣在「趣旨書」中再次強調:「我帝國今後之問題,首繫於外交關係。而日中兩國之親疏,關係到我國運之消長。今歐美人動輒以上等人之感而行國

〔註28〕 《林獻堂先生紀念集／年譜·追思錄》,第67頁。
〔註29〕 《林獻堂先生紀念集／年譜·追思錄》,第67頁。
〔註30〕 《林獻堂先生紀念集／年譜·追思錄》,第68頁。

際之事，亞洲人被迫害之例隨處可見，讓人心寒。」〔註31〕從中可以看出，板垣推動成立臺灣同化會的根本原因是「意欲維持國家之獨立」「民族之昌隆」的日本國家命運，而不是在於改變臺灣人被統治的命運。板垣之所以以臨老之軀奔走於日臺間，是源於他將臺灣視為日中兩民族接觸地帶，日本殖民政策成敗垂示之窗口。

板垣還批評總督府說：「有些殖民統治者往往貪圖眼前之功名與苟安，或以愚民政策堵塞一切知識啟蒙之機會均等，並以法律加以壓迫者屢見不鮮。此均為統治大計上之謬誤所致。」他引用福澤諭吉《勸學論》中「天不造人上人」之言並加以變通，說：「原來天不在人上造人，更不在人種之中再造人種，保有頂天立地平等之生存乃人類之原則。」〔註32〕「天不造人上人」本為板垣所領導的自由民權運動之口號，針對臺灣之現實，而將此句引申為「不在人種之上造人種」。

板垣所主張「同化」的實質，是要求殖民地臺灣人民，對日本國家盡日本人同樣的忠誠與義務；而日本政府應給予臺灣人民和日本人同等之待遇，以消除外地與本國之畛域，從而分化臺灣人民的中華民族意識與情感。「同化」的目的，是以日本國運昌隆為原則，將臺灣作為對外展示的窗口及與中國交好的媒介。

板垣退助作為日本有影響力人物，勇於批評總督府的殖民統治政策，主張日人與臺人平等，倡導給臺灣人平等受教育權等，不能不說在當時特殊的境況下，有著一些正面的意義。他對作威作福的臺灣總督府官吏抨擊的言論，說出了臺灣人所不能講的言語，刺激了臺灣人民民族意識的提升，鼓勵了臺灣民眾參政議政的政治意識。

11 月 23 日，板垣再度蒞臺，對有志同化運動的日人與臺人以鼓勵，並親自向總督府提出請求，要求同意募款一百五萬日元用於「同化事業」（為期五年）。板垣於 12 月 9 日在臺北廳會議室邀請市內各團體代表及其他重要人士，由桶脇盛苗說明該會設立的主旨，同時，對各街的評議員、臺北廳下參事、區長及其他重要人士也作了說明。

但當板垣退助以同化會總裁名義，向總督府申請許可時，情況卻發生了變化。總督府請其將涉及政治項目完全刪除，單純作社會教化的團體。為交涉此

〔註31〕（日）《臺灣總督府警察沿革志》（三），第 15 頁。
〔註32〕（日）《臺灣總督府警察沿革志》（三），第 15 頁。

條，反覆多次，最後板垣大怒，說：「日常生活皆屬政治，捨棄政治，目的盡沒，何有於社會教化耶？」〔註33〕總督府最後懼於板垣的聲勢，於12月13日以府令第86號認可募款，使該會獲得成立許可。同化會雖然獲得成立，但總督府與板垣關於同化會政治項目的矛盾，已為同化會成立不久即被解散埋下了伏筆。

12月20日，「臺灣同化會」在臺北鐵道飯店舉行成立大會，發布了《臺灣同化會規章》，宣布同化會是以「內地人臺灣人（不問官民）為組織成員，作為敦新睦族之交誼，期盼渾然同化，以報一視同仁之皇恩；為達成前項目標，籌劃適於逐步改良風俗及精神修養，並其他聚會清遊所需之設施」〔註34〕規章還規定會員必須守信義，重友愛，不可失去鄰保共同之精神，互以真誠相待。

「同化會」由板垣親自任總裁，並以寺師平一、野津鎮武、桶脇盛苗為理事，河合光雄、武藤親廣、石原秀雄、騰卓郎為幹事，鈴木宗兵衛為顧問並會計監督。〔註35〕評議員規定由總裁推薦，其人選除總督府高級官員、各廳長、在臺日本人有力者外，大部分為臺灣各地士紳。日本內地高官顯要亦有多名被列為贊助人。「同化會」召開成立大會時，與會者人數高達五百多人，總督府官方有高田殖產局長、石井覆審法院長、高橋土木局長、高木醫學校長、龜山警視總監，角通信局長等也以來賓身份臨席，其他知名官民亦有數十人，場面之大，聲勢之隆，可以說是前所未有。

「同化會」成立時的會員多達三千多人，而其中的日本人共計44人。「同化會」核心人員大都是退職的日本官吏、軍人或浪人，都是隨板垣來臺的日本人，並沒有在臺長期生活的經驗，對臺情況也不甚瞭解。〔註36〕這說明在臺日本人對「同化會」並不感興趣。矢內原忠雄在《日本帝國主義下之臺灣》就此進行了說明，認為日臺人士在接受「同化會」宗旨時，在心態上有著天淵之別。臺灣人方面，是爭取「享受與內地人（日人）同樣之權利待遇」，而在日本人方面，則是「化育臺人使與日本人同樣」。〔註37〕另外，該會的核心組成人員

〔註33〕《林獻堂先生紀念集／年譜・追思錄》，第70頁。
〔註34〕（日）《臺灣總督府警察沿革志》（三），第17頁。
〔註35〕（日）《臺灣總督府警察沿革志》（三），第13～14頁。
〔註36〕寺師平一是《東京每日新聞》副社長；野津鎮武是前韓國軍事顧問；桶脇盛苗為前芝警察署長，鈴木宗兵衛是高利貸者。參見赤鳥帽子：《臺灣官民奇聞情話》，臺南，新報社1925年版，第56～58頁。
〔註37〕矢內原忠雄著，周憲文譯：《日本帝國主義下之臺灣》，臺北，海峽學術出版社2002年版，第213～214頁。

均為日本人,故可以將「臺灣同化會」理解為日本人創辦的第一個同化臺灣人的機構與組織。同化會的參加人數如下表:

**臺灣同化會各廳參加人數統計表(其中有日本人44名)**

| 臺北廳 | 新竹廳 | 臺中廳 | 南投廳 | 臺南廳 | 嘉義廳 | 阿候廳 | 總　計 |
|---|---|---|---|---|---|---|---|
| 794 | 532 | 1,109 | 7 | 541 | 106 | 44 | 3,133 |

此表根據《臺灣社會運動史》(第一冊)第16頁之內容整理而成。

從上表來看,除了臺東及澎湖由於地理上遠隔的關係,其他地域都有人參加同化會。這說明「同化會」的主要成員都是臺灣本島人,他們大部分都是臺灣社會的上流人物。他們參加「同化會」的動機,也許是仰慕板垣的聲望及其對臺灣人之好意,也許是被林獻堂的號召力所吸引,但更多的是為了能通過此項政治活動而實質改善臺灣人的被殖民壓迫的境地。儘管同化會還沒有滲透到最普通的臺灣大眾之中,但在高壓警察政治統治的當時,這種全臺性的社團組織,是破天荒的第一次,對於促進臺灣人的民智開化,思想進步,起了一定正面積極的作用。

## 四、「臺灣同化會」被迫解散及其影響

帶有濃厚政治色彩的「臺灣同化會」,因其倡導「日臺人平等」,吸引了眾多臺灣熱心人士的擁戴。櫟社詩人林仲衡曾做詩唱云:「三百萬人齊下拜,馬頭擁出自由神。」〔註38〕臺灣人民的熱切關注,使總督府及在臺日本人更加恐慌。

板垣退助因軍功被天皇授予伯爵之銜,成為「華族」,在明治時期曾任內務大臣,其身份甚至比「維新四傑」更高。他堅持自由民權思想,其自由民權運動雖終歸失敗,但日本史家對這次運動的歷史意義有極高評價。板垣倡導並成立的「臺灣同化會」,是考慮到「日本擁有臺灣,雖得其土,未得其民,終非國家長計」。〔註39〕但在臺日本人則未必有此識見,反而將「臺灣同化會」視為板垣自由民權運動的再試驗。如果在殖民地臺灣,沒有「人種之上之人種」,就必須消滅差別待遇,使日本人與臺灣人享有同等的權力。這是對殖民者特權的挑戰,不可能被在臺日本人所接受。這也是「同化會」成立之時,在

〔註38〕葉榮鐘:《日據下臺灣政治社會運動史》(上),臺北,晨星出版社2000年版,第45頁。
〔註39〕《林獻堂先生紀念集/年譜·追思錄》,第62頁。

臺日本人態度消極，參加的人數寥寥無幾的真正原因。

在臺日本人的特權意識，使之視「臺灣同化會」為洪水猛獸。日本據臺後，總督府完全以日本人的利益為施政的重心，長期以後藤新平的「生物學原理」來治理臺灣，強調臺灣的特殊性，倚仗「六三法」，逐漸形成一整套壟斷殖民地利益的政策，並培養了一批綽號為「民敕」的特權階級，視臺灣為他們的私有物，將臺灣人民視為榨取的對象。他們不但不肯與臺灣人提攜共享，甚至對日本人也加以排斥。板垣所倡導的「同化主義」，明顯帶有著法國大革命的「天賦人權」思想。這必使在臺日本人的既得利益受到損害，故他們想盡辦法使之瓦解。

在臺日本人彼此間雖為個人利益勾心鬥角，但在對付臺灣人民時，無論官民、敵友，卻總能合作無間，對板垣退助的「同化會」的破壞即是一個典型。

12 月 20 日，臺北律師會計劃在 27 日舉行反對「同化會」的演講會。在臺北的板垣退助同鄉、土佐出身的人所組織的「土陽會」會員，藉口「同化會」可能傷害到板垣退助的晚節，反對板垣成立「臺灣同化會」。

「土陽會」推選松村鶴吉郎、秋山善一兩人為代表，訪問板垣並面呈《對臺灣同化會的意見》，對「同化會」提出各種異議，認為「同化會的成功與否，不啻關係內地人的信用，而且對本島統治亦為具影響的大事」，要求板垣接受其改正案，及其提出的「修正案要點」。〔註40〕從「土陽會」所提出的「修正案要點」來看，在臺日本人並不贊成板垣敦親睦族的渾然同化主義，而企圖將「同化會」修改成為「完全避免涉及政治，以謀求普及國語、矯正風俗以及促進內地人本島人間的親善為目的」的民間教化組織〔註41〕，與總督府當初的要求相一致。他們認為這樣既可以使「同化會」續存下去，也可以使板垣保持「晚節」。

首先，「土陽會」的要求，實質是總督府及在臺日本人對「同化會」的反對。他們認為臺灣人參加「同化會」，並不是希望同化成為日本人，而在於參政議政。「已入會或擬欲入會的大多數人，都說加入同會化便可立獲參政權，或說可被任用為高級官員，或說可和內地人結婚，或稱可自由改廢制度，從而可獲得各種營利事業的經營權等等。宛如把同化會視為擴張利權的機關。」〔註42〕

〔註40〕　（日）《臺灣總督府警察沿革志》（三），第 21～22 頁。
〔註41〕　《臺灣社會運動史》（第一冊），臺北，海峽學術出版社 2006 年版，第 15 頁。
〔註42〕　（日）《臺灣總督府警察沿革志》（三），第 21 頁。

臺灣人踴躍地參加「同化會」,當然也不是希望被同化,而是希望改變自己被殖民的悲慘境地。醫學專門學校的學生蔣渭水、杜聰明等 170 多人參加「同化會」的事實,就是最好的證明。所以,「臺灣同化會」之所以曇花一現,其根本的原因就在此。

其次,「土陽會」還要求加強評議員在「同化會」中的功能與權力,且希望評議員中日本人與臺灣人平分春秋。這是由於在「同化會」成立之時,臺灣人參加的人數遠遠多於日本人,故評議員可能大多由臺灣本島人擔當。此點修正案的提出,說明在臺日本人希望日本人評議員的人數增加,進一步掌握「同化會」的權力,以保證「同化會」不會危及到在臺日本人的利益。

第三,「土陽會」還就財政問題提出異議。由於臺灣人的收入並不高,還要承擔來臺日本人的各種費用,在「同化會」成立之時所收集的會費合計只有 4,660 多元,而「同化會」所開銷的金額高達 30,000 元,入不敷出,甚至連板垣住宿鐵路飯店的費用(700 元)也無法支付。〔註43〕經濟問題並不是主要問題,但卻是最容易讓人抓到把柄之處。「土陽會」就以資金問題來為難板垣退助,使其陷入難堪之境。

繼民間同鄉團體「土陽會」對板垣施壓後,在臺日本人也向中央政府施壓。總督府官員糾集各廳長及地方有力人士,直接或間接地向日本政府反映「同化會」問題,攻擊板垣,認為其無視臺灣現實,將臺灣視同明治初年的日本內地,散佈自由民權平等思想,使臺灣人民惶惑,如不盡早禁止,將動搖總督政治,使臺灣前途陷入困境。後藤新平也親自打電話,謂其接獲臺官民祈請函電數十封,懇請大隈下令禁止板垣之妄為。

總督府方面則以「同化會」幹部欺詐臺人財物為由,揭發阪垣退助有欺君之罪,為解散「同化會」尋找理由。以臺北廳長加藤為首,全臺各廳長也一齊辭退「同化會」評議員,以打擊瓦解「同化會」。12 月 23 日,總督府取消了「同化會」徵收會費的認可;26 日,又以妨害公安為由,命令「同化會」正式解散。

在《臺灣總督府警察沿革志》中,絲毫未提及所謂「同化會」「妨害公安」之實,卻極力在「同化會」幹部金錢關係上做文章,而這個不能成為「妨害公安」的把柄,只能說明總督府無法將懼怕的東西拿到檯面上來,只好在財務上做文章。

---

〔註43〕葉榮鐘:《日據下臺灣政治社會運動史》(上),第 52 頁。

　　板垣退助對解散「同化會」的反應，目前沒有找到資料進行說明。從「臺灣同化會」很快被解散的事實來判斷，推測可能是接受同鄉會的勸告，或是因為「同化會」的財政問題，而同意解散之；另外的可能是板垣退助本人並不願意解散「同化會」，但由於接下來臺灣一連串的反抗日本殖民統治事件，使其反思自己的想法，並放棄了自己的「同化」主張。

　　總督府利用次年（1915 年 8 月）爆發的「西來庵事件」〔註44〕，證實臺灣的民情與板垣退助所見的不同，「臺灣民心現在尚且反叛不定而輕言同化，寧非癡人說夢。」〔註45〕「西來庵事件」與前期的「林圯埔事件」（1911 年）、「苗栗事件」（1913 年）、「六甲事件」（1914 年）性質基本相同，但總督府卻採取了完全不同的手段，小題大做地將其定性為是「大陰謀事件」，使整個事件被告者共達 1,957 人之多，被判死刑者高達 866 人，有期徒刑者達 453 人，此外死傷的無辜百姓不知凡幾。總督府對「西來庵事件」的殘酷鎮壓，使臺灣知識分子精神深受打擊，臺灣人民的抗日運動由此從武裝鬥爭轉為社會與政治運動。

　　就整個日據五十年臺灣的社會來看，前二十年各地的武裝反抗運動均是個別的、分散的、地方的、無組織的民族反抗運動。這也使得總督府將臺灣建成「警察王國」。在高壓的警察保甲政治下，近代思想思潮的影響沒有波及到島內，也未有社會政治運動崛起的萌芽。「大多數的民眾還未脫離蒙昧的境界，因此企圖發展以近代思想為背景的社會運動，作為其前提的啟蒙運動所具的意義極為重大，其影響力亦恰似開拓處女地一般的強大。」〔註46〕

　　受梁啟超啟蒙、林獻堂協助板原退助成立的「臺灣同化會」，是「本島人有知階級多年來抱負的披露」〔註47〕，雖成立不久就被迫解散，但運動所宣傳的民權思潮在島內知識分子間廣泛被接受，運動所帶來的民主主義思潮已經如種子般扎根於臺灣人心中，被稱為臺灣「思想運動的黎明」〔註48〕。隨著一戰末期風靡世界的民主主義、自由主義及民族自決主張的激勵，潛藏於腦海

〔註44〕「噍吧哖事件」又稱「西來庵事件」、「余清芳事件」，是 1907 年至 1915 年間臺灣民眾抗日鬥爭中參加人數最多、範圍最廣、規模最大、犧牲人數最為慘烈的事件。
〔註45〕葉榮鐘：《日據下臺灣政治社會運動史》（上），第 54 頁。
〔註46〕《臺灣社會運動史》（第一冊），臺北，海峽學術出版社 2006 年版，第 1～2 頁。
〔註47〕《臺灣社會運動史》（第一冊），第 3 頁。
〔註48〕《臺灣社會運動史》（第一冊），第 6 頁。

中的民族意識被喚醒，從民族自決主義出發，臺灣同胞喊出了「臺灣非是臺灣人的臺灣不可」的口號，日漸團結起來。這裡需要說明的是，日據時期臺灣的民族自決思潮，是對日本殖民統治的反抗，是希望從日本殖民統治下解放出來，不是脫離中國的「臺獨」，「這些傾向的根本原因，在於本島人屬漢民族系統，且在語言、思想、信仰、風俗、習慣等方面，都懷抱著深厚的漢民族傳統。」〔註49〕

## 小結

綜上所述，「臺灣同化會」實際上是林獻堂領導的臺灣近代民族民主運動在梁啟超思想啟發下爭取日本政府上層支持的一次嘗試。無論是「臺灣同化會」的發起、籌組，還是「臺灣同化會」的成立，林獻堂等臺灣民族民主運動人士都參與其中，甚至「臺灣同化會」的解散，也與參與其中的臺灣民族民主運動人士爭取與日本人平等的政治訴求有密切關係。毋庸諱言，「臺灣同化會」成立的目的是為日本帝國主義向外擴張服務的，但其對臺灣人民被殖民地位的同情、要求取消差別待遇、主張日人與臺人平等等，在當時的臺灣還是有一定正面的社會意義。特別是其「天不在人上造人」「不在人種之上造人種」的思想，帶給臺灣人民極大的啟示和共鳴。這也是林獻堂等臺灣民族民主運動人士之所以積極參加「臺灣同化會」的原因。「臺灣同化會」則為此後臺灣民族民主運動的開展帶來了一定的積極影響：首先，參與其中的臺灣精英人士認知到運動帶來的社會思想意識的變化，鼓舞了他們參政議政的意識；其次，「臺灣同化會」也是臺灣人民在高壓警察政治下謀求合法的政治運動的第一次嘗試，運動雖借助了板垣退助等日本人的力量，但謀求的卻是臺灣人的權利，故臺灣同化會雖然短暫，但運動所帶來的民主主義思潮，卻如種子一般播種在在島內知識分子心中，一有合適的土壤，就是萌芽並茁壯生長出來；第三，借著參與「臺灣同化會」的發起、籌組和成立，在林獻堂周圍聚集了一大批具有強烈民族意識的青年精英知識分子，為此後臺灣民族民主運動的開展奠定了組織基礎。從這些角度上看，「臺灣同化會」實為臺灣近代民族民主運動之濫觴。

---

〔註49〕《臺灣社會運動史》（第一冊），第 7 頁。

# 第十一章　臺灣民眾的民族社會運動

　　1914 年第一次世界大戰爆發，帝國主義各國在國際上的侵略戰爭日益激化，但另一方面，民主主義及民族解放運動的思潮也日益高漲。受世界潮流的影響，在臺灣內部，隨著資本主義的快速發展、教育的普及和青年覺悟的提高，近代民族運動也開始出現了萌芽。臺灣近代民族民主革命的開始即是「臺灣同化會」的建立。「同化會是臺灣民族運動劃一時期的事件。」它是臺灣近代民族啟蒙運動的第一步。雖然同化會剛剛成立就被迫解散，但其民族民主的意識開始深入臺灣知識精英之心，隨後議會設置請願運動、臺灣文化協會等社會運動蓬勃展開。

## 一、臺灣議會設置請願運動

　　「臺灣同化會」被取消之時，也正值歐洲第一次世界大戰落下帷幕。當時「德謨克拉西民主運動」及美國大總統威爾遜所倡導的「民族自決、被壓迫民族解放」的思想，深深刺激震撼著各殖民地的人民。對殘酷的總督府統治抱有強烈不滿的臺灣人民，開始了新的追求民族解放，民族自決的運動，他們的先驅是一些留學於日本的臺灣有志青年學生。

### （一）東京留學生的啟蒙活動

　　第一次世界大戰以後，民主主義及自由主義在風靡世界，在殖民地民族中，民族自決思想開始抬頭。由於總督府實施差異待遇，臺灣此時只有「臺北醫學校」一所專科學校，亦收容學生數有限，深受殖民統治之苦的臺灣人精英，開始將其子女送到日本或中國大陸學習。至 1922 年時，在日臺灣留學生人數

已經達到 2,400 多人。〔註1〕

在日本留學的臺灣學生們受苗栗起義事件（1913 年）及西來庵事件（1915 年）大屠殺的刺激，也受到日本國內民主主義思想的影響，及中國辛亥革命、朝鮮的萬歲事件、俄國十月革命等接踵而來的內外事件的影響，開始對臺灣的前途自覺地思考，主張「臺灣非臺灣人的臺灣不可」，並自己帶頭行動，開始頻繁舉行各種研究會，為臺灣的從日本獨立出來而努力。

最初是以林呈祿（新竹、明大政治經濟系）、蔡培火（臺中、高等師範）、王敏川（臺中、早大政治經濟系）、蔡式穀（新竹、明大法學系）、鄭松均（新竹、明大法學系）、吳三連（臺南、商科大學）等人為中心人物。他們擁立知識分子先驅者林獻堂、蔡惠如為領導者，結成社會團體開啟了臺灣社會運動的新途徑。

當時日本殖民地朝鮮的民族自決運動十分活躍。在東京的中國大陸留學生組織中華青年會的幹部馬伯援、吳有容、劉木琳與臺灣留學生林呈祿、蔡培火、彭華英及蔡惠如等，協議成立以親睦為目標的團體「應聲會」〔註2〕。

「應聲會」是臺灣留學生的第一個團體，但創立後沒有進行活動，主要會員離散而自然消失，但東京的臺灣留學生們一連串的研究中國語、用中國年號、稱中國為祖國，排日氣氛高漲，民族覺醒日益高漲，開始向實際運動發展。

在林獻堂、蔡惠如的領導下，東京的臺灣留學生百餘人於 1919 年末組建了「啟發會」。1920 年又將「啟發會」發展成為「臺灣新民會」。

新民會以旅日臺灣留學生蔡式穀、林呈祿、吳三連等人為核心，加上部分旅日臺灣士紳，將啟發會改組成為「新民會」。會長為林獻堂、副會長為蔡惠如，而會員中較為活躍的有彭華英、蔡培火、王敏川、林呈祿等。在東京留學生中掀起了民族自決運動的一個高潮，當時會員達到一千多人，他們確定行動的具體方針是：「為增進臺灣人的幸福，推進臺灣統治的改革運動；為廣泛宣傳新民會的主張並啟發島民及爭取同志、發刊機關雜誌；與中國人同志取得聯繫。」〔註3〕

新民會是臺灣日據時期由在日臺灣留學生組織的第一個政治運動團體。其目的在於從事政治社會改革運動，以增進臺灣同胞幸福。在新民會成立大會

〔註1〕《臺灣社會運動史》（第一冊），創造出版社，1989 年，第 18 頁。
〔註2〕《臺灣社會運動史》（第一冊），第 19 頁。
〔註3〕史明：《臺灣人四百年史》（下），臺北，蓬島文化公司，1980 年，第 461 頁。

上，並訂定三個決議目標，分別為「為增進臺灣同胞之幸福，開始政治改革運動」、「為擴大宣傳，發行機關雜誌」、「尋求與中國同志接觸之途徑」。〔註4〕第一項的落實工作就是「六三法撤廢運動」的推動。第二項的落實則為發行機關報《臺灣青年》月刊；而成員蔡惠如、彭華英、林呈祿也曾與中國政治人物往來，執行了第三項。

　　同年，參加新民會的留學生早在 1915 年春天時，東京的留學生就已經成立了一個同鄉親睦團體「高砂青年會」（林茂生、蔡式穀、陳炘等相繼擔任各界會長）。新民會成立後，後改稱「東京臺灣青年會」，而新民會的對外公開活動，都以東京臺灣青年會的名義舉辦。「東京臺灣青年會」。以「涵養愛鄉心情，發揮自覺精神，促進臺灣文化的開發」為綱領，實際上以推進臺灣民族自決為實踐運動，並支持臺灣議會請願運動。

　　早期「啟發會」時期，主要致力於六三法撤廢運動。後又致力於推動六三法撤廢運動及臺灣議會設置請願運動，並引發了「治警事件」。到了 1927 年，新民會多數重要幹部多已經離散，於是將會長制改為理事會制，推舉士紳楊肇嘉為常務理事。但到了 30 年代後，新民會已日趨隱沒沈寂了

## （二）「六三法」的撤廢運動

　　「六三法」廢除運動是日本據臺時期要求廢除「六三法」殖民地體制下的總督獨裁體制，使臺灣納入日本憲法體制之下的社會運動。1920 年，東京留學生組成新民會，後以新民會中心，發展成為臺灣最初的文化啟蒙運動——「六三法」撤廢運動，繼而發展為臺灣議會設置請願運動。新民會成立不久，田健治郎發表了關於賦予臺灣總督律令的法律（1896 年法律第六十三號）存廢問題的意見，謂本島的實況尚未達到可廢棄本法之境界。新民會的主要成員認為，縮小臺灣總督的權力，提倡發動撤廢「六三法」的運動是非常必要的。1918 年 5 月，林獻堂在東京與臺灣留學生籌組「六三法撤廢期成同盟會」，推動廢除六三法，取消特別立法制度，將臺灣納入帝國憲法體制。1920 年 11 月 28 日，林獻堂、蔡培火、鄭松筠等新民會會員，在東京曲町區（今千代田區）富士見町教會，召開反對「六三法」的集會。

　　這個運動後來因為林呈祿等人的反對而中止。林呈祿認為，「六三法」的撤廢運動否定了臺灣的特殊性，肯定了所謂內地延長主義。於是，新民會決定

〔註4〕《臺灣社會運動史》（第一冊），第 24 頁。

中止「六三法」的撤廢運動，發動代之設置強調臺灣特殊性的臺灣特別議會運動。這使「六三法」撤廢運動急轉，變成臺灣議會設置請願運動。

### （三）臺灣議會設置請願運動

臺灣議會設置請願運動發生於二十世紀上半葉，是由新民會開始發起，向日本帝國議會要求臺灣設置擁有自治議會的運動。這場運動是臺灣對於日本之統治，從武力反抗轉變為近代式政治運動的第一個標誌，也是臺灣在日本據臺時期歷時最久、規模最大的政治運動。

這場運動源於 1918 年的六三法撤廢運動。但林呈祿等人認為如撤廢六三法，則無異於接受當局的內地延長主義政策，有損於臺灣的特殊性和獨立性。受其主張影響，運動的方向遂由撤廢六三法，轉為請求設置臺灣議會，運動的訴求是：基於日本立憲政治的精神，應設置臺灣議會，將臺灣總督府的立法權交還給人民。

臺灣議會設置請願運動的具體要求，是要臺灣如日本內地一樣，有地方府縣會一類的地方議會。但實際上請願運動的主要目標，是要求臺灣特別立法的協贊權。此目標暗藏指，將臺灣特別立法的制定委任於總督一人，是違反立憲的根本精神的。但如果單純要求撤廢「六三法」，其根本意旨是和內地延長主義思想相一致的，所以，提出要求尊重臺灣特殊情況和徹底的立憲主義，這是民族自決、民族自治的前提。「本運動並非以設置單純的地方議會為目的，而明顯帶有民族運動的色彩。」〔註5〕另一方面，臺灣議會設置請願運動，其本質和設置縣市議會並不相同，它是隨著臺灣殖民地人民的文化向上，產生政治上的願望而發起的帶有民族自治、民族自決性質的反抗運動，不論其中的「祖國派」還是「本島派」，根本上都是欲脫離日本的殖民統治，這一點在當時還具有幻想性。

鑒於此運動的性質，日本人認為，如果一次性採用鎮壓是不可能的，這反而容易激化，因此，應當採取「取締與緩和」並用的雙軌政策。即向臺灣人民明示日本政府不可能設置傾向於殖民地自治的臺灣議會；不立即禁止其活動，與運動的領導人進行溝通，分化他們；在表面上對一般政策允許範圍內的參政議政運動和地方自治改進運動，以收買人心。〔註6〕

〔註5〕《臺灣社會運動史》第二冊，海峽學術出版社，2006 年，第 13 頁。
〔註6〕《臺灣社會運動史》第二冊，第 20～21 頁。

　　1920 年 12 月末，林獻堂、蔡惠如等相繼來到東京，和新民會幹部商議決定，向第 44 次帝國議會提出臺灣議會設置請願狀。1921 年 1 月 30 日，由林獻堂以下 178 人簽字，經貴族院江原互六、眾議院田川大吉，向日本議會提出了請願書。請願書提出後，總督田健治郎認為：「本件請願完全違背了統治臺灣的大方針，像這種做法斷然不能容許。」〔註7〕田健治郎還對林獻堂等人嚴厲警告說，絕對不能允許設立臺灣議會，並要求撤回請願書。同時，總督府又以既有的「臺灣總督府評議會」來代替臺灣議會，並把林獻堂及與總督府協作的八名臺籍「御用紳士」，一併任命為評議會委員。林獻堂不顧總督府的懷柔，毅然策劃第二次請願。

　　林獻黨等將視線轉回臺灣本島，計劃歸臺。蔣渭水等人計劃開歡迎大會等，但林家卻接到「逆賊林獻堂！你歸臺後如若沒有悔改，將取你性命！」〔註8〕等語的恐嚇信。儘管這樣，林獻堂、蔡培火在歸臺後仍然努力宣傳請願運動，召開宣傳會啟發民眾。在他們的努力下，又獲得了島內 350 人的簽名，於 1922 年 1 月，進行了第二次請願運動。

　　在進行第二次臺灣議會設置請願運動之後，林獻堂因總督的訓諭而對臺灣議會設置請願運動的態度有所軟化，該運動領導者蔡培火、蔣渭水等人深感結社的重要，決定組織一個常設團體，以做長期抗爭，遂於請願運動進行到第三次時，組織「臺灣議會期成同盟會」。1923 年 1 月 16 日，蔣渭水等人以石煥長為負責人，向臺北警察署提出成立「臺灣議會期成同盟會」的政治結社組織申請，1 月 30 日提出結社組織申請，但是，2 月 2 日結社旋即遭到臺北州警務部禁止，因此，結社活動就移到東京。1923 年 2 月，請願委員蔡培火、蔣渭水、陳逢源利用第三次赴東京請願之機會，2 月 16 日在東京牛込區若松町（今新宿區若松町）臺灣雜誌社舉辦籌備會，同日以林呈祿為負責人向早稻田警察署提出成立「臺灣議會期成同盟會」的政治結社組織申請，結果獲准在東京成立。2 月 21 日同盟會在臺灣雜誌社舉行成立典禮，本部也設於臺灣雜誌社內。臺灣議會期成同盟會雖在日本東京重新成立。

　　田健治郎總督一邊設法說服林獻堂，一邊向債權者的金融機關施壓，迫使林獻堂一時脫離設立臺灣議會請願運動。這時候，設立臺灣議會請願運動已經與臺灣文化協會分開，並有新設「臺灣議會促成同盟會」的構想。因被臺灣總

〔註 7〕《臺灣社會運動史》第二冊，第 38 頁。
〔註 8〕《臺灣社會運動史》第二冊，第 41 頁。

督府察知，而立即將國內法的「治安警察法」適用於臺灣，以對付新設立的臺灣議會期成同盟會。

由於請願運動越來越受到島內與日本的關注與支持，日本統治者擔心，如若緩行取締之策，恐怕會招致事態的擴大，因此開始在島內運動中心的臺中州，採取具體的取締措施。他們利用保甲、街莊長或群眾會，向民眾宣傳總督府不容許從事請願活動，並規定有公職人員不得參加請願活動；當議會請願及文化協會做宣傳演講時，派精通臺語的警察臨會監督，如發生不服從警察的行為時，依照違警條例處分。

從 1921 年 1 月 30 日第一次向帝國議會提出《臺灣議會設置請願書》、由林獻堂領銜、旅日與在臺民眾 178 人聯名簽署起，到 1934 年 9 月 2 日決議停止為止，運動共歷時 14 年，期間提出請願 15 次。最初的參與者以東京的臺灣留學生為主。至第三次請願運動籌備時，成立了臺灣議會期成同盟會，從而被臺灣總督田健治郎以妨礙社會安寧秩序為由禁止，釀成治警事件。其後，運動得到了日本輿論的支持與臺灣民眾的同情，參與人數邁向高峰。不過在 1931 年臺灣民眾黨被迫解散後，由於失去支持團體，加上軍國主義的壓制，運動在 1934 年正式宣布中止。

《臺灣總督府警察沿革志》將其分為三期：從運動開始到臺灣文化協會的分裂（1921 年～1926 年）為統一戰線時代，共計有七回請願；1927 年至 1930 年是戰線分裂時代，發動了第八回至第十一回共計四次請願；1931 年至 1934 年間的第十二回至第十五回請願則是沒落期。

臺灣議會設置請願運動，對臺灣造成重大影響。包括建立了臺灣民眾的法治觀念，也確立了對憲政精神的追求。而臺灣總督府為了因應運動，亦成立了總督府評議會，並在 1935 年讓州、市、街、莊議員半數改由民選，是為臺灣地方自治的誕生。不過其以合法合憲的方式進行體制內抗爭的路線，並不能顛覆殖民統治的權力關係，故臺灣始終難以脫離被殖民的境遇，而得到該有的平等對待。

### （四）「治警事件」

第二次臺灣議會設置請願運動之後，蔣渭水等人深感結社的重要，遂於請願運動進行到第三次時，組織「臺灣議會期成同盟會」。1923 年 1 月，蔣渭水

等根據《治安警察法》〔註9〕，寫下臺灣文化會不涉及政治的保證書。1月30日，蔣渭水等人向臺北警察署提出成立「臺灣議會期成同盟會」的結社組織狀，並提出臺灣議會期成同盟會的結社申請，但被總督府以「保持安寧秩序」為理由禁止結社，並以林獻堂的堂弟參加臺灣議會期成同盟會為由，把林獻堂的總督府評議會委員職位罷免。

2月2日結社遭到強制禁止，因此，活動就移到東京。2月21日臺灣議會期成同盟會在東京重新成立。此舉造成日本當局檢舉臺灣議會期成同盟會會員，12月16日，在總督府警務局的主導下，全臺除花蓮、臺東、澎湖外，同日同時展開大檢舉，共有99人遭受迫害。1924年一審判決，被告全數無罪。然而檢察官三好一八不服提出上訴。10月29日二審，蔣渭水等13人被判有罪，被告隨即提出上訴。1925年2月20日，三審宣判，維持二審宣判。最後蔣渭水、蔡培火被判四個月徒刑；蔡惠如、林呈祿、石煥長、林幼春、陳逢源被判三個月徒刑，其餘6人被判罰金百圓，歷史上稱為「治安警察法違反檢舉事件」，即一般所稱的「治警事件」。

由於總督府在「治警事件」中行動規模之大，且事後又封鎖消息。特別是在西來庵事件之後，而導致全島一時人心惶惶，使得第四次臺灣議會設置請願運動連署人數大為降低，僅71人簽署請願書。在此環境下，《臺灣日日新報》、《臺灣新聞》、《臺南新報》三大報也沉默以對。然而該事件也激起了請願者的雄心，1926年進行第七次臺灣議會設置請願運動時，參與的人數已近2,000人，幾乎為第一次請願的十倍。同時12月16日也被稱為「民眾運動紀念日」，而許多入獄者在獄中所創造的詩文也被創刊的《臺灣民報》加以刊登。

「治警事件」引起臺灣社會高度關心，《臺灣民報》並大幅刊載兩次審判的法庭辯論，事件被告均被視為臺灣人的英雄。總督府的壓制行動不但未達效果，反而激發臺灣民眾的政治熱情，使得臺灣議會設置請願聯署迭創新高。

臺灣議會設置請願運動共進行了15次，前後歷時14年之久。此次運動是臺灣人民以公開的方式發起，針對總督府專制統治的鬥爭。雖然方式沒有擺脫改良主義的束縛，但目標卻要求給臺灣人民有限的地方自治權。由此事件而引起的「治警事件」，及同時期的「西來庵事件」，激起了臺灣人民反抗的雄心，

---

〔註9〕《治安警察法講義》、《御署名原本‧大正十五年‧法律第五八號‧治安警察法中改正(勅令第百九十八號參看)》、《治安警察法の廃止に関する件》，JACAR：A04010501400、A03021589000、A05032377200。

無形中又促進了四百萬臺灣同胞政治覺醒。

## 二、臺灣文化協會

### （一）臺灣文化協會的成立

第一次設立臺灣議會請願書提出後，在臺灣島內醫師出身的蔣渭水試圖創立「臺灣文化協會」後，以作為島內民族運動的指導團體。他在《臺灣民報》上發表文章稱：「臺灣人現實有病了，是沒有人才可治的，所以本會目前不得不先著手醫治這個病根。我診斷的結果，臺灣人所患的病，是智識的營養不良症，除非服下智識的營養品，是萬萬不能治癒的。文化運動是對這病唯一的治療法。文化協會就是專門講究並施行治療的機關。」〔註10〕簡單地說，臺灣文化協會的中心任務，即在於啟發民智並弘揚民族文化。

蔣渭水在與林獻堂商議後，訪問了總督府川崎警務局長，向警方陳述了文化協會創立的趣旨，以求諒解，並於 8 月 28 日（1921 年），向總督府各局長、各州長、內務、警務兩部長、教育課長、市長、郡守、警察署長、各郡警察課長等，寄附了文化協會創立計劃的致詞書。

1921 年 10 月 17 日由林獻堂、蔣渭水、吳海水、林麗明等發起成立，成立大會在臺北靜修女學校禮堂召開，出席者 300 餘人，林子瑾為議長。大會公推林獻堂為總理，楊吉臣為協理，蔣渭水為專務理事，此外還有理事王敏川、林幼春、蔡培火、連溫卿、蔡式穀、洪元煌、陳逢源等 41 人，還有評議員 44 人。

文化協會的宗旨是推行民族文化的啟蒙運動，以提高文化，屬軟性訴求，並無僵硬的意識型態，所以成員很複雜。其幹部的職業，以能夠提供資金、號召地方群眾的地主、策動文化運動、文化宣傳的醫生、新聞人員居多，特別是總督府醫學專門學校出身者居多。會員共 1,300 多人，羅致了當時臺灣的青年才俊，是當時規模最大，影響最廣的文化政治組織，成為當時臺灣政治社會運動的主幹。

### （二）臺灣文化協會的活動

臺灣文化協會以「助長臺灣文化的發展」為目的，宗旨是改革臺灣社會，灌輸民族思想，喚醒民族意識，以擺脫殖民統治，以發達臺灣文化為目標，意

---

〔註10〕《臺灣民報》，1925 年 8 月 26 日。

圖喚起臺灣人民族自覺，啟蒙臺灣人漸次進入民族自決，達成民族解放，故其活動履踐在政治活動的邊緣，進入文化抗日的新階段。

為貫徹其宗旨，該協會開展了一系列文化啟蒙教化活動：在各地設立報刊雜誌閱覽室，陳列臺灣和大陸的各地報紙雜誌；經常舉辦各種文化演講，涉及內容廣泛，有臺灣歷史、中國文學、日本經濟、通俗法律、西洋通史、新聞學、社會學等；他們還組織文化劇團到各地演出，激起民眾的批評和鬥爭意識。同時，文協幹部以個人身份公開支持「臺灣議會設置請願運動」，甚至使二者結合。另一方面，海外的思想運動，如共產主義、無政府主義、中國國民黨所宣揚的思想，透過文化協會在島內傳播、實踐，結合各地青年團體，尤其是無產青年，成為繼文化協會的啟蒙運動之後，臺灣思想運動的母胎。這樣，臺灣文化協會實際上已成為推動全島新文化運動的中心。

臺灣文化協會的成立是得到警察許可的，其活動也必須受其嚴密的監督與限制。在此種高壓下，文化協會在表面上是不能從事政治運動，而只能巧妙地以啟蒙運動為名進行各種政治運動，並不得不以個人身份來參加一些政治活動。儘管如此，由臺灣文化協會主辦的各類講習會及演講會經常遭到警察的中止及解散。

## 文化協會講堂次數及解散中止處分統計表

| 州名 | 講演次數 | | | | 解散處分次數 | | | | 中止處分次數 | | | |
|---|---|---|---|---|---|---|---|---|---|---|---|---|
| | 1923年 | 1924年 | 1925年 | 1926年 | 1923年 | 1924年 | 1925年 | 1926年 | 1923年 | 1924年 | 1925年 | 1926年 |
| 臺北 | 4 | 51 | 99 | 97 | 3 | 11 | 4 | 10 | 7 | 9 | 5 | 19 |
| 新竹 | — | — | 22 | 68 | — | — | 1 | 15 | — | — | 10 | 61 |
| 臺中 | 25 | 47 | 103 | 27 | 2 | 1 | 1 | 1 | 11 | 21 | 31 | 24 |
| 臺南 | 6 | 34 | 67 | 88 | — | — | 1 | 3 | 1 | 6 | 18 | 16 |
| 高雄 | 1 | — | 24 | 35 | — | — | — | 6 | — | — | — | 37 |
| 計 | 36 | 132 | 315 | 315 | 5 | 12 | 7 | 35 | 19 | 36 | 64 | 157 |

此表根據《臺灣社會運動史》第一冊第 206、207 頁之講演次數及解散次數、講演人數及中止處分次數二表整理而成。

根據上表，在 1923 年舉行的 36 次講演中，被中止 19 次，5 次被解散，占總演講次數的 66%；1926 年時被中止和解散的次數也是占到總演講次數的 60%強。此中可以看出警察對文化協會活動的監督及干涉之殘酷。

　　那麼為什麼總督府沒有取締文化協會呢？「對於文化協會的啟蒙運動，及其他文化協會員以個人名義所做的各種運動，因為這些運動具有深遠的民族根底，絕非一朝一夕所可掃滅，所以推想當時日本人採取的取締方針，可能是懷柔政策。」〔註11〕日本人之所以採取此種策略，是因為當時民主主義思想正風靡世界，並日見強化。即使是在日本國內，也不宜採取強硬的取締手段，於是他們便對運動的統率者進行分化。日本人利用林獻堂的姐夫彰化街長楊吉臣，對當時任文化協會總理及臺灣議會設置請願運動的統率者林獻堂進行勸說，總督及總務長官也找機會親自說服。因此，在第三次臺灣議會設置請願運動之時，林獻堂的態度已經顯著軟化，態度消極，避不簽署請願書；蔡惠如則在中國活動，似乎對運動並不熱心。但正是由於他們的消極態度，反而使青年們反應更加強烈，運動更加激烈。鑒於此，總督府加強了文化協會活動的取締。具體措施是：對利權營業者、學校教職員及運動相關聯者，進行訓誡，求期反省，仍不服從者，則加以整頓；利用街莊長會議、保甲會議及其他群眾集會等機會，告誡一般島民不可妄動；公務員及街莊長等不得參與此類運動，如果要參加，必須先行去職；在議會請願及文化協會幹部進行宣傳演講時，派出精通地方語言的警察列席會場，一旦有妨礙治安的言行時，要作相應的處理。〔註12〕

　　1923年1月，治安警察法在臺灣實施，總督府召集文化協會主要幹部進行詢問，促使文化協會的態度明朗化。1月16日，臺中州警務部長向林獻堂以具體事實說明，文化協會雖然在當初聲明不與政治發生關係，但其後卻在實際活動上，直接間接地涉及了政治，並告以：「若有意以政治結社繼續存在，應該履行法律的手續等」〔註13〕注意事項。當時林即表示：「文化協會設立的主旨是專以文化運動為目的，即使將來也無意變更其方針，絕不涉及政治運動。」〔註14〕在臺灣，臺北州警務部長對蔣渭水也告以同樣的注意事項。在警方的嚴厲督促下，林獻堂、蔣渭水等文協領導只好聲明文化協會並非政治結社，不擬進行政治運動，且提出承諾書。〔註15〕儘管如此，日本人仍然不能放心，各地警察開始調查文協活動情況，警務局綜合當時各州的調查狀態，認為

〔註11〕《臺灣社會運動史》第二冊，第234頁。
〔註12〕《臺灣社會運動史》第二冊，第236頁。
〔註13〕《臺灣社會運動史》第二冊，第236頁。
〔註14〕《臺灣社會運動史》第二冊，第236頁。
〔註15〕《臺灣社會運動史》第二冊，第198頁。

文化協會林獻堂以下的十數名幹部，民族自決的信念堅強，沒有回轉餘地；370名文化協會會員中，三分之一會員雖然可認為是過激分子，但明顯地可認定有脫離日本統治念頭的人為數極少數，只不過十幾名而已，其他的人思想標準不甚明顯；整個文化協會，按其會員數來說，不但全體未達到同一思想水平，相反，竟有一部分穩健的有識者，對於幹部的行動表示不贊同，但他們並沒有足夠的能力來抨擊幹部的行動，決定對急進的過激分子，屬行嚴厲的取締方針，對其他的人，則加以誘導。〔註16〕所以，總督府才在 12 月對臺灣議會期成同盟進行檢舉，出現了歷史上的「治警事件」。

「治警事件」後，臺灣民眾更關注文化協會的活動。從 1923 年至 1926 年四年之間，文化協會就舉辦各式講演約 800 次之多，在臺灣各地吸引聽眾總計超過 30 萬人。臺灣文化協會創立至分裂的六年期間，可以說是「臺灣人的復興」。此六年，是所有各派勢力凝集在一起的一個重要時期，被稱為臺灣民族運動的「統一戰線時期」。

### （三）臺灣文化協會的分裂

臺灣文化協會成立於 1921 年，此時各種意識形態均尚未茁壯而能團結在民族主義的大旗下，助長提高文化，並進而尋求民族解放的目標。但是，第一次世界大戰以後，民族主義、社會主義等各種思潮快速輸入到臺灣，受到許多青年學生的歡迎，他們對於文協侷限於文化啟蒙運動，領導群大多是地主或資產階級，推動的議會設置請願運動類似叩頭哀怨乞憐的方式，歷經數年也不能能改變總督府的治臺政策，心中不滿情緒漸增，伏下了分裂的導火線。

而早在文化協會成立之時，內部意見就有分歧，實際上分裂為兩派，其右翼以林獻堂、蔣渭水等為代表，認為臺灣沒有資本家和資本主義，應該以民族運動促進資本主義發展，改良臺灣經濟制度。另一派以王敏川為代表，認為臺灣解放運動應該使民族運動與階級鬥爭結合起來。

1926 年文協六次年會，文協內部形成三派：即是以林獻堂、蔡培火為代表的民族主義派（臺灣派），認為考慮內外情勢，實難脫離日本統治，故主張維持文協傳統，以合法政治抗爭達成民族自決；以蔣渭水為代表的全民主義派（祖國派），代表小資產階級立場，主張聯合工農，師法國民革命，聯合世界弱小民族，對抗帝國主義，達成臺灣民族獨立；另外是以連溫卿、王敏川為代

---

〔註16〕《臺灣社會運動史》第一冊，第 237 頁。

表的社會主義派，主張無產階級解放與民族解放結合的一次革命。

　　1927 年文協在臺中召開臨時大會，改選結果，左派正式掌權，文協由民族主義的啟蒙文化團體轉向為階級鬥爭的團體。林獻堂、蔣渭水、蔡培火相繼離開。1928 年做為日本共產黨支部的臺灣共產黨成立，並積極介入臺灣文化協會。1929 年，並將連溫卿（非上大派，王敏川為到上海留學的上大派）逐出，以後文化協會即成為臺共的外圍。

　　1931 年 1 月 5 日召開第四次代表大會，推選王敏川為委員長。會後決定取消「文協」組織，另組臺灣大眾黨。不久，臺灣民眾黨也停止活動，王敏川等被捕入獄，「文協」便結束了歷史使命。

## 三、臺灣民眾黨

　　文化協會分裂後，林獻堂、蔣渭水等相繼退出文化協會，繼續遵循合法、穩健，體制內鬥爭的道路推進民族運動的發展。林獻堂在 1924 年向新任總督伊澤修二提出改革的「建白書」。1927 年時，蔣渭水、洪元煌等人也提出了新的政治結社計劃。蔣渭水提議成立主張「臺灣自治」的臺灣自治會，被總督府認定其「明顯違反本島統治的根本精神」，明令禁止。〔註17〕

　　3 月，矢內原忠雄來臺考察，他給林獻堂、蔣渭水等人支持，使他們又獲得了勇氣。5 月又籌劃組織「臺政革新會」，臺北州警察署認為該會綱領表露殖民地自治，濫用「臺灣人全體」、「解放」等字句，並明示要廢除保甲制度，主張公學校用日臺語授課等，殖民當局指其含有民族解放自決色彩，不予准許。

　　6 月 7 日蔣渭水等人開始策劃成立新的結社組織，決定成立臺灣民眾黨，7 月在臺中舉行發會式。臺灣民眾黨「以確立民本政治，建立合理的經濟組織，及改除社會制度之缺陷為其綱領」，這項綱領包括政治、經濟和社會三大方面的內容。這表明儘管在文化協會分裂後民眾黨與新文協各行其道，但民眾黨仍然希望繼續主導臺灣的民族運動，並擴大對農工運動的支持，努力促成臺灣全島全民性的民族運動。

　　臺灣民眾黨的黨綱大要：

　　　一、確立民本政治：期實現立憲政治

　　　　1. 要求制定臺灣憲法

---

〔註17〕《臺灣社會運動史》第二冊，第 129 頁。

2. 反對把握三權的總督專制政治

3. 根據憲法，使立法、司法、行政三權完全分立，而臺灣人應
有立法部的協贊權

二、建設合理的經濟組織：確立生存權擁護農工階級，提高其生活
程度使貧富之差趨於平等。

1. 據「耕者有其田」的原則，獎勵自作農，消滅大地主。

2. 廢除特權階級。

3. 採取社會主義的原則，大事業歸公共經營，以防止資本主義
之跋扈。

三、改除社會制度之缺點：確立社會生活之自由，實行男女平等，
革除社會陋習。

1. 反對人身買賣，廢止聘金制度。

2. 提倡婚姻自由，勵行一夫一妻制度。

3. 普及女子教育，獎勵婦女職業。

4. 普及科學智識，撲滅迷信惡習。

5. 節約冠婚冗費，廢止喪祭奢侈。

6. 獎勵體育，禁吸阿片。〔註18〕

民眾黨的一系列活動，實際上就是臺灣民族運動的發展和延續，揭露所謂
總督府評議會花瓶擺設意義，要求廢除封建保甲制，取消限制臺灣與大陸間往
來的渡華旅券制度，反對所謂始政紀念日，舉辦大規模的講演會等等，無不包
含著濃烈的民族鬥爭氣息。特別是其主導的反對阿片吸食新特許運動，為臺灣
社會貢獻為最大。

日本早在殖民臺灣以前，在其本國早已發布刑法嚴禁鴉片之吸食。日本入
臺以後，日本朝野大都傾向於採取嚴格禁止的態度。但臺灣總督當局卻認為臺
民久食鴉片，惡習根深蒂固，很難於一時間絕禁，於是採用當時日本內務省衛
生局長後藤新平所提出的「漸禁政策」。此種政策的實施有著多重意涵。一般
研究認為，之所以採取鴉片專賣，主要是日本考慮自己為文明國家，若在殖民
地鼓勵吸毒有辱國格，且當時臺灣武力抗日者多數感染煙癮，管制鴉片，可使
其活動減弱。其實日本在臺灣實施鴉片專賣的最重要原因是為總督府增加財
政收入。這一點可從鴉片煙膏一等品的出賣增加及吸食者沒有按正常自然死

〔註18〕葉榮鐘：《日據下臺灣政治社會運動史》（下），第420頁。

亡而減少來說明。

1896 年 3 月，總督府發出告諭，明令除政府輸入外，禁止輸入鴉片，臺民中如果有吸食成癖者，允許其在一定規定下，當作藥品來使用。1897 年 1 月 21 日，臺灣總督以律令第 2 號發布了《臺灣阿片令》，並於同年 3 月以府令第 6 號制定了《臺灣阿片令施行規則》。總督府當局除了制訂法規管理鴉片吸食者外，也著手宣傳鴉片之弊害，嚴格取締私制、走私、違法吸食等。1900 年，已經基本掌握了全臺大部分的鴉片煙癮者，並發放了吸食許可證。到 1908 年時，吸食特許者合計增加十七萬人。〔註 19〕

1924 年時，日本在國際阿片會議上聲明不久之將來要滅絕臺灣癮者，同時加入了國際阿片協定，簽署了在人道之基礎且為增進各國民之社會的及道德的福祉，為迅速達成禁止使用於吸食之阿片起見，盡一切手段予以執行的協定。此協定於 1928 年 12 月 28 日起生效。為此，1928 年時，總督府以律令第三號公布「臺灣新阿片令」，原則上規定不准吸食及採取治療主義等。但此令的第二條之規定，允許新的特許報名者可以吸食。

1929 年，民眾黨提出抗議書要求警務局長取消其特許阿片吸食者的聲明，並發電報給日本內閣，要求命令總督府停止發新許可牌照。並將聲明書分送日本及大陸各大媒體。同時還向日內瓦國際本部控告日本總督府。國際聯盟派員到臺灣來進行調查，這一行為使反對新特許運動變成了超越政治、經濟、社會的人道上的國際問題。使總督府長期引以自豪的阿片漸禁政策，在新的朝代中得到前所未有的考驗，促成了國際社會以臺灣阿片政策的關注，也使臺灣做為一個殖民地的個體，進入了世界的視野範圍，更使總督府當局開始積極推行治療措施。

由於民眾黨敢於抨擊總督專制統治，也得到了臺灣廣大民眾的支持，特別是以依靠人民大眾進行民族運動思想為核心的蔣渭水一派在民眾黨內逐漸佔據領導地位後，臺灣民眾對民眾黨的支持率大為提高。1927 年，支持民眾黨的工人團體有 20 個，所屬會員 3,188 人，農民團體 2 個，所屬會員 362 人，普通團體 12 個；1928 年很快就上升為工人團體 42 個，會員 12,806 人，農民團體 4 個，會員 1,022 人，青年團體 8 個，會員 409 人，普通團體 10 個，會員 866 人。〔註 20〕

---

〔註 19〕葉榮鐘：《日據下臺灣政治社會運動史》（下），第 449 頁。
〔註 20〕《臺灣社會運動史》第二冊，第 183～184 頁。

由於民眾黨內部另一派，主張以輿論的力量，採行合法手段來使總督府放鬆專制統治，導致內部出現矛盾，林獻堂等人於是醞釀脫離民眾黨，並於 1930 年 8 月 17 日組建臺灣地方自治聯盟，林獻堂本人亦正式辭去民眾黨顧問一職。日本殖民者趁著民眾黨內部的分化，迅速採取行動，1931 年 2 月 18 日宣布取締了民眾黨。

## 小結

除了政治運動外，知識分子亦展開社會、文化運動，以提升臺人之知識思想水平。「臺灣文化協會」是最重要的組織，成立於一九二一年，原為文化啟蒙的組織，但其後發展為多元性的民族運動大本營。其重要活動有舉辦「文化講演會」、設立讀報所、辦理學術性與通俗性的講習會、舉辦夏季學校等。透過「文協」，臺籍士紳、知識分子尋得另一活動舞臺，也燃起臺人對未來出路的新希望。

然而，由於殖民當局的威脅、分化策略，以及領導分子的激進與溫和路線之爭所引發的內鬥，「文協」一再分裂，自耗實力。尤其自一九三〇年後，日本推動侵華戰事，進而發動太平洋戰爭，軍方氣焰高漲，全力撲滅政治、社會活動，反日運動日益衰微。僅有的重要成果是獲得有限的地方自治，即一九三五年十一月之州、市、街、莊協議會選舉，半數議員仍為官派，但半數由人民選出，臺人淺嘗民主滋味。臺人亦於一九二七年組成第一個政黨——「臺灣民眾黨」，但因日人之阻撓，無何成就，於一九三一年解散。

辛亥革命的成功及一戰後世界民族自決風潮的高漲，使臺灣人民受到前所未有的鼓舞，在留日學生的引領下，以林獻堂為首的臺灣士紳精英階層，為喚起臺灣人的自覺，展開多次民族民主運動，以爭取臺灣人的權益。運動除臺灣共產黨外，雖沒有直接訴求推翻日本殖民統治，但也因總督府殖民統治中的差別待遇，使得運動帶有明顯的近代民族民主運動色彩。

首先是 1918 年林獻堂等人在東京成立「六三法撤廢期成同盟」，目的在於撤廢由「六三法」所形成總督專權的「六三法體制」，但最後沒有成功。同年，臺灣東京留學生還在東京成立啟發會，關切「六三法」撤廢問題，但也因經費問題而被迫解散。1920 年 1 月，東京留學生成立了新民會，並且發行《臺灣青年》雜誌，以啟迪人心，目的在於推動臺灣的政治改革。

1921 年，林獻堂等人開始臺灣議會設置請願運動，希望在臺灣設立議會，

使三權分立確切行於臺灣。1923 年 1 月成立臺灣議會期成同盟會推動，此事被總督府以違反治安警法逮捕並起訴，一審獲判無罪，二審判蔣渭水、蔡培火徒刑四個月，林呈祿、陳逢源、蔡惠如等五人徒刑三個月，此事件稱為治警事件，引起民眾專注與熱烈支持請願運動。臺灣議會設置請願運動從 1921 年 1 月到 1934 年 1 月，前後十四年，請願了十五次，雖然失敗了，但帶動臺灣島內對政治改革的關切，並且讓臺灣人認知到臺灣與日本的差異。

於是 1921 年 10 月 17 日由蔣渭水、林獻堂發起，在臺北靜修女中成立了臺灣文化協會，目的在於展開文化啟蒙，在臺灣各地舉辦文化演講、講習會，傳授新觀念，也在霧峰林家的萊園開設夏季學校，並在臺灣各地設立讀報社，提供民眾閱覽各種報章雜誌。在社會運動方面，臺灣文化協會擴大了民眾基礎，但也因此受到總督府的監控。

臺灣文化協會因路線之爭，於 1927 年 1 月分裂，連溫卿等左派人士掌握文化協會，右派的蔣渭水、蔡培火等退出，蔣渭水先是成立臺灣自治會、臺灣同盟會，而被總督府否決；蔡培火在 5 月成立臺灣民黨，因提倡民族自決也被查禁。於是在 7 月改為臺灣民眾黨，提倡民本政治、改善社會制度。積極對於臺灣社會不合理的現象向總督府提出改革，並在蔣渭水領導下，漸漸走向農民、工人運動，造成林獻堂等人退黨，之後也被總督府解散。

民眾黨內的溫和派退出後於 1930 年 8 月成立臺灣地方自治聯盟，要求公民普選，地方議會改為議決機關、地方行政機關有自主權、財政權，並到各地不斷請願、演講。總督府也在 1935 年 4 月開放部分選舉，但仍未達到臺灣地方自治聯盟的目標，卻也讓臺灣民眾接觸了民主政治的觀念。

農民運動、工人運動因加上了階級意識，政治色彩更濃厚。蔗農在總督府的政策下受到壓榨，1925 年二林蔗農組合成立，在李應章率領下與糖廠爆發衝突，開啟臺灣農民運動之始，之後各地陸續成立農民組合對抗當地糖廠。1926 年 6 月，簡吉、趙港在鳳山組織臺灣農民組合，發起數百件農民抗爭。1927 年後為共產主義者影響，1928 年 6 月臺灣共產黨成立後更取得臺灣農民組合的領導權。最後在總督府的強制搜索以及臺共被逮捕後，農民運動逐漸消減。臺灣的工人也因為臺灣逐漸工業化而增加，工人處境也受到重視。左傾後的臺灣文化協會首先關懷勞工議題，並在 1927 年 3 月成立臺灣機械工會，並且發動高雄臺灣鐵工廠罷工事件。臺灣民眾黨成立後也關懷勞工議題，於 1928 年成立臺灣工友總聯盟，並領導淺野水泥會社罷工事件。

　　臺灣共產黨在 1928 年 4 月由謝雪紅、林木順成立後，提出臺灣脫離日本的訴求，並且積極介入農民、工人運動，但因日本共產黨在 1931 年 3 月遭到查禁，臺灣共產黨也在數月後遭大舉查禁。

　　各種臺灣人自發性的社會運動在 1920 年代後陸續展開，雖然成效未達預期，但也讓多數臺灣人有了民主自由的觀念。

# 第十二章　臺灣共產黨的成立

　　1919 年「五四運動」爆發以後，於 6 月成立了「全國學生聯合會」。1920年 6 月，第三國際遠東代表開始派駐中國。同年 8 月，「中國社會主義青年團」成立。1921 年 7 月，偉大的中國共產黨正式成立。中國大陸一系列學生及知識分子的愛國革命運動，對島內及在陸臺灣省籍留學生產生了極其深刻的影響。特別是國共合作以後，中國的革命運動取得了顯著的發展。此時期大陸已經活躍著一大批臺灣愛國留學生。他們在這裡學習祖國文化，並參與到大陸風起雲湧的反帝愛國運動實踐中。在中國共產黨與國民黨共同指導下，打倒日本帝國主義、策劃臺灣回歸中國的革命團體，不斷湧現出來，形成了以北京、上海、廣東等地為中心的臺灣省籍學生的愛國組織，並很快影響到臺灣島內。

## 一、臺灣共產黨成立前的準備工作

　　1923 年 10 月，以打倒日本帝國主義、謀求臺灣回歸中國為目標，上海的臺灣留學生在蔡惠如、徐乃昌的領導下，成立了「上海臺灣青年會」。臺灣民族主義者蔡惠如、許乃昌、彭華英等人，受「聯俄聯共」政策的影響，開始接受共產主義思想，發起成立該團體。該會為日本據臺時期成立的知名臺灣人中國留學生團體。該會的主要成員都為上海南方大學的學生。初期成員約十數名，後來積極擴充，聯合北京地區的謝廉清、謝文達等人，表面上雖僅為單純學生聯誼與研究為主，但事實上聯繫中國國民黨，或者蘇聯領事館，與東京的新民會、臺灣青年會及臺灣文化協會幹部密切聯繫，策劃臺灣的獨立運動。同時，還積極支持臺灣島內的民主化活動，對臺灣議會設置請願運動進行支持。

舉辦許多活動。該會表面是促進學生的親睦為目的，進行中外研究，但實則為謀求臺灣從日本殖民統治中的獨立，及打倒日本帝國主義為目標。

1924 年 1 月 12 日，上海臺灣青年會在上海務本英文專門學校前召開上海臺灣人大會，批判「臺灣議會期成同盟」及臺灣總督的種種暴政。參加 5 月 9 日國恥紀念日示威遊行，並在 6 月進行反對臺灣始政紀念日運動，散發反對「有力者大會」的檄文，抗議日本殖民統治者的高壓統治。後因經費問題，該會於同年 11 月解散。之後，該會成員則另組「旅滬臺灣同鄉會」、「上海臺灣反帝同盟」等。

1924 年成立的「平社」，更得益於共產黨員羅豁的指導。居住在法租界霞飛路的中共黨員羅豁，收留多名臺灣省籍留學生與朝鮮青年在其家中寄宿，並對他們進行共產主義教育。這其中有臺灣省籍學生彭華英、蔡炳耀等，後來「臺灣青年會」幹部徐乃昌等人也參與學習與研討，後於 1924 年 3 月成立了帶有濃厚共產主義色彩的「平社」，並發行了機關刊物《平平》旬刊。「平社」從成立之初就以研究馬克思主義、宣傳共產主義為目標。

「上海臺灣青年會」及「平社」深受大陸共產主義運動的影響，但其對臺灣革命運動只停留在宣傳、研究上，未能脫離啟蒙運動的領域。深受共產主義影響的「臺灣青年會」幹部許乃昌、彭華英等人，於 1924 年 6 月又醞釀成立了以鬥爭行動為主要任務的「臺韓同志會」。

此時期除上海地區的臺灣留學生組織活動外，在北京，有北京臺灣青年會；在廈門，有廈門尚志社及中國臺灣同志會；在閩南，有臺灣學生聯合會；在南京，有中臺同志會；在廣東，有廣東臺灣革命青年團。在這些臺灣人團體中，活動組織較為顯著的是中臺同志會、廣東革命青年團等。這些團體成員，尤其是廣東革命青年團，由於其在中國共產主義運動基礎最牢固的廣東，直接受到廣東政府中央監察委員戴天仇、廣東大學文科學院院長郭沫若等人的影響，共產主義傾向非常鮮明。

## （一）中共利用上海大學培養臺灣籍學生

國共第一次合作時期，中國共產黨與國民黨合作創辦了兩所學校，一所是廣為人知，培養軍事人才的黃埔軍校；另一所是鮮為人知的由中國共產黨鼎力支持，意在培養革命人才的上海大學。上海大學於 1922 年 10 月 23 日正式成立，于右任為校長，邵力子為副校長，孫中山、章太炎、蔡元培等人為學校董事。

　　中國共產黨成立後，就自覺地關注臺灣民族民主革命，國共合作以後更是有意識地利用中國共產黨與國民黨合作創辦的上海大學，對在學的臺灣省籍愛國留學生進行培養，意圖建立一支臺灣青年革命隊伍，準備在條件成熟時派回臺灣開展反日鬥爭，以推進臺灣人民為擺脫日本殖民統治、爭取回歸祖國的鬥爭。陳獨秀先後將中共中央、中共上海地委和青年團中央的領導人安排到上海大學任教，李大釗還推薦他在北大的學生共產黨員鄧中夏擔任上海大學的校務長。

　　中國共產黨認為「上海大學」應該具有革命性、時代性，學習應將現實社會與革命運動緊密結合起來，因此鄧仲夏任校務長後，設置了社會學系。陳獨秀特別指派瞿秋白擔任社會學系主任。以翻譯《共產黨宣言》聞名的陳望道為中國文學系主任。現代革命文學的先驅者蔣光慈為俄國文學系主任。

　　瞿秋白極為重視馬克思基本原理的教育，在社會學系開設了歷史唯物主義和辯證唯物主義、私有財產及國家起源等課程，全面系統地闡述馬克思主義學說，讓學生們瞭解馬克思、恩格斯及列寧的學說，瞭解社會主義、資本主義、帝國主義、階級鬥爭及剩餘價值等新鮮的革命理論。這在當時的大學中是絕無僅有的。

　　中國共產黨還先後派出諸如李俊、蔡和森、惲代英、張太雷、蕭楚女、任弼時、李漢俊、周建仁、蔣光慈、鄭超林等黨的教育理論家到上海大學任職和授課。這些優秀的共產黨員有些是五四運動的領導者、有些是留日、留法尋求革命真理的大學者、有些是中共一大的參與者。他們都是中國早期馬克思主義者，不僅風華正茂，而且閱歷豐富，講起課來旁證博引，生動有氣，把深奧的馬克思主義理論講得深入淺出、通俗易懂，重點啟發引導學生理論聯繫社會實際。

　　那時候的全國大學中，沒有一個以系統傳播馬克思主義理論為教學任務的專業學系，所以上海大學很快嶄露頭角，海內外學子們也紛紛慕名而來。至1924 年春，上海大學的學生就已經達到四百多人，其中社會學系培養出一批著名的中國革命領導者，如秦邦憲、張聞天、王稼祥、楊尚昆等。

　　擔任社會學系主任的中國共產黨黨員瞿秋白，以高度的政治敏感性意識到做好臺灣省籍青年學生工作、培養臺灣省籍進步青年，對包括臺灣在內的整個中華民族革命事業所蘊含的深刻意義，注意在招生中優先吸收臺灣進步青年入學，讓他們在上海大學革命理論的薰陶和中國社會革命實踐的錘鍊中成

為堅定的共產主義戰士，為將來時機成熟之時在臺灣創建黨組織，推動在臺灣島內反對日本殖民統治的革命運動做好人才儲備。

此時臺灣島內，由於日本殖民者的殘酷鎮壓，武裝抗日已經平息，民族民主運動剛剛興起。受大陸革命思潮的影響，許多臺灣愛國青年紛紛投奔返回祖國，在上海、廈門廣東等地聚集了一大批前來學習祖國文化的臺灣青年學生，為我們黨實施這一戰略思想提供了十分有利的環境。

上海大學在五年的辦學時間裏，先後培養了許乃昌、翁澤生、謝雪紅、林木順、蔡孝乾、洪朝宗、陳其昌、莊泗川、李曉峰、林仲梓、林仲楓及陳水等二十多名臺灣省籍學生。瞿秋白特別重視對臺灣省籍學生的培養，他們在上大濃厚革命氛圍的薰陶下，在上海革命運動的實踐中迅速成長起來。

在東方大學，謝雪紅和林木順等同學學習歷史、共產黨史、世界勞動史、社會發展史、哲學、政治經濟學、列寧的民族問題、農民問題、共產國際的戰略和策略、殖民地問題、軍事訓練和俄語等課程，並接觸到來自世界各地的無產階級革命家，使他們對無產階級革命運動有了更深刻的認識。他們不僅學習共產主義理論知識，還參加軍事訓練。莫斯科的學習使這些臺灣省籍學員進一步增強了革命理想和信念。

在上海的瞿秋白則特別重點培養臺灣省籍學生翁澤生，由於翁「民族委員會」委員的重要身份和特殊的工作任務，以及他在上海和閩南的臺灣學生中的影響號召力等原因被留在上海，黨交給他的一項特殊重要使命，就是團結組織在上海的臺灣省籍青年學生，引導他們學習革命理論、參加革命事件，為成立臺灣共產黨組織準備後備人才。

## （二）臺灣留學生積極參與五卅運動

1925 年 1 月，黨的四大提出了無產階級在民主革命中的領導權問題，決定加強黨對工農群眾運動的領導。四大以後，革命群眾運動，特別是工人階級反帝鬥爭迅猛發展。同年 2 月起，上海 22 家日商紗廠近 4 萬名工人為反對日本資本家打人和無理開除工人的行為，要求增加工資而先後舉行罷工。中共中央專門組織了領導這次罷工的委員會。

1925 年 5 月 15 日，上海日本紗廠工人領袖顧正紅因抗議日本資本家無理開除工人而慘遭日方殺害，這一事件成為了五卅反帝愛國運動的導火線，中共上海地委組織社會各界上街遊行示威，抗議日本帝國主義殺害顧正紅的罪行。5 月 30 日上午，上海工人、學生 2,000 多人，分組在公共租界各馬路散發反帝

傳單，進行講演，揭露帝國主義槍殺顧正紅、抓捕學生的罪行，展開了工人罷工、學生罷課、商人罷市的「三罷」鬥爭。

在中國共產黨的領導和推動下，五卅運動的狂飆迅速席捲全國，從工人發展到學生、商人、市民、農民等社會各階層，並從上海發展到全國各地，臺灣省籍學生也積極地參加到各地愛國活動中來。臺共創始人林木順與謝雪紅當時正在杭州，也積極參與到杭州市的示威運動中。謝雪紅受「五四運動」時期「誓死力爭、還我青島」標語的啟示，與林木順商量，提出為什麼我們不能提出「還我臺灣」的主張，因此他們在一面旗上寫下了「收回臺灣」的口號，並在遊行示威中高呼「收回臺灣！同胞們，不要忘記臺灣呀！」第二天在《杭州日報》上刊登了林木順署名的文章《不要忘記了「收復臺灣」》，同日該報還發表了社論《不忘！不忘！》，呼籲社會各界不忘「收復臺灣」。

正在上大學習的翁澤生等人，帶領在上海學習的臺灣省籍青年，參加了中共上海地委組織的「日本人殘殺同胞雪恥會」，帶領同鄉學友抄寫上大學生會關於支持紗廠工人罷工鬥爭的宣言和反日傳單標語，並上街張貼散發，還參加校學生會組織的上街募捐支持紗廠罷工工人的活動。翁澤生和洪朝宗等上大臺灣省籍同學還參加了校學生會組織的到公共租界抗議日本帝國主義殺害工人罪行的演講活動，站到了這場反帝愛國運動的最前沿。

翁澤生作為五卅運動的參與者，親眼目睹了帝國主義在中國領土上為所欲為血腥屠殺中國人的滔天罪行，也看到了工人階級堅定的革命性和偉大的力量，看到中國共產黨是反抗帝國主義最堅強的力量和先鋒，只有無產階級才能夠領導中華民族獲得獨立和解放，使他堅定了加入中國共產黨的決心。這一時期恰好中國共產黨正在醞釀指導一份組織學生的演講稿，吩咐各地宣傳五卅運動的情況，向海內外愛國團體人士募捐，以支持罷工工人的正義鬥爭。全國學聯和上海學聯遵照中共中央的指示，組織了八個宣傳募捐小分隊分赴全國各地，向海內外社會各界報告此次慘案經過。翁澤生便主動請纓要求回臺進行宣傳。

當時的臺灣正處在日本帝國主義的統治之下，能夠回到臺灣宣傳五卅運動，對促進臺灣人民的反日鬥爭，將起到十分積極的作用。在得到瞿秋白及黨中央的支持下，翁澤生和洪朝宗立刻返回臺北，向臺灣青年學生介紹五卅運動的情況，並通過他們發動臺北的工人學生聲援上海人民的反帝鬥爭。

翁澤生、洪朝宗返臺後依靠「臺北青年讀書會」和「文化協會」這兩塊陣

地，到臺灣各地進行巡迴演講，向臺灣青年和民眾介紹上海「五卅」鬥爭的情況，和祖國各地掀起聲援「五卅」反帝愛國的實況，宣揚五卅運動是中華民族反帝鬥爭運動史上最光輝的一頁；帝國主義是包括臺灣人民在內的中華民族的兇惡敵人，祖國人民十分關注臺灣人民的反日鬥爭運動，臺灣人民必須與祖國人民攜手團結，同生死共患難，共同鬥爭才能取得反帝鬥爭的勝利。他們還在臺灣民報上發表文章，宣傳五卅運動是民族革命運動的一面旗幟，上海大學學生是五卅運動的先鋒，號召臺灣青年行動起來。

## （三）黨指導臺灣文化協會的改組

從臺灣返回到上海之後的翁澤生很快加入了中國共產黨。這一時期在上海大學學習的林木順、蔣孝乾、謝雪紅、洪朝宗等人相繼也都加入了中國共產黨。在中國共產黨的指導下，在上海的臺灣省籍青年學生，於 1925 年 12 月 20 日，由翁澤生、洪朝宗、蔡孝乾、彭華英、許乃昌、何景寮、王慶勳等人，聯合濟南大學、大廈大學、南陽醫科大學等在校的臺灣學生組成「上海臺灣學生聯合會」，參加的學生有臺灣省籍留學生百餘人。此後，「上海臺灣青年聯合會」的學子們，成為推動共產主義思想向臺灣島內的先行者。

當時臺灣的民族民主革命正處在一個瓶頸區。臺灣島內在與日俱增的共產主義思想的影響下，原來保持完整的統一的民族民主運動戰線逐漸出現分裂傾向，左傾分子中對臺灣議會設置請願運動不再抱有任何期待者與日俱增，他們不滿文化協會啟蒙運動的民族主義的指導理論，早就萌生了改組的意願。

當時臺灣省籍共產黨員翁澤生正在閩南開展革命活動，中國共產黨中央領導人羅亦農特別指令翁澤生：中央領導還特別交待，如果有條件許可，可以派人回到臺灣開展工作。於是翁澤生和其他黨員一起研究制定了支持連溫卿、王敏川的計劃，與文協中的左派相互協力，促使臺灣文化協會向左的方向改組與發展。

臺灣文化協會是由臺中紳士林獻堂、蔣渭水等於 1921 年 10 月 17 日發起成立的臺灣進步文化團體。臺灣文化協會的宗旨是改革臺灣社會，灌輸民族思想，喚醒民族意識，以擺脫殖民統治，進入文化抗日的新階段。為貫徹其宗旨，該協會開展了一系列活動，在各地設立報刊雜誌閱覽室，陳列臺灣和大陸的各地報紙雜誌；經常舉辦各種文化演講，涉及內容廣泛，有臺灣歷史、中國文學、日本經濟、通俗法律、西洋通史、新聞學、社會學等；他們還組織文化劇團到各地演出，激起民眾的批評和鬥爭意識。臺灣文化協會實際上已成為推動全島

新文化運動的中心,是當時臺灣政治社會運動的主幹力量。

在翁澤生的指導下,回到臺灣的共產黨員蔡孝乾、莊泗川等人,在島內促成了具有祖國大陸青年團性質的「臺灣無產青年會」,並聯絡在島內的左派連溫卿等人,促成了文化協會的改組。可以說臺灣文化協會的改組是中國共產黨在大革命時期首次指導臺灣革命運動的一個成功的嘗試。臺灣文化協會的成功改組和轉向,為推進臺灣反帝反封建的革命運動,為一年後臺灣共產黨的創立奠定了群眾基礎和幹部基礎。

### (四)共產國際訓令日共負責組建臺共

中國共產黨在此時期還曾前後選派四批優秀的臺灣省籍學生到莫斯科東方共產主義勞動大學進行深造。上海大學的謝雪紅、林木順及「上海臺灣青年會」的徐乃昌、謝廉清等人在被黨中央選派赴蘇聯學習,以便學成後回來創建臺灣黨組織。

1925 年 11 月 20 日,謝雪紅、林木順等人啟程離開上海,12 月 18 日抵莫斯科。在東方大學,謝雪紅和林木順被分到中國班。謝雪紅和中共早期著名的婦女運動領導人向警予曾住同一宿舍,向警予給她思想上的幫助很大。謝雪紅後來回憶說:「我們兩人躺在床上,她(指向警予)常講很多革命道理給我聽,記得她說過在資本主義社會,人同人的關係都是金錢的關係,不管是父子、兄弟等都是如此。因此人的一切思想和思想感情都是受物質、經濟利害關係支配的,也隨著物質的變化而變化。」

中國共產黨成立之時,共產國際也面臨著亟待解決的任務,即是從理論和實踐上闡明支持被壓迫民族解放運動與實現無產階級專政的關係,制定共產黨在民族民主革命中的綱領和策略。為此,列寧在共產國際二大召開前發表了《民族和殖民地問題提綱初稿》,闡明在帝國主義時代世界已被劃分為被壓迫民族和壓迫民族的條件下,共產國際在民族和殖民地問題上的全部政策是要使全世界無產者和被壓迫民族聯合起來共同進行革命鬥爭,去打倒地主和資產階級。因為只有這種聯合才能保證戰勝資本主義。列寧關於民族殖民地問題的理論,對於促進和加強世界無產階級與被壓迫民族的聯合,推動殖民地各國的革命運動具有重大的指導意義。

1926 年 1 月,日共的外圍組織「臺灣新文化學會」在東京成立。此學會是由比謝雪紅更早到莫斯科接受共產黨教育的許乃昌創建,人員有商滿生、黃宗九、蘇新等臺灣左派留學生。後來由於受警察對日共的「三一五大逮捕」影

響，改名為「臺灣學術研究會」，繼續進行對臺灣留學生的共產主義運動。

1927 年，由共產國際總書記布哈林起草關於日本問題的提綱成為日本共產黨的「黨綱」，其中一項是推動殖民地的完全獨立，由此確定了共產國際對受壓迫民族及殖民地解放運動的理論的依據。根據這一綱領，日本共產黨承擔指導臺灣和朝鮮共產主義運動的使命。同年 12 月，訓令日本共產黨組織「日共臺灣民族支部」。中國共產黨作為共產國際的一個支部，必須服從這一決定。

共產國際通知謝雪紅和林木順轉到日本班學習。共產國際認為當時臺灣是受日本殖民統治，開展臺灣的革命工作，需要與日共取得密切聯繫，在日本班學習可以加強與日共的聯繫，有利於以後回到處於日本殖民統治下的臺灣建黨。當時，全世界無產階級革命都是在共產國際的領導下進行的。因此，中共服從也同意共產國際讓謝雪紅和林木順轉到日本班學習的決定。

1927 年 10 月 12 日，日本共產黨領袖、共產國際執委片山潛代表共產國際召見了剛剛在莫斯科東方大學畢業的臺籍中共黨員林木順、謝雪紅，向他們傳達了建立臺灣共產黨的決定。帶著共產國際這一重大任務，謝雪紅和林木順返回到上海。

回到上海的謝雪紅與中共中央區取得了聯繫。此時中共中央剛從武漢秘密遷往上海的公共租界，新產生的政治局常委是瞿秋白、蘇兆徵、李維漢三人。瞿秋白對於臺灣革命極為關心，他早就有意在上海大學培養臺灣省籍留學生。由於黨早就在為臺灣建黨做好人員上的各種準備，在翁澤生周圍已經團結了一大批臺灣青年，於是瞿秋白就通過江蘇省委轉達了他的指示，由翁澤生協助謝雪紅建立臺灣共產黨，完成共產國際部署的這項關係到臺灣革命前途的重大任務。

林木順、謝雪紅透過駐在上海的日本共產黨員鍋山貞親與日本共產黨聯繫，同時，通過與中共臺灣省籍黨員翁澤生的聯繫來聽取上海及臺灣的情況。1927 年 12 月，林木順、謝雪紅收到日本共產黨中央的徵召。中共中央決定由林木順一人赴日，謝雪紅先留在上海，與翁澤生共同籌建臺灣共產黨成立大會事宜，決定由翁澤生領導利用「臺灣青年讀書會」，盡快培養成立臺灣共產黨所需的幹部人才。

「臺灣青年讀書會」是林木順、謝雪紅自莫斯科返回上海之後與翁澤生一起集合臺灣留學生會的江水得、楊金泉、林松水、劉守鴻、張茂良、陳粗皮、

陳美玉、黃和氣等人，以學習中國語研究社會學為由，成立的「上海臺灣學生聯合會」內部的讀書會，實際上進行著臺灣共產黨建黨的準備。他們舉辦讀書會並發行機關報《屋內刊》，廣泛地向在滬的臺灣留學生宣傳共產主義，並參與到各種反帝反封建的革命運動中。

當時翁澤生以中國共產黨員的身份具體負責臺共的籌建工作，同時將其指導下的上海讀書會員中的積極分子作為同志介紹給林木順，並將潘欽信、蔡孝乾、洪朝宗、林日高等人招集到上海。

1928 年 1 月底，林木順協同東京臺灣青年會社會科學研究部員陳來旺返回上海，將其在東京列席日本共產黨中央委員會接受該委員會的決議事項向中國共產黨彙報：臺灣共產黨暫時以日本共產黨臺灣民族支部之名義組黨，但鑒於日本共產黨目前選舉鬥爭忙碌，相關組黨事宜請中國共產黨援助及指導。

## 二、中國共產黨對臺灣共產黨成立的指導

1928 年的 2 月，林木順、謝雪紅從東京回到上海，在翁澤生的寓所召開了一次會議，傳達了他和林木順在日本草擬黨綱的情況，這次會議正式組建了臺共一大籌備會成員，有林木順、謝雪紅、翁澤生、王萬德、謝志堅、潘欽信、陳來旺等七人，會議決定林木順為召集人，並負責中共中央的聯絡工作，由謝雪紅擔任事務性的工作，林木順、翁澤生等人負責帶回來的政治大綱和組織大綱的修訂工作。

由於日本共產黨正全力以赴投入到日本首次全國普選的政治鬥爭中，通知林木順等人，臺共成立大會的指導任務由中共中央負責，這樣指導臺灣共產黨成立的偉大任務，就全部由中國共產黨來完成。

在中共中央代表彭榮的直接指導下，4 月 14 日，臺灣共產黨成立預備會，以臺灣共產主義者積極分子大會為名，在翁澤生所住的寓所進行。中共中央代表彭榮同志出席了會議，參加會議的有謝雪紅、林木順、翁澤生、謝志堅、陳來旺、林日高、潘欽信以及讀書會的張茂良、劉守紅、楊金權等人，會議還通過了中共中央代表彭榮商定的臺灣共產黨第一次代表大會召開的時間、地點、議程以及有關事項，接著宣讀政治組織綱領及各項運動方針等提案，讓大家討論或無異議通過。

指導創建臺共的中共領導人彭榮究竟為何人，史學界有彭湃說、瞿秋白說與任弼時說等，其中以任弼時說較具說服力，原因之一是任弼時曾任上海大學

的俄文系教員，與林木順與謝雪紅等有著師生之誼，但不論是其中那一位，都是黨早期的重要領導人物，足以說明黨對臺灣民族解放運動的關心，也說明臺灣共產黨成立是在中國共產黨的指導下完成的。

1928 年 4 月 15 日，這是臺灣革命史上一個重要的日子，臺灣共產黨第一次代表大會在上海法租界霞飛路交叉口的金神普照相館樓上召開。大會主持人是中共中央代表彭榮，朝鮮共產黨代表呂運亨作為來賓出席，出席大會的代表是預備會決定的 7 個人員。依據大會議程，林木順首先致開幕詞，宣布臺灣共產黨正式成立：今天處於上海的白色恐怖下，在臺灣革命的歷史上負有重大使命的臺灣共產黨宣布成立。

林木順還特別強調承蒙中國共產黨派遣代表參加並得以接受中國共產黨的指導，使我們深感無上的欣慰與光榮，現在中國的革命正進入建立工農兵蘇維埃的成熟期，中國共產黨代表將以其長期領導功能的奮鬥經驗教導我們，我們承受其教導，應努力在臺灣革命的實踐運動中予以履行。大會一致通過《致中國共產黨中央的信》，懇請中國共產黨對臺灣共產黨能多加指導與援助。

中國共產黨的代表彭榮也在大會上做了指導性的發言，他從 1919 年五四運動說起，講述了中國無產階級革命運動和中國共產黨誕生的過程，講到了國共合作破裂的經驗，強調提出必須堅持唯有共產黨才能成為解放無產階級的指導體的信念。彭榮還提出臺灣的共產黨員幾乎是清一色的知識分子，真正工人出身的很少，這是建黨初期難以避免的現象，但一定要改變這種狀況，今後應在實際工作中將那些表現優秀的工農積極分子吸引入黨，以改變黨內知識分子比例占大多數的狀況。

4 月 20 日上午，臺灣共產黨第一屆中央委員會第一次擴大會議召開。會議審議通過了《臺灣共產黨成立宣言書》，宣布：工人階級解放運動的唯一武器，臺灣共產黨已於 1928 年 4 月 15 日成立了，它的成立宣告了日本帝國主義的死刑。

宣言還指出：臺灣共產黨是以馬克思列寧主義為武裝而行動的革命政黨，它是真正代表工人階級的利益，為工人階級的最後解放，對日本帝國主義一切壓迫階級作殊死戰鬥。宣言提出臺灣共產黨長期的奮鬥目標和當前的革命任務是：推翻資本主義社會，建立無產階級專政，建立共產主義社會，此事需經過長時期的奮鬥才能達成。當前的任務是推翻日本帝國主義，完成民主革命，為最大多數的工農、小市民、貧農群眾建設革命政府。宣言號召工人、農民及

所有被壓迫的民族團結起來，在臺灣共產黨的領導下，打敗日本帝國主義，打敗封建殘餘勢力，實現民族民主革命的成功。

1928 年 4 月 15 日，由謝雪紅、林木順、翁澤生等人，在上海成立臺灣共產黨，屬日本共產黨臺灣民族支部。由於他們在組黨後便以「上海臺灣讀書會」為掩護進行實踐活動，被上海日本總領事館的警察所發覺，於是，日本警察於 3 月 12 日、31 日及 4 月 25 日前後三次，將謝雪紅等多名讀書會成員逮捕。

### 1928 年臺灣共產黨成立後日本警察檢舉臺共一覽表

| 搜查時間 | 搜查地點 | 被檢舉人 |
| --- | --- | --- |
| 第一次 1928 年 3 月 12 日 | 上海租界外北青雲路天授里 20 號及寶山路協興里 107 號 | 黃和氣、江水得（徒刑一年六個月）、陳氏美玉 |
| 第二次 1928 年 3 月 31 日 | 上海共同租界崑山路嬰童花園 | 陳粗皮（徒刑一年年） |
| 第三次 1928 年 4 月 25 日 | 上海法租界辣斐德路東升里 389 號 | 張茂良（徒刑二年六個月）、楊金泉（徒刑三年）、林松水（徒刑二年）、劉守鴻（徒刑二年） |

此表根據《臺灣社會運動史》第 3 冊第 99、100 頁內容整理而成。

「上海臺灣讀書會事件」雖然是在未掌握臺共之核心時的行動，但對剛剛成立的臺灣共產黨也打擊甚大。

1928 年 9 月 23 日，陳來旺、林木順、陳來旺等再於東京戶山，成立了「臺灣共產黨東京特別支部」，完成了臺共東京機構，並由陳來旺為東京負責人，建立與駐上海及臺灣島內的黨幹部聯絡，並派得力的幹部回臺進行工作。

1928 年 10 月 6 日，日共中央委員長渡邊政之輔，為達成臺共的組織及活動而來臺灣。他從上海搭乘「湖北丸」至基隆港時，遭到基隆水上警察所懷疑，因在行李箱上的名子與買船票的名子不同，被迫與警察同行到水上警察署偵辦，在基隆碼頭以手槍先擊斃隨行警察，渡邊政之輔要跑走時卻被石釘絆倒，無法逃脫，許多警察前來包圍，於是自殺身亡，年二十九歲。這位與臺灣共產黨自創黨以來有密切關係的日共中央執行委員長的死亡，對臺灣島內組織打擊甚大。

緊接著，在 1929 年 4 月 16 日，日本共產黨就遭到日本警察的大逮捕行動，史稱「四一六大逮捕」。當時在搜查到的名單上發現了 3 名臺灣人。這導致日本警察對臺共東京特別支部成員的大檢舉行動。日本警察逮捕大批共產

黨員，首先是日共中央事務局長間庭未吉（此人被疑為日本警察的間諜）遭警察逮捕，並被發現大量的日共組織資料，有關臺灣共產黨的文書也在其中。日警發動對臺灣人左翼團體「東京臺灣學術研究會」的搜查，逮捕會員 43 人，從中查出這 3 名臺灣共產黨員即是陳來旺、林兌、林添進。這樣剛成立六個月的「臺灣共產黨東京特別支部」，即告消滅。陳來旺被判刑 6 年，林添進 4 年，林兌到 1931 年 3 月才被保釋出來。儘管其他學術研究會員被釋放，但在嚴密的監視下陷入了無力活動的狀態。同年 6 月 16 日，臺共成立時的「政治大綱」起草者佐野學（早稻田大學講師）也在上海被逮捕。於是，對於臺灣共產黨比較熟悉的日共幹部均被捕，臺共與日共的關係因而嚴重受損。

## 三、中共的外圍組織「上海臺灣反帝同盟」

### （一）「上海臺灣青年團」的源起

臺灣共產黨成立後不久，由於所謂的「上海讀書會事件」，使剛剛成立的臺灣共產黨重創。以翁澤生為首的臺灣同胞並沒有屈服，又以「廣東臺灣青年團」〔註 1〕團員為基礎，重新開啟臺灣共產黨在上海的再活動。1929 年 6 月初，林木順、翁澤生聯合「上海臺灣學生聯合會」及左翼進步臺灣青年，為進行「六‧一七紀念日」〔註 2〕鬥爭而成立了「六‧一七鬥爭籌備會」。〔註 3〕

該「籌備會」推舉劉照明、林延年、翁澤生、林木順及蔣麗金為委員，計劃在「六‧一七」當日召開「遊藝大會」，勸導大陸人及朝鮮人的友好團體來參會。為了動員在上海的臺灣籍學生，翁澤生、林木順、李能茂及林延年等，於 6 月 10 日在大廈大學召開臺灣學生聯合會代表大會，就「六‧一七」紀念鬥爭進行宣傳動員並決定排話劇等進行宣傳。

6 月 17 日，在法租界基督教會堂舉行了「六‧一七紀念大會」及「遊藝大會」。「六‧一七」紀念鬥爭之後，在大廈大學舉行的籌備會解散大會上，出席會議的翁澤生、鄭連捷、劉子懲、陳麗水、林木順、李肇基、林延年、李能

〔註 1〕「廣東臺灣革命青年團成立」於 1927 年 3 月 13 日，其前身是廣東臺灣學生聯合會。1926 年 12 月 19 日，在粵臺籍學生代表洪紹潭、張月、郭德全、張深切等 20 多人在廣東中山大學集會，舉行「廣東臺灣學生聯合會」的成立大會。1927 年「四一二政變」之後，「廣東臺灣革命青年團」被廣東國民政府認定為左翼團體並被檢肅，後被迫解散。

〔註 2〕1895 年 6 月 17 日，日本殖民者在巡撫衙署舉行總督府始政儀式，宣布開始統治臺灣，這個日子被日人設為「臺灣始政紀念日」。

〔註 3〕《臺灣總督府警察沿革志》（三），南天書局，1995 年，第 912 頁。

茂、蔣麗金及劉家浪等，決定在籌備會解散之後成立「上海臺灣青年團」。當時計劃成立的「上海臺灣青年團」主旨如下：

一、政治路線上，擁護蘇聯，反對帝國主義戰爭，反對國民黨對中國紅軍的進攻，反對日本帝國主義對中國、臺灣及朝鮮革命青年的鎮壓，爭取青年自由，期待臺灣革命的成功，為此要密切聯繫，進行日常的鬥爭，以達到臺灣從日本殖民地中獨立出來。

二、在組織問題上，在團本部設總務、組織、宣傳三個部門，在學校及街道設立支部，以本部、支部的區分來擴大組織。

三、宣傳工作上，宣傳部起草宣傳大綱，揭露日本帝國主義的罪惡及國民黨左派的欺瞞行為，並且就臺灣革命運動相關事務進行宣傳。〔註4〕

1930 年 3 月底，「上海臺灣青年團」的成立大會在租界大廈大學禮堂舉行。翁澤生、劉學海、劉照明、鄭連捷、侯明宗、王瑞棋、蘇紅松、周宗河、陳老石，廖學禮、楊春松、陳麗水及其他十四人參會。當時林木順因被逮捕而沒能參加。大會由翁澤生主持，鄭連捷作為議長，會議強調青年團是鬥爭團體不是親睦團體，在中國革命激昂的情況下，各位團員要奮起努力，同時因應局勢變化；議定將青年團以前的總務、組織及宣傳三個部門進行改組，設立總務、宣傳、組織、研究及救濟五部，並續刊機關報《青年戰士》，各小組每週召開一次社會科學研究會等。

「上海臺灣青年團」成立以後，積極投入到社會活動中去，在「六·一七施政日」發表了《中國共產黨江蘇省執政委員會的檄文》、《上海工會聯合會為六·一七紀念而發表的臺灣革命援助宣言》、《六·一七紀念宣言》等，並對霧社起義進行了聲援，發表了《聲援臺灣蕃人暴動》、《上海反帝大同盟生蕃暴動援助宣言》、《臺灣青年發出的宣言》、《臺灣青年團三一紀念宣言》等。另外，在各種國際紀念日，也進行了宣傳鬥爭。〔註5〕

## （二）「上海臺灣反帝同盟」的由來及與中國共產黨的關係

在「上海臺灣青年團」成立前後，由中國大陸、朝鮮及臺灣左翼等七十多個團體組成的「上海青年反帝大同盟」成立。〔註6〕為了配合「大同盟」的工

〔註 4〕《臺灣總督府警察沿革志》（三）第 822 頁。
〔註 5〕《臺灣總督府警察沿革志》（三）第 823～836 頁。
〔註 6〕據《臺灣總督府警察沿革志》記載，當時參加的組織有上海總工會、革命互濟

作，1931 年 2 月，「上海臺灣青年團」議定要變更其組織的名稱。4 月 25 日，在廖興春的住處（黃家闕路久安里十二號），為剛剛出獄的林木順舉行慰安會時，由翁澤生主導，議定將「臺灣青年團」變稱為「上海臺灣反帝同盟」。

當日出席會議的代表有翁澤生、林木順、楊春松、陳炳楠、陳老石、陳炳譽、王天強、董文霖、高水生、廖興如、廖興順、蔣文來、廖學禮、王瑞棋、廖德勳、蔡啟獻及上海反帝大同盟的代表。〔註7〕

日本外交史料館藏檔中對「上海臺灣反帝同盟」組織結構記載的並不詳細，只記載它共分為總部、組織及宣傳三部，由翁澤生、楊春松及鄭子明分別任部長。〔註8〕同檔還記錄了當時可以確定的同盟會盟員：「翁澤生（別名：阿片・黎・汪・明新・水藻）、楊春松（別名：鬍子陳・老陳）、蔣文來（別名：打石蔣・蔣孝槐）、鄭子明（別名：鄭超人）、高水生（別名：高碧泉・許孤鴻）、陳炳譽（別名：葉）、董文霖（別名：吳）、王瑞棋、彭、楊、許、胡、徐天興及吳國梁」〔註9〕共計 14 位。

「警察沿革志」中記載的較為詳細，當時同盟成立大會時還選舉了委員，即總務為林木順、宣傳為楊春松、組織為廖興順、會計為蔡啟獻，後補委員為廖啟獻、高水生。同盟還設立機關報《反帝報》，由翁澤生、楊春松及林木順為編輯，印刷負責者為董文霖及陳炳譽，發行責任人為高水生及王天張，與「上海反帝大同盟」的連絡人為陳炳譽，與「社會科學研究會」的聯絡人為蔡啟獻。〔註10〕「同盟會」下分為滬西、法南、暨南、中醫、復旦及華街六個小組。〔註11〕

「上海臺灣反帝同盟」與中國共產黨是怎樣的關係？檔案中明確記載「上海臺灣反帝同盟」為民族的「共產主義團體」，「上海臺灣反帝同盟」也與中國

---

　　　江蘇省總會、自由大同盟、上海革命學生聯合會、上海中華左翼作家聯盟、社會科學聯盟、上海臺灣青年團、上海韓國青年團、上海安南青年團、瓊崖青年會及貧民協會等。參見《臺灣總督府警察沿革志》（三），第 818 頁。

〔註 7〕 《臺灣總督府警察沿革志》（三），第 838 頁。

〔註 8〕 《日本共產黨關係雜件／臺灣共產黨關係 4・昭和六年》，JACAR：B04013185400。

〔註 9〕 《日本共產黨關係雜件／臺灣共產黨關係 4・昭和六年》，JACAR：B04013185400。

〔註10〕 《臺灣總督府警察沿革志》（三），第 839 頁。

〔註11〕 《日本共產黨關係雜件／臺灣共產黨關係 4・昭和六年》，JACAR：B04013185400。

共產黨及「上海反帝同盟」有著很深的從屬關係。左圖為日本檔案記載的「上海臺灣反帝同盟」的組織關係圖。

　　從記載來看,「上海臺灣反帝同盟」直屬於「上海反帝同盟」。這說明它是作為「上海反帝同盟」的一個基礎組織而存在的,而「上海反帝同盟」的上級為中國共產黨中央領導下的「江蘇省委員會」。所以,現在可以明確的是「上海臺灣反帝同盟」是在中國共產黨領導下的臺灣青年共產黨的進步組織。

　　從「警察沿革志」記載的下圖表來看,臺灣共產黨因臺灣為日本殖民地的特殊性,其在組織上受中國共產黨及日本共產黨的雙重領導,其下屬組織也分為臺灣島內部分與中國大陸兩部分。在中國大陸部分,主要活動地點分布在上海及閩南二大區塊。在上海部分其組織變遷為「上海臺灣讀書會」──「上海臺灣青年團」──「上海臺灣反帝同盟」。

　　「警察沿革志」的記載也證實「上海臺灣反帝同盟」是在中國共產黨的領導下:「改稱以後的 6 月份,在新閘路與麥物赫斯脫路交匯點的董文霖住處,在中國共產青年團江蘇省委員代表的見證下,以中國共產黨員及共產青年團員的林木順、楊春松、蔣文來、陳炳楠、高水生及董文霖六人的領導核心,就反帝同盟改組後的組織擴人、活動等進行了商議,中國共產青年團的幹部就『未來的活動』進行了發言,最後確定臺灣上海反帝同盟的領導者為林木順,並決定以後每週舉行一次會議。」〔註12〕

### (三)「上海臺灣反帝同盟」的革命活動

　　「上海臺灣反帝同盟」從成立到被檢舉只存在三個月的時間,但在這三個月中,「同盟」發行了機關報《反帝報》,還進行了「第二次霧社事件的鬥爭」、「六‧一七臺灣施政紀念日鬥爭」、「六‧一三沙基慘案記念鬥爭」等革命活動。

　　「上海臺灣反帝同盟」成立之時,恰逢「六‧一七臺灣施政紀念日」。「上海臺灣反帝同盟」在例行組織會議中,就「六‧一七鬥爭指導方針」進行討論,楊春松就臺灣島內的情況進行了報告,最後確定在宣傳層面上進行鬥爭,並似定鬥爭方針為:

　　　　1. 發表宣言書;
　　　　2. 發行宣言大綱;

---

〔註12〕《臺灣總督府警察沿革志》(三),第 839 頁。

3. 刊行特刊：臺灣革命專號；

4. 書寫牆壁標語；

5. 在東南醫學院召開紀念演講會；

6. 在四川路、吳淞路散佈傳單。〔註13〕

會議之後，蔣文來騰寫宣傳大綱並印刷三百枚，還印刷了《告上海工友會書》、《告上海臺灣學生書》等各五、六百頁及傳單二千多頁，另外還在四馬路的民營印刷所製作了二千份的《臺灣革命紀念專號》送往各地。

6 月 15 日，「上海臺灣反帝同盟」在法租界公園池畔召開反帝同盟幹部會，林木順、楊春松、廖興順、王瑞棋、高水生、陳炳楠及王天強等參會。會議商議因借用東南醫學院召開紀念演講會被警察禁止，決定以散佈傳單及書寫標語等方式來進行鬥爭。

根據「警察沿革志」記載，「上海臺灣反帝同盟」此後的鬥爭主要針對以下兩個方面：

## 1. 針對日本殖民地殘殺臺灣原住民的「霧社事件」進行鬥爭

「霧社事件」是指發生於 1930 年霧社地區（今南投縣仁愛鄉霧社）的原住民武裝抗日活動。〔註14〕第一次「霧社事件」的幸存者，被安置於「保護蕃收容所」。1930 年 11 月 10 日，保護蕃道澤群總頭目泰目·瓦利斯被抗日的原住民殺死，讓道澤群原住懷恨在心。日本警察借機挑唆道澤群原住民。次年的 4 月 25 日，道澤群襲擊隊攻擊霧社事件餘生者居住的收容所，被殺死及自殺者共二百多人。達到報仇目的的道澤群原住民，共砍下一百多個首級，提回道澤駐在所向日警「繳功」。此次事件被稱作「第二次霧社事件」。

霧社事件是臺灣人民在日據期間最後一次武裝抗日行動。總督府理蕃政策遭到巨大挑戰，也造成總督石冢英藏等重大官員引咎辭職。「上海臺灣反帝同盟」針對此事件出版了《第二霧社事件特刊》，揭露日本殘忍殺害被俘虜的原住民並指明霧社事件的根本原因：「三井、三菱兩會社的代理者臺灣總督府，

〔註13〕《臺灣總督府警察沿革志》（三），南天書局，第 839 頁。

〔註14〕事件是由賽德克族馬赫坡頭目莫那魯道所率領德克達亞群各部落，因不滿日本當局長期以來苛虐暴政而聯合起事，於霧社公學校運動會上襲擊殺死在場全部日本人，事發後立即遭總督府調集大量軍警強力鎮壓，以毒氣彈山炮等武器轟炸，造成霧社各部族人被屠殺殆盡。事件重要人物莫那魯道最後自殺，參與行動各部族幾近滅族，而其中數百原住民於高壓情勢下集體自縊，餘生者被強制遷至川中島。

日日加強土地集中，從臺灣漢人的土地到蕃人的土地幾乎都強奪成他們的土地。」〔註15〕

### 2. 爭取臺灣從日本殖民地中解放的努力

根據「警察沿革志」的記載，「上海臺灣反帝同盟」還以「六・一七紀念籌備會」的名義，發布了《六・一七紀念告上海工友》、《六・一七紀念宣言》、《六・一七紀念告上海臺灣青年學生》及《臺灣革命紀念專號》等多種文書，同時還出版多次的半月刊，在「六・二三沙基事件」紀念日，也以同盟會的名義發布了宣言。

### （四）「上海臺灣反帝同盟」遭破壞並引發島內針對臺共的大檢舉

「上海臺灣反帝同盟」是中國共產黨江蘇省委員會領導下的「上海反帝同盟」的子「同盟」，故參與「上海反帝同盟」的活動，是其活動的重要組成部分。1931年5月，日本在中國東北製造的「萬寶山流血事件」，並利用「萬寶山事件」在朝鮮各地煽動排華情緒，致使在朝華僑損失慘重，僅平壤一地便有126人死亡。日方還向中國提出數項無理要求，妄圖擴大事態吞併中國東北。

中國共產黨為揭露日本軍國主義這一有組織、有計劃殘殺中國人民，妄圖以武力吞併東北的圖謀，集中力量領導工人階級，迅速掀起工人運動的第一次高潮。「上海反帝同盟」也計劃舉辦「萬寶山事件反援會」的集會。「上海臺灣反帝同盟」也積極參與其中。但日本駐上海領事館事先得到消息，已經計劃好要鎮壓此次活動。

22日下午7點30分，「後援會」開始示威活動，遊行的隊伍向日本駐上海領事館進發。當遊行的隊伍行進到日本電信局附近時，遇到日本警察的阻止。參加遊行的臺灣籍青年董文霖、陳炳春及高水生等三人，因持有傳單數枚而被日本警察逮捕。警察讓董文霖書寫其原籍氏名住處等時，發現其筆跡與警察局保管的6月17日「臺灣六・一七紀念會」所散發的宣傳單《為臺灣六・一七紀念告上海工友》的筆跡極為相似，就再次提審董文霖。

董文霖承認此傳單確為其本人書寫。日本警察對另外兩名也進行提審，並在匯總各方證據的情況下，認定以翁澤生（臺北州編入思想要注意人）、楊春松（新竹州編入勞動要注意人）、蔣文來（臺北州編入勞動要注意人）及鄭子明（霧社附近出身）為中心的「上海臺灣反帝同盟」為中國共產黨領導下「上

〔註15〕《臺灣總督府警察沿革志》（三），南天書局，第844頁。

海反帝同盟」子組織。另外還查得以上四人與中國共產黨有著極為密切的關係。

日本駐上海領事館應臺灣總督府警務局的要求,將董文霖、陳炳春及高水生等三人用「大阪商船福建丸號」運回臺灣。總督府方面根據三人的線索,在全島內進行大檢舉,對臺灣共產党進行了清肅。

## 四、臺灣共產黨在島內的鬥爭

1921 年,臺灣人連溫卿與日本左翼人士山川均在臺灣推行「農民組合活動」,這是共產主義首次進入臺灣的標誌。

1925 年 5 月,高雄市陳中和的新興製糖突然發出通告,欲將七百甲土地收回自營,使耕作中的農民驚慌不已。臺北工業學校畢業的黃石順借機將農民組織起來,反對陳中和收回自營,地主因發現農民有組織而暫緩進行。這項團結的力量,鼓舞了臺灣農民。其後簡吉與黃石順結合陳賢、張滄海等,更進一步將「小作人組合」改為「農民組合」。當時臺灣各地的農民組合組織主要有:二林蔗農組合(對抗二林糖廠所凝聚)、鳳山農民組合(對抗陳中和物產所成立)、大甲農民組合(反抗日本退休官僚強佔土地)、虎尾農民組合(臺灣農民組合虎尾支部)、曾文農民組合(反抗明治製糖)、竹崎農民組合(對抗三菱竹林事件所組成)、臺灣農民組合嘉義支部等。各地農民組合積極開展鬥爭,這其中「二林事件」最為知名。

1909 年,在總督府的支持下,臺灣首富林本源家族設立了「林本源製糖會社」,此會社實際的經營權由臺灣銀行掌控。由於林本源製糖會社在臺中溪州二林地區長期把甘蔗價格壓得比鄰近糖廠低,引起眾多沒有買賣自由的蔗農不滿。1924 年,該區 500 多人一起要求林本源製糖會社調整收購價格,半年後,林本源製糖會社讓步,以每甲增加 5 圓臨時補給金的方式,以消解農民的抗議。臺灣文化協會文協理事李應章,於 1925 年 6 月,在該區成立「二林蔗農組合」,並共同推舉李應章為機構的總理。開始展開舉辦農民講座,以爭取蔗農權益。「二林蔗農組合」提出具體的要求:決定收割日期、收割前先公布收割價、肥料由蔗農自由選購、雙方共同協定收割價、甘蔗過磅時由雙方共同監視,但被「林本源製糖會社」所拒絕,甚至請來日本警察進行干涉。1925 年 10 月 22 日,製糖會社在警察戒護下,強行採收甘蔗,二林地區 100 多位蔗農群起反抗,與警方和臨時收割工人發生衝突,蔗農奪下日本巡察的配刀,其

中有 9 名警察輕傷。但事後警方借機逮捕蔗農及文協成員，原本包括旁觀者在內超過 200 多人，後來竟逮捕 400 多人，並移送 47 人到法院審判。日本「勞動農民黨」十分同情二林蔗農，派了 2 名律師來臺幫忙辯護，而文化協會亦派 2 位律師擔任辯護人出庭，最終 25 人被判刑。1927 年 4 月本案結案，李應章醫師被判刑 8 個月。此事件對日後臺灣的農民運動產生了積極的影響。受此事件的影響，鳳山、麻豆鳳等地，也先後成立地方性農民組合。

　　1926 年 6 月 26 日，簡吉等人的努力下，以「合同協議會」決定，宣布成立了全島性的「臺灣農民組合」，中央委員長由簡吉擔任，其他重要幹部有陳連標、黃石順等，並於 1927 年 12 月 4 日，在臺中市初音町樂舞臺召開第一屆全島代表大會。當趙港報告臺灣農民組合發展經過時，警方以言論不當為由勒令中止，改由侯朝宗繼續報告，旋又受干擾，大會在第 4 日下午 2 時許，被警察命令解散，引發眾怒，當晚即臨時召集聽眾一千多人舉行示威演講會。

　　臺灣農民組合自召開第一屆全島大會後，全島農民迅速的自覺起來，農民鬥爭經常發生。在 1927、1928 年間，各地農民不滿受壓迫的事件，運用農民組合來領導，因此農民爭議達到四百二十件，但大部分都被警察鎮壓下去。當時主要的事件有：第一次中壢事件；第二次中壢事件；辜顯榮所有地爭議事件；大潭官有地佃農爭議事件；臺灣拓殖製茶會社土地爭議事件；大寶農林砍蕉造林爭議事件等。

　　1928 年 4 月 15 日，在上海成立的臺灣共產黨，屬日本共產黨臺灣民族支部。由於他們在組黨後便以「上海臺灣讀書會」為掩護進行實踐活動，被上海日本總領事館的警察所發覺，於是，日本警察於 3 月 12 日、31 日及 4 月 25 日前後三次，將謝雪紅等多名讀書會成員逮捕。

　　1928 年 5 月，謝雪紅被遣送回臺。臺灣的《日日新聞》還給予了報導。而此時下值農民組合正是最活躍的時候，會員數量已經高達二萬四千人，是當時最大的社會運動團體，農民組合成長過程得利於日本勞動農民黨的幫忙，且在日本高壓統治，嚴格取締下，思想已左傾。謝雪紅回到臺中，農民組合幹部共產黨員簡吉、趙港、楊克培等人相繼去拜訪她。由於日本勞動農民黨也因三一五大檢舉後被解散，農組在沒有外援下，希望得到臺共的支持，以加強農組的思想建設，強化對日鬥爭策略，當然，這也正好符合臺共創黨時所確定的發展策略。9 月底左右，在臺中農民組合本部，農民組合幹部簡吉、陳德興、楊克培等人討論農組是否進一步與臺共整合，並直接發表聲明支持臺共。

1928 年 12 月 25 日，謝雪紅將林木順交由林兌轉送的「農民對策問題」轉達給農民組合領導者簡吉，指示他將農民組合發展為臺共的外圍組織；12 月 30 日，農民組合召開第二次全島大會，會議中公布的議案與對策，即是依照「農民對策問題」的綱領進行的。

臺灣農民組合自召開第一屆全島大會後，全島農民迅速的自覺起來，農民鬥爭經常發生。在 1927、1928 年間，各地農民不滿受壓迫的事件，運用農民組合來領導，因此農民爭議達到四百二十件，但大部分都被警察鎮壓下去。當時主要的事件有：

第一次中壢事件：1926 年日人高級退職官吏小松吉久等，見桃園大圳完成在即，故搶先組織「日本拓殖會社」以特權取得新竹州中壢、桃園二郡原本荒地旱田的三千甲，再招佃戶 360 人與其簽訂耕作合約。但次年因颱風將第一期稻米在收割前損毀三成。農民多次向拓殖會社陳情要求減租。日本拓殖會社完全不理會，並利用法院將在田中生長的稻米為標的物執行扣押，農民大為恐慌。農民在無助下向臺灣農民組合中壢分部請求出面向日本拓殖會交涉，分部派出黃清江等代表 4 人向日本拓植會社交涉減低地租。法院派來的執行官將田中稻米強制收割，全體農民極度憤恨，因而發生肢體衝突。警察站在日本拓殖會社角度上進行介入。這樣引起民憤，約 600 百名農民包圍襲擊了中壢新坡警察派出所。警察逮捕黃石順、謝武烈、楊春松、黃又安等 8 人。這樣反而激起更大反抗，日本人就又大肆逮捕 83 人，其中，33 人被處有期徒刑。

第二次中壢事件：第一次中壢事件結束後，總督府計劃要消滅農民組合，於是驅使警察在 1928 年 7 月 9 日解散臺灣農民組合的「桃園支部」與「中壢支部」。警察又以莫須有的罪名將農組會員呂戊巳拘禁，引發眾怒，中壢支部的組合員 700 餘人，乃邀請農民組合本部幹部簡吉、趙港等趕至中壢指導，以致趙港等幹部率眾 200 餘人到派出所投石示威反抗，結果又是警察肆無忌憚將趙港、張道福等 35 人逮捕，其中 14 人被處徒刑。

新高製糖所有地爭議：臺灣總督府為謀求臺灣產糖量的增加，首先進行一連串糖業改革措施，包括引進含糖量高的蔗種、改善製糖方法，獎勵從事糖業者。總督府並扶植資本家投資製糖業，建立「原料採集區域制度」，規定農民只能把甘蔗賣給自己農地附近的糖廠，而且價格由糖廠決定。在這樣的制度下，吸引了許多日本大財團的興趣，紛紛來臺設立製糖公司，使臺灣傳統的製糖業者無容身之地。另還有幾家臺灣人創辦較大規模的製糖公司，如林本源製

糖等，完全為日本資本家壟斷，農民遭受剝削。位於臺中州彰化郡線西莊新巷的新高製糖公司，將所有七十三甲蔗地由張火炭等原承租人改租於黃銀盤等新租戶，並在 1927 年 3 月 26 日開始第一期插秧，引起張火炭等不滿，以契約未到期尚未解約，在另一端同時插秧，並訴請農民組合大甲支部支持。在 95 名組員協力下完成插秧、除草等工作。新租戶黃銀盤等於 7 月 4 日，向臺中地方法院提出土地交付臨時扣押處分及損害賠償等，但原佃農委託農民組合顧問律師古屋貞雄，提出疏明書，申表異議，但在 8 月 22 日判決敗訴，張火炭等繼續抗爭。

辜顯榮所有地爭議事件：在臺中州北斗邵二林莊原本屬林本源糖所有七百餘甲土地，被鹽水製糖接收後，這土地變成辜顯榮所有。辜顯榮在 1927 年 3 月取消土地上農民的耕種權。於是，當地佃農乃在臺灣農林組合二林支部長蔡阿煌等的指導下進行鬥爭。辜顯榮即與鹽水港製糖會社相勾結，將農民十八戶的晚稻強行押走，因此，農民組合二林支部的組合員 80 多人前往鹿港街辜顯榮宅示威，並召開演講會，警察介入強加解散，逮捕了莊萬生、謝神財、張福生等農民組合幹部及組合員多人。

大潭官有地佃農爭議事件：總督府把高雄州東港郡東港街字大潭的官有地 157 甲由蘇隆明等地主 3 人經手，而放租於當地農民 100 餘人，其中的 70 餘人加入農民組合，由薛步梯、陳崑崙指導，於 1927 年 11 月重新設立「東港農工協會」向蘇隆明等鬥爭，警察強力拘捕 31 人，壓制了此事件。

臺灣拓殖製茶會社土地爭議事件：總督府把新竹州苗栗郡三義莊、銅羅二莊的土地 4700 甲放領於特權的臺灣拓植製茶會社等經營茶園，因該會社禁止當地農民上山伐木、種菜、放牧，與居民衝突不已，農民成立了「臺灣農民組合三義支部」與該會社抗爭。結果是臺灣拓殖製茶會社動員警察逮捕農民 110 人，以「共同盜伐」的罪名送法院處罰。

大寶農林砍蕉造林爭議事件：1921 年 1 月，總督府把臺中州大屯郡霧峰莊萬斗六、大平莊頭汴坑、北屯莊大坑等地的山林 2,321 甲放領於日人經營的大寶農林會社以為種植樟樹和相思樹，但大寶卻又允許萬斗六的土地約 500 甲種植香蕉，並收取佃租。五年後總督府命令不得在放領地上種植香蕉。當地種植香蕉的農民得知後，九百十一戶（3,900 餘人）寢食難安，組成臺灣農民組合大屯支部，進行反對運動。為阻止此事件，警察將臺灣農民組合大屯支部的李福松支部長逮捕。

在農民組合反抗鬥爭影響不斷加強的同時，臺灣共產黨希望臺灣農民組合完全置於臺共的領導之下，積極聯絡，並於 1928 年 12 月 30 日，指導臺灣農民組合在臺中市樂舞臺召開臺灣農民組合第二屆全島大會。警察臨會監視，多次中止代表發言，最後臨監警察竟發出中止命令，致使場內一片混亂，簡吉等人被捕。

## 五、臺灣共產黨的沒落

1928 年 9 月 23 日，陳來旺、林木順、陳來旺等再於東京戶山，成立了「臺灣共產黨東京特別支部」，完成了臺共東京機構，並由陳來旺為東京負責人，建立與駐上海及臺灣島內的黨幹部聯絡，並派得力的幹部回臺進行工作。

1928 年 10 月 6 日，日共中央委員長渡邊政之輔，為達成臺共的組織及活動而來臺灣。他從上海搭乘「湖北丸」至基隆港時，遭到基隆水上警察所懷疑，因在行李箱上的名子與買船票的名字不同，被迫與警察同行到水上警察署偵辦，在基隆碼頭以手槍先擊斃隨行警察，渡邊政之輔要跑走時卻被石釘絆倒，無法逃脫，許多警察前來包圍，於是自殺身亡，年二十九歲。這位與臺灣共產黨自創黨以來有密切關係的日共中央執行委員長的死亡，對臺灣島內組織打擊甚大。

1929 年 2 月 12 日，臺中地方法院檢察局指揮全島的警察對臺共及農民組合成員進行大搜捕，史稱「二一二大檢舉」，其真正目標其實是消滅臺共，因為總督府深怕臺共可能會透過農民組合在農村的深厚基礎，將農村發展為革命的武裝基地。此事件之後，農民組合主要成員多被捕監禁，農民組合也成了非法組織。此時的農民組合幹部已有許多臺共黨員，之前未加入的，也相繼加入臺共。「二一二大檢舉」對農民組合來說，確實造成很大的傷害，但卻也使農組完全融入臺共的體系裏，這可能是臺灣總督府始料未及的。

緊接著，在 1929 年 4 月 16 日，日本共產黨就遭到日本警察的大逮捕行動，史稱「四一六大逮捕」。當時在搜查到的名單上發現了 3 名臺灣人。這導致日本警察對臺共東京特別支部成員的大檢舉行動。日本警察逮捕大批共產黨員，首先是日共中央事務局長間庭末吉（此人被疑為日本警察的間諜）遭警察逮捕，並被發現大量的日共組織資料，有關臺灣共產黨的文書也在其中。日警發動對臺灣人左翼團體「東京臺灣學術研究會」的搜查，逮捕會員 43 人，從中查出這 3 名臺灣共產黨員即是陳來旺、林兌、林添進。這樣剛成立六個月

的「臺灣共產黨東京特別支部」，即告消滅。陳來旺被判刑 6 年，林添進 4 年，林兌到 1931 年 3 月才被保釋出來。儘管其他學術研究會員被釋放，但在嚴密的監視下陷入了無力活動的狀態。同年 6 月 16 日，臺共成立時的「政治大綱」起草者佐野學（早稻田大學講師）也在上海被逮捕。於是，對於臺灣共產黨比較熟悉的日共幹部均被捕，臺共與日共的關係因而嚴重受損。

　　一方面，在「上海讀書會」受到破壞以後，日本警察對臺灣共產党進行了更加秘密的偵察，基本上掌握了臺共在島內的情況。1930 年底及 1931 年春時，日本警察查知共產黨員陳德興及王溪森由上海歸臺後與翁澤生聯繫，帶回指令臺灣共產主義再復興的重大命令，於 1931 年 3 月 24 日實施了全面搜查，在臺北市上奎府街一丁目二九番地陳春木家中發現共產黨員趙港及陳德興。趙港匆忙間將桌上重要文件咽下，而陳德興則趁機逃走。此次搜查收繳了「改革同盟成立事宜」、「文協解消問題」、「臺灣運輸工會組織事宜」、「臺灣運輸工會運動方針」等十幾種文件。

　　但當時的臺共在島內並沒有停止活動，於同年 1 月成立改革同盟，進行黨的改革，在 5 月召開第二次臨時大會，採用了新政治綱領，並確定利用農民組合、文化協會舊組織成立臺灣赤色救援會，來進行黨的活動。當時由文化協會的幹部詹以昌、陳崑崙會同農民組合方面的簡吉、顏錦華、張氏玉蘭、湯接枝進行協商，準備成立臺灣赤色救援會組織，發行救援會宣傳單，並指示黨員到各處進行組建活動。

　　隨著臺灣赤色救援會組織工作的進展，開始被日本警察所注意，並進行秘密的調查。31 年 9 月，警察於臺南州嘉義郡小梅莊發現一本救援會的宣傳資料「三字集」，循此進行深入調查，11 月，逮捕了在臺中州竹山郡散發同種傳單的林水福。得知這些宣傳資料是由陳神助及黃樹根在臺南州嘉義郡竹崎莊印行的。根據林水福的供述，發現並沒收了「二字集」、「三字集」及《真理》雜誌八百多份。臺中州竹山郡還在阿里山中逮捕到資料的印刊者黃樹根。根據調查，這些行為都與臺共有關係，於是臺南州派出中村特高股長率領部下到嘉義，在郡警察的協助下，發起了全面的搜查逮捕，於 12 月捕到潛伏在嘉義的陳神助。經過審訊，得知他們的活動是臺灣赤色救援會組織運動的一部分。根據他們的供述，又在陳神助的住處收繳了大量的文書及宣傳印刷器具。

　　由於王日榮的叛變，臺灣共產黨組織遭到毀滅性破壞，謝雪紅等 107 名共產黨員被逮捕，大量的重要文件被查收。1931 年 10 月，將以上被捕人員中的

79 人分批移送至法院，10 月 29 日，對其中 49 人提出預審，審判結果如下表。此後，臺共也積極地重建，但已經不能有大的作為了。

## 根據日本檔案記載被清肅的黨員

| 臺灣共產黨黨員一覽表（11 月 2 日至現在） | | | | | |
|---|---|---|---|---|---|
| 在黨的地位 | 氏 名 | 年紀 | 所屬別 | 摘 要 | 有無檢舉 |
| 舊中央部員 | 林木順 | 26 | 元學生 | 在上海暗中活動中 | 未檢舉 |
| ≈ | 洪朝宗 | 25 | 文化協會 | | 9 月 16 日檢舉 |
| ≈ | 蔡孝乾 | 29 | 文化協會 | 在南京就職中 | 未檢舉 |
| ≈ | 林日高 | 28 | 元學生 | 進行島內外的聯絡 | 9 月 4 日檢舉 |
| ≈ | 莊春火 | 25 | 文化協會 | 擔任勞動運動的指導者 | 9 月 3 日檢舉 |
| ≈ | 翁澤生 | 29 | ≈ | 在上海暗中活動中 | 未檢舉 |
| ≈ | 謝氏阿女 | 31 | ≈ | 臺灣的實際負責人 | 6 月 26 日檢舉 |
| 新中央部員 | 王萬得 | 28 | ≈ | 改革同盟員、負責指導北部紅色工會組織 | 7 月 16 日檢舉 |
| ≈ | 潘欽信 | 24 | ≈ | 共產國際派出的參加第二次大會 | 9 月 1 日檢舉 |
| ≈ | 蘇新 | 25 | 元學生 | 改革同盟員、負責指導北部紅色礦山工會組織 | 9 月 12 日檢舉 |
| ≈ | 劉宇鴻 | 24 | 元學生 | 負責指導南部紅色組織 | 7 月 15 日檢舉 |
| ≈ | 顏石吉 | 28 | 農民組合 | 農民組合 | 8 月 6 日檢舉 |
| ≈ | 蕭末福 | 24 | 元學生 | 指導北部紅色礦山工會組織 | 7 月 31 日檢舉 |
| ≈ | 簡氏娥 | 23 | 農民組合 | | 9 月 1 日檢舉 |
| 黨員 | 楊克培 | 33 | 文化協會 | 主要負責學生的組織化 | 6 月 26 日檢舉 |
| ≈ | 楊克煌 | 24 | ≈ | | 8 月 8 日檢舉 |
| ≈ | 高甘露 | 40 | 鐵道部職員 | 鐵道部相關係者的組織化 | 7 月 1 日檢舉 |
| ≈ | 張茂良 | 26 | 元學生 | | 9 月 16 日檢舉 |
| ≈ | 林朝宗 | 26 | 文化協會 | | 9 月 15 日檢舉 |
| ≈ | 楊金泉 | 23 | 元學生 | | 9 月 15 日檢舉 |
| ≈ | 周坤棋 | 22 | 鐵道部職員 | 鐵道部相關係者的組織化 | 9 月 14 日檢舉 |

| | | | | | |
|---|---|---|---|---|---|
| ≈ | 劉讚周 | 26 | 職員 | | 未檢舉 |
| ≈ | 林樑材 | 23 | 元學生 | | 11 月 1 日檢舉 |
| ≈ | 吳拱照 | 25 | 文化協會 | 文化協會的活動 | 3 月 6 日檢舉 |
| ≈ | 趙港 | 31 | 農民組合 | 農民組合的活動 | 3 月 24 日檢舉 |
| ≈ | 陳德興 | 26 | 農民組合 | | 3 月 25 日檢舉 |
| ≈ | 張朝基 | 30 | 工友協會 | 指導北部社會科學研究 | 6 月 26 日檢舉 |
| ≈ | 林殿烈 | 26 | | | 9 月 7 日檢舉 |
| ≈ | 謝祈年 | 25 | 原民眾黨 | 指導北部紅色礦山工會組織 | 7 月 19 日檢舉 |
| ≈ | 周合源 | 29 | 文化協會 | 指導北部紅色工會組織 | 7 月 21 日檢舉 |
| ≈ | 盧新祭 | 24 | | | |
| ≈ | 吉松喜清 | 26 | 鐵道部職員 | 鐵道部職員的組織化 | |
| ≈ | 宮本新太郎 | 27 | | | 8 月 9 日檢舉 |
| ≈ | 津也助好 | 24 | | | 8 月 10 日檢舉 |
| ≈ | 郭德全 | 28 | 臺灣戰線社 | | 7 月 21 日檢舉 |
| ≈ | 張道福 | 25 | 農民組合 | | 9 月 4 日檢舉 |
| ≈ | 吳錦清 | 27 | 元訓導 | 指導北部紅色礦山工會組織 | 9 月 14 日檢舉 |
| ≈ | 王細松 | 24 | 鐵道部職員 | 鐵道部職員的組織化 | 9 月 13 日檢舉 |
| ≈ | 詹以昌 | 25 | 文化協會 | | 9 月 13 日檢舉 |
| ≈ | 王溪森 | 21 | 元學生 | | 9 月 14 日檢舉 |
| ≈ | 莊宇 | 26 | 文化協會 | 指導南部紅色工會組織 | 9 月 18 日檢舉 |
| ≈ | 楊春松 | 24 | 農民組合 | 上海暗中活動 | 未檢舉 |
| ≈ | 蔣文來 | 23 | ≈ | | 未檢舉 |
| ≈ | 陳結 | 25 | ≈ | 島內潛伏 | 未檢舉 |
| ≈ | 簡吉 | 29 | ≈ | | 10 月 12 日檢舉 |

此表引自日本外交史料館藏檔（B04013185400）《日本共產黨関係雑件／臺灣共產黨関係 4・昭和六年》。

　　此次大檢舉上述四十五人被日本警方查出，其中被檢舉的達三十八人，沒有被檢舉的只有七人。此份檔案記載的人數似乎只是一次檢舉行動的人數。根

據其他研究資料，可能先後有 107 名臺共黨員先後入獄。日本警察通過秘密的單獨審訊，於 1934 年 6 月分別判處他們 2～15 年的徒刑。其中領導者翁澤生於 1933 年 3 月初在上海被捕並引渡到臺灣，被判 13 年徒刑。他在監獄中遭到日警的野蠻酷刑折磨，於 1939 年 3 月病逝，時年 36 歲。至此臺共的整個組織遭到徹底的破壞。此後中日關係日趨緊張，日本殖民當局進一步加強了對臺灣的政治控制，使臺共失去恢復活動的空間。

## 小結

綜上所述，按照共產國際關於殖民地黨組織應歸宗主國黨組織領導的原則，臺灣的共產黨的成立名義上由日本共產黨指導，但由於中國共產黨注意培養臺灣青年學生，實際上臺灣共產黨是在中國共產黨的幫助指導下建立的。臺共早期的領導人很多都在大陸生活，更有一些人在上海大學接受了共產主義思想，並參加了中共領導的社會運動。「上海臺灣反帝同盟」是進步的臺灣青年共產黨員及進步的臺灣青年為配合中國共產黨領導的第一次工人運動，將「上海臺灣青年團」更名發展而來的臺灣進步青年革命組織。這一組織在中國共產黨的領導下，為配合第一次工人運動，揭露日本殖民者對臺灣人民的殘酷統治及對臺灣原住民的殘殺，在更名後的短暫時間裏發起了各種紀念鬥爭活動。由於當時革命形式嚴峻，其組織僅僅存在三個多月的時間就被日本警察所檢舉破壞。「上海臺灣反帝同盟」雖然存在時間短暫，但卻是兩岸共產黨人緊密合作的先驅及榜樣。臺灣共產黨建立後，也返回島內發動群眾運動，於 1929 年在臺灣中南部通過「農民組合」發起小規模暴動，日本警方隨之展開第一次「臺共大檢肅」，逮捕了許多骨幹。隨著日本共產黨組織遭受到重要的破壞，1931 年日本警方在全島發動第二次「臺共大檢肅」，抓捕了臺共領導人翁澤生、謝雪紅等人並判重刑，至此臺共的整個組織遭到徹底的破壞，致使整個組織徹底瓦解，只剩少數人隱蔽民間或潛回大陸繼續從事革命活動。

# 第十三章　民眾黨的鴉片反對運動

　　甲午戰爭後，各列強加緊了對中國的瓜分，使中國人民開始覺醒，變法自強成為社會的潮流，禁煙運動也包括在其中。同時，國際社會也普遍認識到鴉片的危害性，連續召開幾次國際鴉片會議，並成立了國際鴉片諮詢委員會，規定各締約國每年須向國際聯盟提出統計年報，以掌握世界鴉片及毒品製造、分配、消費的情況，並對各國取締鴉片進行監督。在這幾次鴉片會議上，日本與英國都成為批判的對象。日本為了洗刷污名，挽回國際聲望，在 1924 年 11 月召開的國際阿片會議上，簽訂了鴉片限制條約，該條約在 1928 年底生效。而該條約即主要針對其殖民地臺灣。故臺灣總督府於 1928 年 12 月 28 日，以律令第三號，修訂了「阿片令」。新修訂的「阿片令」，原則上「不准吸食鴉片」，並禁止開設阿片煙館。如果單純從字面上看，這比較舊的「阿片令」，確實有相當的進步。但在新「阿片令」第二條「不准吸食鴉片」下，卻有一項說明：「但本令施行前之阿片癮者、由總督特許吸食而吸食、政府發售之阿片煙膏者不在此限。」〔註1〕這個新「阿片令」暴露了總督府鴉片政策的諸多破綻，特別是高達 25,000 人的新吸食特許申請，使臺灣民眾認識到新「阿片令」，僅為絕世人之口，並沒有打破「漸禁主義」政策。於是民眾黨將臺灣總督府上告至國際聯盟，並引導臺灣人民進行了大規模的反對運動。本章僅對民眾黨及臺灣人民的鴉片反對運動進行具體論述。

## 一、臺灣民眾黨的鴉片反對運動

　　日本國內嚴格禁止鴉片煙的吸食，而對殖民地臺灣，卻以「漸禁」為藉口，

---

〔註1〕（日）《臺灣阿片令改正律令案》，JACAR：A01200587400。

實施鴉片專賣制度。這種民族差別待遇，在日本據臺初期，臺灣人民就以降筆會的形式，進行了大規模的反對運動，而伴隨著新的民族民主運動的轉型，鴉片的反對運動也轉入新的形式。

自 1921 年開始的臺灣議會設置請願運動，是以民族民主運動的方式，向日本殖民統治者爭取基本權力，其中自然涉及到總督府的鴉片政策。1923 年「治警事件」審判中，蔡培火以臺灣民眾的立場，對總督府的鴉片政策，進行了無情的揭露：「總督府對同化政策或自己聲明的政策，全無誠意執行。譬如，鴉片問題，聲明採取漸禁主義，時至今日，吸煙人數卻沒有減少，無照的密吸才全島到處都是，這豈不等於公開的欺騙！」〔註2〕另外，在臺灣設置請願第六運動的籌備理由書中，也特別加上批判臺灣鴉片政策的部分：「為圖每年 600 萬元之鴉片專賣收入，竟不恤以國際所禁止之鴉片毒害消耗臺人的心身，漠視國際之道義。」〔註3〕

1927 年 7 月成立的臺灣民眾黨，是公開反對鴉片專賣制度的政黨，在其政綱「臺政改革的建議」第八條「嚴禁鴉片」中，明確提出：「在今日的文明國已有禁酒的國家，臺灣改隸以來已閱三十餘年，竟仍公然准許吸食比酒有幾十倍毒害之阿片，實係人道上之重大問題，且為文明國之一大恥辱。是故由文明國之體面抑或由國民學保健上均應速予禁絕者也。」〔註4〕

1929 年 7 月，該黨向首相濱口及松田拓務大臣提出的「臺灣政治改革建議書」中，嚴禁鴉片吸食也成為其重要的項目。另外，9 月，對來臺繼任的新總督石冢所提出的「臺政改革建議書」中，也將「嚴禁鴉片」列入其中。

1929 年 9 月，臺灣民眾黨領袖蔣渭水的醫學校同學及密友，臺灣人第一位醫學博士杜聰明，向臺灣總督府提出「設置鴉片治療醫院建議書」。杜聰明為臺灣第一位醫學博士。自 1926 年代表總督府出席世界麻藥教育大會後，便致力於鴉片的藥理研究，並在藥理學上獲得戒除鴉片的實踐經驗，且對鴉片癮者的治療有相當的信心，因而向總督府提出設置鴉片癮者治療醫院，主張對鴉片吸食者採取醫學上的治療，以期完全矯治。〔註5〕

臺灣民眾黨的領袖蔣渭水本身為醫生，另外通過杜聰明的研究，深知鴉片

〔註2〕葉榮鐘著：《日據下臺灣政治社會運動史》（上），臺北，晨星出版社，2000 年，第 270 頁。

〔註3〕葉榮鐘著：《日據下臺灣政治社會運動史》（上），第 145 頁。

〔註4〕葉榮鐘著：《日據下臺灣政治社會運動史》（下），第 445 頁。

〔註5〕杜聰明著：《回憶錄》，臺北，龍文出版社，1989 年，第 124 頁。

完全可以利用現在醫學戒除。而 1929 年 12 月 18 日總督府石井警務局長的「新鴉片特許方針」聲明，使臺灣大量密吸者的存在事實昭告於天下，特別是總督府不但不援引法律進行處罰，還允許二萬多人申請新的特許牌照，其利用漸禁制度，專事謀取經濟收益的目的昭然若揭。蔣渭水認為這是良好的反對契機，便開始策劃進行大規模的反對運動。

### 首先、向日本拓務大臣發電報

民眾黨首先將反對意見，直接發電給日本拓務大臣，陳述民眾黨的反對意見：「臺灣政府新特許阿片政策，使很多臺灣人陷於毒害之中，這不僅僅是人道上的問題，更有損於帝國的名譽，切望早日斷然實行嚴禁。」〔註6〕

### 其次、向島內日刊報紙投稿反對新鴉片吸食特許

20 日，民眾黨即向島內各大日刊報紙投稿：「吾黨站在人道立場，為打倒不可忽視的毒害人民的鴉片制度，素盡全力，然而當局卻於最近重新發下吸食許可。作為阻止運動之一環。曾經呈上抗議書與拓殖大臣。另外對總督府亦呈上同樣抗議書。茲決定於同月 22 日在全島各地同時舉辦反對鴉片政策演說會。」〔註7〕

### 第三、給日本內地報紙打電報

21 日，民眾黨又拍電報給大阪每日、時事國民、萬朝報、東京日日新等報社，明確提出「阿片問題在臺灣統治上及國際觀瞻上極不適宜，臺灣民眾黨表示反對。」〔註8〕

### 第四、向警務局長提交抗議文

民眾黨在進行一系列抗議的同時，還要求臺灣總督府取消其聲明，並於22日向警務局長直接提交了抗議文，其內容如下：

> 在臺灣的鴉片公賣與吸食許可，和在葡領澳門徵稅而准許賭博之榨取政策，同出一轍。均係遺留污名與罪惡於人類歷史者。雖然自明治四十一年以來，臺灣政府已放棄阿片吸食之特許。但放任密吸食者而不取締，藉以消極防止公賣收入之減少。在昭和之今日，尤其是緊縮內閣之時代，此等超奢侈品之阿片公然重新准許其吸食，

〔註6〕（日）《阿片吸食特許及矯正處分に関する民情》，臺北，臺灣總督府，昭和五年，第4頁。
〔註7〕《臺灣社會運動史》第二冊，臺北，海峽學術出版社，2006年，第198頁。
〔註8〕《臺灣社會運動史》第二冊，第199頁。

實係無法瞭解之怪事。此舉不但是人道上之大問題，且係違悖國際信義。是故吾黨對臺灣當局推行此一卑劣之政策，表明最大之遺憾與絕對之反對。

按閣下在聲明書中謂「對此等秘密吸食者臨以改正令下之嚴刑於人道之基礎上認有未便」偽裝出自慈悲心之處置，事實純係掩飾收入主義的藉辭。蓋准許其吸食，使其浪費金錢，毀損心身，較之改正令下之刑罰，不知道有幾十倍之殘酷。何況此種癮癖原可由醫療或自己之克制攝生可得治療者乎。實際上常見入獄之癮者自然的斷癮，出獄時身體豐滿者為數不少，然而改正令之嚴刑亦可視同一種強制治療。

聲明中又言「事實上僅依刑罰而期矯正此等全部癮者，實屬不可能，且欲全部執行矯正處分，亦有困難。」如此說法，若非自認無能，便是一種遁詞而已。吾黨不信，能將匪徒消滅無遺，能將生番討伐淨盡，且能將任何微細之違法事件檢舉出來之警察萬能的臺灣政府，獨對（禁）鴉片（煙）無能為力。由此觀之，政府心地之不純與缺乏誠意昭然若揭。在彈丸孤島之臺灣，欲撲滅阿片之吸食易如反掌，且亦不須臨之以嚴刑峻法。若規定一定之年限廢止製造鴉片，癮者知其非禁不可，是自然發生戒斷之決心，或就醫治療，或自己節制，以漸減之方法矯正。屆滿一定年限雖廢止阿片之製造亦不至發生任何困難。一面對鴉片走私嚴加防遏，臺灣孤立海中此事甚易奏效。政府置此簡便之鴉片吸食消滅法不用，可見政府全無消滅之誠意，而反用各種理由以掩飾其貪圖公賣收益之用心。政府一面格於國際聯盟絕對禁止之條約，不得不用嚴罰制度以資粉飾，一面又推行新特許制度以圖增加公賣的收入；緣此吾黨對總督府此種卑劣之政策，表示絕對反對，而對直接責任者之閣下嚴重抗議其非也。閣下果有一片愛護島民之誠心，則必須立即停止阿片吸食之新特許，我當披瀝忠誠特為勸告。〔註9〕

## 第五、召開反對鴉片特許之演講會

民眾黨在 22 日還在臺北市有明街召開反對演講會，由張晴川、陳木榮、曾得志及江明標等同志，分別發表了《關於阿片吸食特許》、《金解禁與阿片》、

---

〔註9〕《日據下臺灣政治社會運動史》（下），第頁 452～453。

《阿片吸食是文明人的恥辱》等演說。另外，當日還在汐止、基隆、桃園等地的民眾黨支部，召開同題目之演講會。〔註10〕

第六、打電報給國際聯盟

總督府當局對民眾黨的抗議置若罔聞，民眾黨人義憤填膺，把抗議文修改為聲明書，再次分送給日本各重要報社，並電報上海的「中華國民拒毒會」，要求聲援，並打電報給國際聯盟。

1930年1月2日，民眾黨以四百萬臺灣人之名義，打電報將日本政府提告到國際聯盟本部，電文內容如下：「日本政府此次對臺灣人特許鴉片吸食，不但為人道上之問題，並且違背國際條約，對其政策之推行，希速採取阻止之法，四百萬臺灣人代表臺灣民眾黨。」〔註11〕

從以上民眾黨一系列的抗議內容來看，該黨認為鴉片對人體有害，使國民元氣大失，而總督府在臺灣一再允許新的吸食者，只是將鴉片作為一種財政收入的手段，這嚴重違反國際正義，更使日本有失國際信義，故最終將其上告至國際聯盟。

## 二、臺灣各界對民眾黨的聲援

民眾黨給國聯發電後，馬上得到了回覆：「二日發寄國際聯盟的電報，於四日午前八時，已經確實配達了。」〔註12〕這個消息在11日的《臺灣民報》發表後，很快又傳來國際聯盟即將派員，到臺進行調查之消息。這些變化使一些秘密吸食者意識到，總督府的鴉片政策會有一個巨大的變化，以後可能不會再有新的特許，故申請者大量湧現，連「日日新報」都以《鴉片吸食申請意外之多》〔註13〕進行了報導。這也使鴉片的反對運動，開始向社會其他階層發展。

首先、蔡培火向總督府提出議案。

蔡培火，號峰山，雲林北港人。《臺灣民報》編輯兼發行人，1923年加入文化協會，協助推動「臺灣議會設置請願運動」。後曾因違反《治安警察法》遭逮捕，與蔣渭水一同被判刑四個月（治警事件）。1927年文化協會分裂，與蔣渭水共同組建臺灣民眾黨。蔡培火於一月八日訪問石井警務局長，對於新特

〔註10〕（日）《阿片吸食特許及矯正處分に關する民情》，第12頁。
〔註11〕（日）《臺灣總督府員警沿革志》第二編，臺北，南天書局，1995年，第466頁。
〔註12〕《民黨反對阿片發給國聯電報有回電已配達了》，《臺灣民報》，1929年1月11日。
〔註13〕（日）《意外に多い阿片吸食屆》，《臺灣日日新報》，昭和5年1月17日。

許當局之真意進行了質問，並提出如下消滅阿片之方案：

第一案

一、組織官民合同審查會

（一）組織——官吏三分之一，民間三分之二，其中一半由醫
師選任。

（二）新特許固無論舊特許者亦一律由審查會審查決定是否准
予吸食。

一、不准新特許者，附與強制治療。

二、組織教化機關（解煙會），宣傳消滅阿片。

第二案

一、聲明禁絕年限（最長不超過十年）。

二、十年間第一年減少吸食量一成，俾能如期消滅。

三、由民間組織禁煙委員會，監督其實績並監視政府之阿片製造與
發售。〔註14〕

從蔡培火的二案分析來看，有意讓民間組織滲透到鴉片審查委員會及監
查機構，並不再允許新的吸食特許者，期望通過有計劃的教化，在十年間將鴉
片完全禁絕。據說蔡氏希望第一案能夠實現，但在日本人獨攬大權的情況下，
不可能讓臺灣人分享其行政權，故總督府兩案都不採擇。

其次，各地醫師公會的反對陳情。

民眾黨除組織黨內人員，以政黨組織及個人方式，來反對總督府的新鴉片
許可，也發動黨員中屬各地方醫師公會的分子，利用醫生在臺灣社會特殊的地
位，由內部促進各地方醫師團體的鴉片新吸食特許反對運動。醫師會由專家的
立場，其對鴉片的發言更為有力，對普通民眾也更有說服力，對於總督府的打
擊更加沉重。

高雄醫師公會於 1929 年 12 月 22 日，向總督府提出陳情書：「本會認為，
此次如在臺灣實施新阿片吸食特許制度，將違反國際上人道上的德義，且從社
會衛生事業上考察，也非常有害，在本制度實施之際，本會會員一致願聞政府
有何特別解釋、怎樣實施。」〔註15〕

繼高雄醫師會後，臺南、嘉義、屏東、彰化等各地醫師會群起響應。

---

〔註14〕《日據下臺灣政治社會運動史》（下），第 460 頁。

〔註15〕（日）《阿片吸食特許及矯正處分に関する民情》，第 2 頁。

臺南醫師會首先於 1930 年 1 月 14 日，給總督府提出自己建議書，其內容如下：

一、給發新特許牌照，嚴限於由醫學立場上，非准許吸食阿片必有生命危險，戒煙絕對不可能者，譬如：

（一）密吸食者患有重症肺結核、喘息、糖尿病等痼疾者。

（二）高齡者而身體異常衰弱者。

不適合前記條件者，如若斷禁現象顯著者，全部送矯正所，進行強制治療。

二、對現已領有牌照者加以嚴格之檢查，除符合上述條件者以外，可以矯正解癮者悉令強制治療。

三、由政府設置公共阿片吸食所，使持有牌照者在同所吸食，不准其在它處吸食，違者與密吸食同罪。

四、廢止阿片承銷商、零售商與前舉公共阿片吸食所同由政府直接經營之。〔註16〕

各地醫師會的建議書，基本都對總督府的新特許制度提出異意，並要求總督府盡快對吸食者實施矯正，並採取盡可能的措施，盡快實現鴉片吸食的斷決。

這裡值得注意的是，向總督府提出「設置鴉片治療醫院建議書」杜聰明博士所在的臺北醫師會，竟然沒有提出意見，令人不可思議。實際上臺北醫師會於 1 月 24 日召開了大會，提出建議書：「本會依照學術見解，認為若給予鴉片癮者適當之治療，並非不能治癒之症，今總督府又有新的吸食特許，這在保健衛生上非常有害，本會希望總督府宜加倍審慎處理。」〔註17〕並在建議理由書中，提出如下解決意見：

一、在各學校設置鴉片毒害相關科目。

二、為促成一般民眾的自覺，徹底宣傳阿片毒害。

三、政府明確表明阿片吸食特許制度的存續期限。

四、援助民間有志者的解癮會及解癮院。

五、增設更生院的同時，各官立醫院設戒煙專門科。

---

〔註16〕（日）《新阿片令に関し臺南醫師の建議》，《臺灣日日新報》，昭和 5 年 1 月 19 日。

〔註17〕（日）《阿片吸食特許及矯正處分に関する民情》，第 4 頁。

六、限定特許者一定年限，努力爭取治療戒除。

七、本醫師會將為阿片的禁絕盡充分努力。〔註18〕

從以上內容上看，臺北醫師會提出了非常具體的建議，並願意為民眾戒除煙癮而盡自己的力量。此份建議書本預於 27 號提交給總督府。但由於臺北醫專校長堀內次雄認為，意見書的內容不妥：「鑒於反對蔣渭水的人日益增加，如若我醫師會提出建議案，將會認為我會為蔣渭水一派民進黨之爪牙。」〔註19〕由於堀內出面勸解，有礙於師生情面，醫師會以十六對三之比例，將決議書收回。

第三、如水會的反對。

如水會係臺北中產知識階級研究時事問題的社交團體，其會員骨幹散在各地方。該會屬穩健派並無政治色彩，當局素以另眼看待，故該會的反對頗令當局失色。1930 年 1 月 26 日，該會提出建白書於總督，提出：「阿片的吸食，將損害國民體質，消耗其元氣，減少其活動力，小至招來家破人亡之慘禍，大至引起民族衰頹，影響到國家前途命運，故在國策上、在國民保健上，基於人道主義，理應早日嚴禁國民吸食阿片。」〔註20〕其提出的主張內容如下：

一、嚴限因禁斷阿片吸食而有生命危險之密吸食者，在十年以內特准其吸食，除此以外依行政處分收容於矯正所矯正其癮癖。

二、對現在公認的吸食者採取與前條同樣之措置。

三、對依前二項既得吸食特許者，應其癮癖之程度，在其期限內遞減其吸食分量。

四、為徹底的根絕阿片之害，政府對於阿片煙膏之製造發售應劃定一定年限。

（一）限十年以內每年遞減阿片煙膏之製造發售，期限屆滿絕對禁止製造發售。

（二）為喚起民眾自覺，每年公表阿片煙膏之製造發售及其他一切事情。

（三）官員共同組織禁煙促進會，以妥善處理在前項期限內促進吸食之絕滅。

〔註18〕（日）《阿片吸食特許及矯正處分に関する民情》，第5頁。
〔註19〕（日）《阿片吸食特許及矯正處分に関する民情》，第6頁。
〔註20〕（日）《阿片吸食特許及矯正處分に関する民情》，第6頁。

五、為期今後十年以內絕滅阿片之吸食起見嚴重取締密吸者。〔註21〕

**第四、日本新民會的響應。**

在臺灣各地一片反對聲波中，日本臺灣留學生所組織的新民會，也與臺灣民眾常相呼應，發刊《臺灣阿片問題》小冊子，送中央各界，使臺灣鴉片問題政治化。該書分「過去阿片政策、現在阿片吸食追認之問題、將來之阿片政策」三部分。

新民會認為，過去臺灣的鴉片漸禁政策，早在其確立之時，其根據就非常薄弱。而其確立後即追加高達十七萬的吸食者，與其主張自相矛盾，其政策已經自殺。特別是總督府的漸禁方針，是依靠吸食特許者死亡這樣的自然力量，來實現鴉片的絕滅，這是典型的自由放任主義。既往鴉片政策中的無為無策、自由放任、矛盾衝撞，都是總督府被鴉片收入所羈絆造成的。〔註22〕

對於此次鴉片的追加認可，新民會認為，石井警務局長聲明追加鴉片吸食者，是基於鴉片收入上的考慮，是欺瞞的漸禁主義策略的重複。而這種政策，與國內與國際的大情勢都相背逆。而大批密吸食者的出現，是當局管理上的責任。這種吸食追加認可的方針，對內將誘發密吸食者的出現，對外也違反國際鴉片條約的精神。〔註23〕

為此新民會提出，總督府必須將鴉片的收入主義，還原為鴉片絕滅主義；在總督府內設立解煙局，謀求鴉片行政的組織化；對此次二萬七千名申請吸食特許者，進行嚴格的診斷淘汰；對此次申請吸食之二萬人，及以前吸食之二萬七千人，依照行政手續，進行強制治療，以戒除其煙癮。〔註24〕

新民會還提出了「三年禁煙事業」，其具體內容如下：

第一期解煙事業

一、解煙局、解煙院的設立

二、舊癮者（從來的特許吸食者）之整理淘汰。

三、新癮者二萬餘人的強制治療。

（以上所要一切經費由阿片公賣收入撥付）

---

〔註21〕（日）《阿片吸食特許及矯正處分に関する民情》，第6頁。
〔註22〕（日）楊肇嘉編輯：《臺灣阿片問題》，東京，新民會發行，昭和五年，第3～13頁。
〔註23〕（日）楊肇嘉編輯：《臺灣阿片問題》，第15～25頁。
〔註24〕（日）楊肇嘉編輯：《臺灣阿片問題》，第29～35頁。

第二期解煙事業

一、前期中未能除癮者繼續治療。

二、以六十歲為標準，將舊癮者分為兩批，對未滿六十歲者加
　　以強制治療。

第三期解煙事業

一、絕對廢止阿片煙膏之製造。

二、對殘存阿片癮者加以強制治療。

除上列方法以外並行下列間接方法：

一、嚴屬取締阿片密吸食及走私。

二、降低阿片煙膏之品質。

三、遞減每日的吸食量。〔註25〕

## 三、國聯調查團赴臺及總督府的對策

　　國際聯盟回覆消息給民眾黨，決定派員來臺進行調查。同時，由各地醫師會積極地響應，接連向總督府提出意見書，使鴉片新特許的反對運動，達到前所未有的高潮。民眾黨為了獲得國際聯盟的接見，多次打電報給其調查委員，要求給予直接會面機會。國際聯盟方面，也善意給予回覆，並安排具體見面事宜。

　　日本外務省接到此等消息後，非常震驚，提出閣議討論對策，拓務省方面也十分憂慮。日本國際鴉片聯盟協會，特別召開緊急委員會議，對臺灣總督府回京之總務長官加以責問。由於總務長官的答辯沒有誠意，使阿片委員會的會長阪谷男爵非常不滿，直接向首相、拓相及外相等進行交涉。

　　由於民眾黨向國際聯盟的提告，使臺灣的鴉片問題，由臺灣島內，開始轉向日本本土，並演變成為政治與國際問題，日本政府被迫也派出拓務省的棟居事務官，來臺進行實地調查，這使臺灣總督府十分被動。

　　總督府為扭轉尷尬的局面，馬上組織《臺灣日日新報》、《臺南新報》、《臺灣新聞》等御用報紙，連日刊載歌頌鴉片政策成功的記事，來為總督府的鴉片政策，進行辯護與讚美；同時，將臺灣民眾黨中曾經申領鴉片吸食特許牌照的黨員姓名，登載御用報紙上，藉以批判民眾黨沒有資格代表臺灣四百萬民眾。

---

〔註25〕　（日）楊肇嘉編輯：《臺灣阿片問題》，第35～36頁。

特別卑劣的是，總督府竟然利用御用報紙，以蔣渭水蓄養小姜為由，對其進行人身攻擊。〔註 26〕甚至出現欲襲擊蔣渭水之事件。〔註 27〕

總督府在媒介上進行反擊的同時，迅速決定成立鴉片矯正所，以示總督府新鴉片令的「解煙為是」，並在日日新等報紙上進行宣傳。令人可笑的是，總督府在 1930 年 1 月 13 日宣布成立鴉片矯正所，但在 1 月 23 日就連續發表了《鴉片癮者矯正取得非常好的成績》、《鴉片癮者入更生院治療矯正成績佳良》、《鴉片政策的一大更新──值得向世界炫耀》〔註 28〕等文章進行宣傳。

試問如果那麼快就能取得良好的戒除成果，以總督府的治理能力，臺灣早該禁絕鴉片，為什麼直到民眾黨控訴到國際聯盟後，臺灣才成立鴉片矯正所，即使這樣，鴉片制度也一直到日本終止臺灣統治前才被廢除，這其中所藏不可告人之目的昭然若揭。

總督府還尋找藉口打擊民眾黨支持者。民眾黨基隆支部的書記楊元丁，因分放反對吸食鴉片的傳單，在 1929 年元旦夜被逮捕，後被送至臺北地方法院，公審法庭只草草問訊，即判決罰金百元。當時反對鴉片吸食特許運動日漸高漲，檢察官對判決不服，要求上訴。但臺灣高等法院在二審中，以「曲解當局苦心，且無悔改之意。」判處其四個月的徒刑。楊元丁不服上訴，最後仍然維持二審判決。〔註 29〕此事件從另一層面，反映了當時總督府對民眾黨反對運動的厭惡程度。

另外，總督府還極力阻止臺灣民眾黨與調查委員會面，其情形從林獻堂日記中可窺見一斑：「豬俁警務部長命巡查來請余會見，余約以四時余往其宿舍。如預定之時間，成龍與余同往。豬俁表示對不住之意，然後陳其意見，謂國際聯盟委員將於三月一日與民眾黨會見，總督府幹部甚為掛慮，因此事有關統治，故他以個人資格託余勸告渭水等勿會見委員，如何？余謂會見之事已決定，若不如約，恐委員誤解，而亦有失民眾黨面目。他謂委員廿六日將抵臺中，欲託森翻譯官勸委員勿與之會見。余曰若委員自發的不欲會見就可以，萬一委員欲會見，將如何？他謂若欲會見，請余選擇穩健之人。余曰萬一無穩健之人，

---

〔註 26〕（日）《人道はりする資格ない蔣君の行狀》、《蔣氏求見阿片委員　委員以蔣蓄妾非之》，《臺灣日日新報》，昭和 5 年 3 月 1 日。

〔註 27〕《風傳狙擊反對阿片特許之蔣渭水》，《臺灣日日新報》，昭和 5 年 2 月 23 日。

〔註 28〕《臺灣日日新報》，昭和 5 年 1 月 23 日。

〔註 29〕《臺灣民報》，昭和 5 年 1 月 25 日。轉引自：劉明修著，李明峻譯，《臺灣統治與鴉片問題》，臺北：前衛出版社，2008 年第 197 頁。

非余自往不可。他聞余欲往，不敢表示贊成。談論一時余，他謂俟廿六日森氏勸告後，即通知余也。」〔註30〕

從林獻堂日記中可以分析看出，總督府極力反對蔣渭水等會見國際聯盟調查委員，曾多方勸阻，但最終沒有成功。故總督府又請求性格溫和的林獻堂，與蔣渭水等一同參見調查委員，以防不測發生：「豬俁氏本朝（2月25日）以電話來請余，四時成龍同余往會之，他謂使國際委員不與渭水等會見之事不可能，請余為代表與委員會見，庶不失國家之體面。余本以顧全雙方面目為念，乃概然許之。」〔註31〕

總督府雖然請到林獻堂參加會見，但仍然擔心激進的蔣渭水，會做出有傷總督府體面之事，故由石井警備局長親自與林獻堂會見，以阻止蔣渭水與國際聯盟調查委員會面：「成龍為通翻，訪石井警務局長，告以明日會委員之人數。他力言使渭水勿往。余謂若渭水不往，世間之人定必種種猜疑攻擊。他言渭水會見時必將內政以告委員。余謂渭水會見反對阿片新特許是不能免，若將內政以告委員，必無其事。他謂打電報往日內瓦國際聯盟以反對總督府，明日對委員而反不言，那有此事？余曰渭水是有理解之人，決不無因而亂攻擊，況將內政以告國際委員殊不合體統。」〔註32〕

另外，當國際聯盟調查委員於2月19日抵臺之際，總督府更是調動臺北市的保正周清桂等十幾人，向調查委員提出了聯名陳情書，謂「此次新頒之增發鴉片吸食特許，為我等期盼已久之事，且常謀請願以求早日促成。」〔註33〕另外，總督府還集結了四百多名違法吸食者，連署陳情書，遞交給調查委員，以示新特許制是因需而設。

總督府的再三阻撓，雖未能阻止國際聯盟委員接見民眾黨，但總督府的高壓與懷柔，還是起了很大的作用，就連林獻堂也勸告蔣渭水，應採取更為妥當的言行：「渭水同到高義閣，余問一日會見委員之事，他謂不提出書類，亦不以猛烈攻擊總督府，余心稍安。……渭水雖言不猛烈攻擊，總是反對新特許，一步亦不能讓，欲託委員忠告總督府，勿再特許。……余亦勸其不可著眼區區

---

〔註30〕林獻堂著：《灌園先生日記》（三），臺北，中央研究院臺灣史研究所籌備處，2001年，第63頁。
〔註31〕林獻堂著：《灌園先生日記》（三），第65頁。
〔註32〕林獻堂著：《灌園先生日記》（三），第66頁。
〔註33〕《臺灣民報》，昭和5年3月1日。轉引自：劉明修著，李明峻譯，《臺灣統治與鴉片問題》，第199頁。

於臺灣，須以全世界斷絕阿片，以託其盡力，自然臺灣亦在其中矣。」〔註34〕

從國際聯盟調查委員與蔣渭水等的會見記錄，亦可看出蔣氏似乎接受了林獻堂的勸告。「國際聯盟於二月十九日特派極東阿片調查委員拾餘名蒞臺，迨至三月一日假臺灣鐵道旅館與民眾黨領袖蔣先烈等三名會見。互相介紹就席後，調查委員長命秘書關房門開口便說：『我要聽諸君意見之前，先要說一句話：就是我們在輪船航海中曾接看貴黨的歡迎電報深為感動。希望貴黨代表講述對於阿片問題的意見。』」〔註35〕

蔣渭水代表民眾黨發言：「這次貴調查委員各位，不辭勞苦而來調查亞洲各地的阿片狀況，不勝感謝，我們表示熱烈歡迎。阿片的害毒已蔓延到了全世界，人類受其害毒的不知道有幾千萬人了。我們專誠來訪是希望貴委員各位，努力能得及早滅絕世界的阿片，嬰粟栽培國使之不栽培，吸食阿片的國民使之急速斷煙，如能早一日實行，則幾千萬人早一日得救。至於臺灣的阿片問題向來政府是採取漸禁政策。一八九九年當初特許全島的阿片吸食者十六萬九千人，至一九○七年再特許一萬五千人，現今特許者尚存二萬五千餘人，而這次又發現二萬八千餘人的密吸食者，因此亦可見禁絕之難了。我們一貫主張嚴禁主義，要實行嚴禁須要嚴重取締秘密輸入及密吸食者。」〔註36〕同時，蔣渭水還代表民眾黨提出四點要求，內容如下：

第一、須要禁止嬰粟栽培國栽培嬰粟。

第二、吸食阿片須以最短期間嚴禁吸食。

第三、各國須設救治機關以救治現在的阿片癮者。

第四、各國在教育宣傳方面須要極力宣傳阿片的毒害。〔註37〕

調查委員們十分理解，告知會將這些意見作成文書，提交給國際聯盟，並表示：「諸位所講的話我們都十分理解。」〔註38〕

國際聯盟調查委員會見臺灣民眾黨，是出於民眾黨的提告，而進行的工作性質的會見，究竟其對日本及臺灣鴉片政策的影響，還未可知。儘管這樣，總督府為了消解民眾黨的影響，派出由「御用三巨頭」為首的所謂「臺灣人會代

〔註34〕林獻堂著，《灌園先生日記》（三），第67頁。
〔註35〕《民眾黨代表訪問國際阿片調查委員》，《蔣渭水全集》，臺北，海峽學術出版社，2005年，第272頁。
〔註36〕《民眾黨代表訪問國際阿片調查委員》，《蔣渭水全集》，第272～273頁。
〔註37〕《民眾黨代表訪問國際阿片調查委員》，《蔣渭水全集》，第273頁。
〔註38〕《民眾黨代表訪問國際阿片調查委員》，《蔣渭水全集》，第273頁。

表」，會見國際聯盟的調查委員，陳情讚美總督府的鴉片政策，以弱化抵消臺灣民眾黨的主張。

總督府還在3月2日調查委員離臺之際，在《臺灣日日新報》上登載了歷史學家連橫所寫的《謳歌新鴉片政策論》〔註39〕，來對抗臺灣民眾黨。即是辯稱鴉片有益的意見書。其中最令人不恥的言論如下：「臺灣人之吸食阿片，為勤勞也，非懶散也……我先民之得盡力開墾，前茅後勁，再接再厲，以造成今日之基礎者，非受阿片之效乎？」另外連橫還辯稱：「鴉片不僅無害，甚至還被稱為長壽膏，是有益的。」〔註40〕

連橫的文章一經發表後，全臺輿論譁然，蓋當時臺灣人民正藉鴉片特許問題，與總督府當局進行鬥爭，驟見此文為虎作娼，眾怒不可遏，頓時連橫成為眾矢之的。連橫如此媚日之舉，連當時林獻堂都看不下去。3月6日，林獻堂在日記上這樣寫到，「3日（按：應是2日）連雅堂曾在《臺日》報上發表一篇，說荷蘭時代阿片即入臺灣，當時我先民移殖於臺灣也，臺灣有一種瘴癘之氣，觸者輒死，若吸阿片者則不死，臺灣得以開闢至於今日之盛，皆阿片之力也。故吸阿片者為勤勞也，非懶惰也；為進取也，非退步也。末云僅發給新特許二萬五千人，又何議論沸騰若是？昨日槐庭來書，痛罵其無恥、無氣節，一味巴結趨媚，請余與幼春、錫祺商量，將他除櫟社社員之名義。餘四時余往商之幼春，他亦表贊成。」〔註41〕連橫最後被櫟社除名，在眾叛親離的情況下，最後不得不離開臺灣。

國際聯盟調查委員一經離開，臺灣的反對聲浪都開始平息。總督府對發動此次運動的民眾黨，也一改以前對一般反對運動的個別取締政策，從根本上完全禁止結社。這樣，臺灣民眾黨在次年（1931）2月18日被迫解散。

## 小結

綜上所述，由於臺灣民眾黨及臺灣人民的反對，使臺灣鴉片問題，不但引起日本政界的關注，也使臺灣阿片問題導入國際視野，使臺灣總督府處於前所未有的尷尬境地。總督府一向以漸禁制度引以自豪，並在國際鴉片會議上進行宣傳。但卻由臺灣的內部民眾組織，將其上告給國際聯盟，使鴉片問題在沈寂

---

〔註39〕《謳歌新鴉片政策論》，《臺灣日日新報》，昭和5年3月2日。
〔註40〕《謳歌新鴉片政策論》，《臺灣日日新報》，昭和5年3月2日。
〔註41〕林獻堂著：《灌園先生日記》（三），第76頁。

了三十年後，再次成為石破天驚的大問題。總督府過去採取的漸禁政策，名義上是限止鴉片的吸食，實際上是一種依賴自然力量的消極放任政策，對於吸者之癮癖沒有有效的治療措施。由於此次民眾黨及臺灣人民的反對，總督府在公布新阿片令的同時，編定四十萬元預算用以設立「更生院」，以推行吸食者的矯治工作。雖然最後新的吸食者還是取得了許可，但由此事使臺灣的鴉片問題不敢再事因循。特別是國際聯盟派員來臺對鴉片問題進行調查，意味著臺灣的鴉片問題，將受到國際的監視與評判，總督府一手遮天為所欲為的局面將結束，這對於總督府在心理上的打擊是重大的。同時，總督府對國際聯盟鴉片委員會，對臺灣鴉片問題的關心程度究竟如何，非常擔憂，也促成總督府此後積極地對鴉片癮者進行治療。

# 第十四章　警察對原住民的綏撫與鎮壓

　　臺灣的原住民，主要是指居住在橫跨臺灣全島，特別是東部的新高山、次高山、秀姑巒、南湖大山、中央尖山、關山、大水窟內、郡大山、奇萊主山、大雪山、大霸尖山、合歡山、畢祿山、丹大山、能高山、南玉山、太魯閣大山、卑南主山、大武主山、安東郡山、卓社大山、關門山、大石公山等，標高在一萬尺以上崇山峻嶺中的臺灣原住少數民族。[註1]他們在漢人大批移居前就已經在臺灣定居了。明代及明代以前的文獻，多以「社」、「夷」冠之；清初開始稱之為「平埔番」、「高山番」，同時也有「土著」這樣的名稱，並以其與大社會接觸的多寡、是否接受當時政府的管轄，區分為「熟番」、「生番」、「野番」等幾種。[註2]他們生性慓悍，多以狩獵採集為主，還有「出草」[註3]獵取人頭的怪習。日本人入臺後，由於遭到各地民眾的一致反抗，致使普通行政以警察為實施主力，「番地」行政，也自然追隨此系統。但日本人在臺灣原住民地區採取了更為嚴格的「漢番隔離」政策，警察以外的普通人是不能隨意進入

〔註1〕（日）《蕃地事情》，臺灣總督府警務局理蕃課，昭和 8 年 2 月 5 日發行，第 74 頁。

〔註2〕「番」與「蕃」字都是對臺灣原住民的一種別稱，一般清朝時稱之為「番」，而日本據臺後則稱之為「蕃」。日本人在「番」字上加上「草字頭」，以表明原住民與自然結合為一體的野蠻性質，帶有明顯嚴重的文化偏見。所以文中一般採用「番」字，但涉及到日本人對原住民的稱謂時則為「蕃」字。

〔註3〕「出草」是臺灣原住民獵人頭習俗的別稱，就是將敵人的頭顱割下的行為，泰雅語稱 mgaya「姆嘎亞」。獵人頭的習俗是具有複雜的動機的。原住民會因為仇恨而獵人頭，但是也可以為了祈福而獵人頭，或者是為了表現自己的英勇而獵人頭。一般在粟作收穫後至播種前這一段時期內會去獵人頭。參見：維基百得網：http://zh.wikipedia.org/wiki/。

「番地」的，「番地」除了原住民以外，只有日本人警察。這種情況一直持續到日本戰敗為止，所以，日本人對臺灣原住民實施的是徹頭徹尾的「警察政治」。對臺灣原住民來說，日本殖民統治的前二十年，是日本警察以軍事的力量，採取恩威並用的方式，征服鎮壓臺灣原住民的血淚過程；後三十年，警察則扮演著番地文明進程的監督者，及原生態文化野蠻破壞者這雙重身份。

## 一、恩威並用時期（1895 年～1906 年）

### 1. 從「綏撫」向警察「取締」政策的轉變

日本早在十八世紀後半期，就對臺灣番地懷有染指之心。1874 年曾經以「琉球難船事件」〔註4〕為名，藉口「臺灣番地為無主之地」，出兵征討過臺灣番地，希望借助侵佔番地，最後達到佔領整個臺灣的目的，儘管此次侵略行動沒有得逞，但對臺灣番地及番地土人已有相當的瞭解。

1895 年 4 月 17 日，腐敗的清政府被迫簽訂了《中日媾和條約》，中國寶島臺灣，落入了日本人之手。5 月 24 日，第一任總督樺山資紀〔註5〕在渡臺的「橫濱丸」上，發布了治臺方針的喻旨，明示日本人對臺灣番地的政策是，「以愛育撫字為綜旨，恩威並行，使人民不敢生狎侮之心。」〔註6〕入臺後，日本人馬上遭到臺灣各地抗日軍民的一致反抗。為了迴避日軍前方部隊與「番民」發生衝突，避免「漢」「番」聯合起來共同抗日，並能盡快地開發山地資源，樺山資紀於 8 月 25 日發布了軍務當事者與番人接觸相關訓示：「生番個性，極為蒙昧愚魯，一旦心中對我懷有惡感，將無可挽回。若欲拓殖本島，非先馴服生番，而今恰逢此際。各地隨戰區的不斷擴大，難免我方前哨與番人之間發生

---

〔註4〕1871 年（明治 4 年，同治 10 年）10 月一艘琉球宮古島船在回那霸回航海上遭遇颱風，漂流至臺灣南端，船上 69 名乘客溺死 3 人，有 66 人登陸。但後來他們因闖入高士佛社臺灣原住民住地，慘遭臺灣原住民殺害，逃過一劫的剩餘人等則在當地漢人的營救下前往臺南府城，然後轉往福州乘船歸國。1873 年日本政府利用使節副島種臣前往中國時，藉此事件向清政府尋找出兵的藉口，並利用此事件出兵臺灣。參見詘文：《李仙得與日本第一次侵臺》，《近代史研究》，2007 年第 3 期。

〔註5〕樺山資紀（Kabayama Sukenori）：1837 年 12 月 9 日～1922 年 2 月 8 日），臺灣日治時期第 1 任總督。薩摩藩出身（今鹿兒島縣），歷任海軍大臣、海軍軍令部總長等職，日本領臺前曾多次前往宜蘭地區調查蕃情。參見：http://www.wikilib.com/wiki/。

〔註6〕（日）《琉球ノ中城灣ニ於ケル樺山總督ノ諭示中蕃人制馭ノ要旨》，《理蕃志稿》（第一卷第一編），臺灣總督府警務局，1995 年 10 月臺北二刷發行，第 1 頁。

衝突，如若番人視我為敵，本島之拓殖大業，必受障礙，因本總督專以『撫育』為旨，各官亦須體諒此意，訓導部下善守此道。」〔註7〕

當時任民政局長的水野遵〔註8〕，在向總督提出的意見書中，也認為：「臺灣未來事業在番地，欲在番地興起富源，須先使番民服我政府，使其生活有保證，脫離野蠻之境界。而欲令番民服從，須用威力，同時兼行撫育。……可設置如前朝撫墾局之類，召集番人頭目，饋於酒食，與以布帛、器皿，從旁加以教導，當可得其好意。對於樟樹之砍伐，樟腦之製造，山林之經營，土地之開墾，道路之開鑿，可以期望由交涉而圖圓滿。」〔註9〕這樣日本人確定了對臺灣原住民，實施「綏撫」的政策，隨後馬上進入了具體實施階段。

9月4日，總督府殖產部長與臺北縣知事在大嵙崁與番人進行初次接觸，以酒肉煙布及牛一頭送於番人，並告喻臺灣已歸屬日本版圖。9月25日，民政局長下發通知，設置臺北縣大嵙崁出張所。這是臺灣番地官衙的嚆矢。〔註10〕10月又以訓令第10號發布《警察官吏服務條例》，明文規定：「對番地土人更要殷勤應對，懇切恤愛。」〔註11〕

日本人一方面採取此種施恩政策，另一方面也加緊制定法律，來著手番地重要資源的掠奪。9月24日頒布了《臺灣礦業規則》；10月30日發布了《砂金署章程及砂金採取規則》；10月31日發布了《官有林野及樟腦製造業管理規則》，以遏制原住民對番地資源的利用。〔註12〕

由於「綏撫」政策只是假意收買人心之策，原住民很快就看出日本人的真實目的在於謀取番地的資源，所以各地反抗不斷。1896年3月復歸民政後，總督府馬上加強番地的行政，4月1日，便以敕令第93號發布了《臺灣總督

〔註7〕　（日）《樺山總督ノ生蕃接遇ニ關スル訓示》，《理蕃志稿》（第一卷第一編），第2頁。
〔註8〕　水野遵（1850年～？）日本尾張人，（今愛知縣），字大路，1870年時曾留學中國習得漢文，得其因緣，於1874年牡丹社事件擔任日漢文通譯，之後著《征蕃私記》鼓吹征臺。1895年5月21日，被明治政府認命為公使，全權負責與李經方辦理交割臺灣後續事宜。同時也兼任代民政局長。1987年，水野遵升任日本拓殖務省次官（次長）離該民政長官職。參見：http://baike.baidu.com/history/id=928079。
〔註9〕　（日）《水野民政局長ノ蕃民撫育ニ關スル意見》，《理蕃志稿》（第一卷第一編），第3頁；井出季和太著、郭輝編譯：《日據下之臺政》（第一卷），臺北：海峽學術出版社，2003年，第234頁。
〔註10〕（日）《最初ノ蕃人接見》，《理蕃志稿》（第一卷第一編），第4～5頁。
〔註11〕（日）臺灣總督府警務局編：《臺灣總督府警察沿革志》（第一編），第44頁。
〔註12〕（日）井出季和太：《臺灣治績志》，臺灣日日新報社刊行，1937年，第226頁。

府撫墾署官制》，在番地，設置撫墾署十一處，由內務部殖產課主管，掌理「番人之撫育、授產、取締；番地之開墾；山林及製腦事項。」〔註13〕當時的設計是，「每署配置巡查 20 名，採取恩威並施的方法，漸使番民歸順。」〔註14〕6月，總督府又公布了《撫墾署處務規程》；同時，民政局殖產課也發布了《撫墾署條例要項》。根據以上規程，當時撫墾署主要負責事項有：與地方廳交涉事項、番民撫育相關事項、物品交易相關事項、日本人及清國人番地出入相關事項、外國人相關事項、番民槍支相關事項、選擇殖民開拓地相關事項、番社名及戶口風俗調查相關事項、通事相關事項、樟腦製造相關事項、植樹伐木相關事項、森林所有相關事項、山火管理相關事項等等。〔註15〕

## 撫墾署名稱、位置及管轄區域表

| 名　稱 | 位　置 | 管轄區 |
|---|---|---|
| 叭哩沙撫墾署 | 叭哩沙 | 宜蘭支廳管內 |
| 大嵙崁撫墾署 | 大嵙崁 | 臺北縣直轄管內基隆淡水兩支廳管內 |
| 五指山撫墾署 | 五指山 | 西南以紅毛河藤坪河為限　東北以新竹支廳管轄界為限 |
| 南莊撫墾署 | 南莊 | 西南以新竹支廳管轄界為限　東北以紅毛河藤坪河為限 |
| 林圯埔撫墾署 | 林圯埔 | 雲林嘉義兩支廳管內 |
| 大湖撫墾署 | 大湖 | 苗栗支廳管內 |
| 東勢撫墾署 | 東勢 | 臺中縣直轄管內及鹿港支廳管內 |
| 恒春撫墾署 | 恒春 | 恒春支廳管內 |
| 埔里社撫墾署 | 埔里社 | 埔里社支廳管內 |
| 番薯僚撫墾署 | 番薯僚 | 臺南縣直轄管內及鳳山支廳管內 |
| 臺東撫墾署 | 臺東 | 臺東支廳管內 |

此表來源：《理番志稿》（第一卷第一編），第 12 頁。

　　這樣，日本人開始把臺灣「番地」劃為特殊行政區域，導入「警察威力」來治理原住民。由於當時總督府正忙於對付平地人民的武裝抗日運動，在三縣一廳十二支廳之下的警察署及其分署，尚非常缺乏警察人員，所以，根本沒有力量為番地撫墾署配置警察，實質上番地秩序的維持，在行政名義上是由署員來擔任，實際上卻由憲兵隊與守備隊來完成。〔註16〕儘管這樣，從其制度層面

〔註13〕（日）《撫墾官制》，《理蕃志稿》（第一卷第一編），第 11 頁。
〔註14〕（日）《撫墾署設立ノ稟議》，《理蕃志稿》（第一卷第一編），第 11 頁。
〔註15〕（日）《撫墾署長心得要項》，《理蕃志稿》（第一卷第一編），第 13～17 頁。
〔註16〕（日）臺灣總督府陸軍幕僚編：《臺灣總督府陸軍幕僚歷史草案》（第二卷），

上，依然能看出，總督府是欲將「番人番地」置於警察行政的控制之下的。

　　1896 年 10 月 14 日，第三任總督乃木希典〔註17〕上任。他銳意刷新撫墾署的業務，一方面命令各撫墾署進行番地調查，同時，提出目前對原住民最為緊要任務是番人鎖國感情的矯正；番人殺人的嚴禁；番人迷信的破除；番人之授產、衣食住行之改良及其智慧的啟發；番地的踏查及交通；番地的開墾及森林物產的利用等。〔註18〕

　　當時臺灣各地反抗激烈，總督府傾全力應對抗日義軍，同時，因臺灣經濟連續需要日本大量資金，日本朝野也出現「賣棄臺灣」論，臺灣各地更是民心惶恐，加之撫墾署的力量過弱，臺灣番人「出草」事件不斷增多。當時內務部長圓月杉村向總督遞交了「生番取締相關意見書」，提出組織番界警察和設置番人懲罰法的意見，認為對付番民固然不可以普通警察充之，若用隘勇、隘丁等來組織特殊警察，像平地警吏那樣使用，即可減少經費，又可防止普通警察力之削減，且悉知番民性情與習慣，在取締管理上也來得方便。同時，他還提出，番地的取締管理相關事項必須移交到內務部，由警察來具體負責。〔註19〕

　　「總督府生番管理方法調查委員會」在兩次調查的基礎上，接受了圓月的意見，最後討論決定：番界警察署案依照決議，將來不設置特殊警察，但為預防番人凶行，須增加警察費用，擴張普通警察，依其必要，在番界或番界附近增設警察署分署派出所，也可雇用熟番土人，專門從事預防番民凶行之事。警察配置之方法、地點、警察增加預定數額等等，各個詳細調查之後，由知事廳長具報。〔註20〕這樣臺灣總督府於 1897 年 9 月開始組織番界警察，從漢人中，採用隘勇，隘丁或警吏，同時又草擬了《番界警察規則案》〔註21〕及《生番刑

捷幼出版社，1991，第 159 頁。

〔註17〕乃木希典（1849～1912），出生於日本長州藩（今山口縣）藩士家庭，從師玉木文之進。參與多次日本發動的侵略戰爭，在二戰前與東鄉平八郎一起被多數日本人奉為「軍神」。1896 年，臺灣日治時期曾擔任臺南守備隊司令、第 2 師團長。是年 10 月 14 日任第 3 任總督，確立了「三段警備法」。任內發生高野孟矩事件，導致「日本帝國憲法是否適用於臺灣」的爭議。1898 年辭職。參見：http//zh.wikipedia.org/wiki/。

〔註18〕（日）《蕃人蕃地二關スル調查事項》，《理蕃志稿》（第一卷第一編），第 29 頁。

〔註19〕（日）《生蕃凶行取締二關スル建議》，《理蕃志稿》（第一卷第一編），第 71～75 頁。

〔註20〕（日）《生蕃取締方法調查委員ヲ設ク》，《理蕃志稿》（第一卷第一編），第 125 頁。

〔註21〕番界警察規則案：第一條番界警察以綏撫番民，並預防其凶害，取締山林為目

罰令案》。根據《番界警察規則案》，以「番界警察署」的設置，來代替撫墾署，其業務偏重於「取締管理」。當時在六縣三廳之下，設立了77個「辦務署」，84個「警察署」。當時辦務署長及警察署長都是由「警部」來充任，番地行政和重心自然側重於警察業務。由於警察署的設立，使「撫墾署」降級為隸屬於縣廳的特殊行政機構。這樣警察的職權就跨越了平地，顯示總督府對原住民的政策的重點，從「綏撫政策」向「取締政策」轉變，也開始進入警察控制番地時期。

隨著番地事務由「綏撫」向「取締」的轉變，為彌補警察力量的不足，總督府接受陸軍中尉長野義虎提出的「組織義勇番隊」的意見書，開始創建義勇隊「護鄉兵」，來擔任治安任務。同時著重隘勇線的建立。

隘勇線，早在清統治臺灣時期就已經存在了。其主要形式是開鑿番地的重要山嶺及溪谷，配置隘勇，以警備番，此被稱為隘路。將隘路面向番人的一方草木割除，空出射擊的範圍。在隘路的要地建設隘寮。〔註22〕割臺當時，中國原有隘寮共計80處，隘勇1,758人，隘勇線長達150多華里。當時的隘勇線多集中在臺中、新竹等地方。隨著日軍的深入，清官隘已告絕跡，1895年底時，存在著私設隘寮131處，隘丁568人，隘勇線達180多華里。當時臺中縣阿罩霧廳的林朝棟及林紹堂等，向總督府申請不要解散該地隘勇團體，由私人出資繼續承辦，當時日軍征討雲林，隘勇曾配合日本人，為總督府立過功勞，所以，日本人准其繼續存在下去。1896年10月1日後，隘勇團體收歸臺中縣所管轄，每月補助經費二千元。林家則要支付每人每月八元來雇用。這是割臺後最初的隘勇制度。〔註23〕

## 2. 將番地行政納歸到警察事務

1898年2月26日，兒玉源太郎繼任臺灣第四任總督。當時由於平地抗日

---

的；第二條番界警察署之位置及管轄區域，依縣知事廳長之具報，由總督定之；第三條番界警察署置職員如下：署長一人、副署長一人、什長五人、警丁五十人；第四條署長副署長以警部充之，什長以巡查充之，署長承所屬長官之命，指揮監督署員，副署長承署長之命，監督警丁、兼從事庶務；第五條番界警察署長及撫墾署長，得因方便而兼任；第六條警丁由熟番及北番之志願者當中選拔，巡邏查察番界；第七條警丁之體給在一個月五元以上，七元以下之範圍內支給；第八條警丁之旅費，支給實際消費之全額；第九條警丁之被服依另紙之樣式。參見：（日）《理蕃志稿》（第一卷第一編），第74～75頁。

〔註22〕　（日）《理蕃概要》臺灣總督府民政部番務本署，大正元年十二月編纂，第63頁。

〔註23〕　井出季和太著、郭輝編譯：《日據下之臺政》（第一卷），第272頁。

義軍聲勢浩大，總督府尚需用兵，番地製腦事業也開始復興，僅以綏撫方針，不能制止番害，因此急需設置防番機構。他與民政長官後藤新平一致認為，加強警察力量是臺灣行政的重中之重，在番地事務上更應當如此。6月，以敕令第108號修改了《總督府地方官官制》，廢止以前的撫墾署，將理番事務移歸到新設置的辦務署來掌理。根據新官制，除了臺東和澎湖兩廳以外，其他三縣和宜蘭廳，得在其要地設立「辦務署」；各辦務署內設立三課，第一課為一般行政，第二課為警察，第三課為番人番地，分別掌理其事務；各辦務署下可設立「辦務支署」，由警部、警部補及巡查組成，以負責管理「警察官派出所。」〔註24〕據此，當時這些「辦務署」是將乃木時期所設的84所警察署及11所撫墾署全部廢止，再將以前的77所辦務署整頓淘汰後，在三縣一廳重新設立了44所「辦務署」。從表面看來，其數量減少了，但辦務署行政地位卻大大升格，而實際上是警察力量以辦務署為外殼更加擴大起來了，因為這44所辦務署長完全地掌握警察權，統轄著番地地方基層業務，這樣警察威力反而加強了。〔註25〕

1902年，臺灣平地的抗日運動基本上被平定，為了盡快地獲取山地的資源，總督府開始將番地警察事務作為行政的一個重點，並把一部分的警察力量轉向山地。番政改革的重點就是加強警備功能，重點措施在於建立番地專勤警察制度，以及加強隘勇線本身的現代化設施。

從制度層面上，1903年4月，總督府以訓令第62號修改了《總督府官房及民政部警察本署及各局分課規程》，調整民政部警察本署的部分業務，將番地相關業務，從殖產局拓殖課轉移到警察本署長專屬，並設專門的番務掛，同時並通過《番務相關他局課事務處理方法》，將以前由殖產局、專賣局、警察本署分別掌管的番地事務，改為全部由警察本署主管，以謀求番地事務的統一。在總督府，番人番地相關事項由殖產局全部移歸到警察本署，森林原野礦山等與番人番地有關係的事項，殖產局長必須經警察本署長同意後才能實行；在專賣局，有關番地樟腦及樟腦油製造特許等事項，除了徵求相關廳的意見外，必須經警察本署長同意後方可實施；在地方廳，番人番地相關事

〔註24〕（日）臺灣總督府警務局編：《臺灣總督府警察沿革志》（第一編第一編），第71～72頁。
〔註25〕藤井志津枝：《日治時期臺灣總督府理番政策》，臺北：文英堂出版社，1997年，第85頁。

項由警務課主管，由警部來兼任番地相關事務，有關森林原野礦山等與番地相關事項，在警察課與總務課合議的基礎上才能施行。〔註26〕並確定了對「北番」主要施威，對「南番」施撫的方針。〔註27〕這裡應當強調的是，警察本署的「番務掛」單位雖小，但直屬警察本署長，直接由警察本署長指揮監督。警察本署長透過「番務掛」，對下層的番地警備單位——隘勇組織，通過地方廳警務課來進行實質的領導，這樣就使得總督府的理番行政單位形成上下一體化的警政體系。

「兒玉——後藤」的施政方針，是要把臺灣財政獨立列為首位。但番地由警察單位來掌理，難免偏重於「取締」而忽視經濟開發，於是總督府加強隘勇制度，將之置於警察的領導之下，並發布各種專賣制度，將樟腦收歸官辦。1904年總督府發布了《隘勇線設置規程》（訓令第 210 號）、《番界警備員勤務規程》（訓令第 211 號）、《隘勇庸使規程》（訓令第 212 號）、《番界警備員勤務細則標準》（秘密訓令）等等。根據「細則標準」，番地警察人員包括警部警部補、巡查巡查補、隘勇等。巡查以下人員主要責任是：監督番人有無在隘勇附近出沒、有無集眾不穩之舉等，而隘勇主要負責防禦凶番、夜裏對隘勇線的巡邏、通過隘勇線及番地行人的保護與警備、隘勇線內外三十間以內草木及障礙物的排除、隘寮及掩體的修復及清潔、電話線的監督及保護、隘路的改良及執行長官的命令等。〔註28〕

這樣傳統的隘勇制度，嫁接到現代警察組織之上，以達到「以番制番」的目的，並能更快地從番地獲得資源。隨著隘勇組織由警察單位指揮監督趨於制度化，隘勇真正成為總督府在番地的尖兵。日本人充分發揮臺灣固有的隘勇制度，將原先的隘勇線分為三等，一等線，每隔二里設置 1 個監督所，每一里設內置 6 個分遣所、12 個隘寮；二等線，每隔二里設置 1 個監督所，每一里內設置 4 個分遣所、8 個隘寮；三等線，只設置隘寮，每隔二里至四里，設置一個監督所，每一里內設置四個分遣所。當時每隘寮配置隘勇二至四人、分遣所配置巡查或巡查補、監督所配置警部或警部補及若干巡查，必要時還配備醫

〔註26〕（日）《番地事務委員會ノ審議》，《理蕃志稿》（第一卷第二編），第 282～283 頁。
〔註27〕（日）《蕃人取締ニ關スル事務ヲ員警本署長ノ專屬トナス》，《蕃務ニ關係ヲ有スル他ノ局課事務取處方》《理蕃志稿》（第一卷第二編），第 277、296 頁；井出季和太：《臺灣治績志》，第 320 頁。
〔註28〕（日）《隘勇線設置規程、蕃界警備員勤務規程、隘勇備使規程等ヲ定ム》，《理蕃志稿》（第一卷第二編），第 356～357 頁。

生。〔註29〕這樣在隘勇線上，警部、警部補、巡查、巡查補、隘勇共同構建起防番的屏障。

　　隘勇線實際的推進，一般是從最有經濟利益的地區開始著手的，且主要是在「北番」地區。1897 年，總督府開始擴充隘勇線及其警備。當時總督府使用警察成立了隘勇線前進部隊。其編制由各廳具體負責，如果廳長不擔任隊長，就由警務課長來負責。1901 年 5 月 2 日，總督府給番地關係各廳長發布通知，就其名稱及編制進行了規定。前進隊長得在前進地設置前進隊本部，指揮副隊長以下從員，掌理隘勇線拓展事務。本部配置警部三到五名，警部補一到三名，巡查五到十名及隘勇若干人。另外設置運輸隊，由警部擔任隊長，直屬於本部，掌理拓展隘勇線時的物資運輸及文書配送。也可適宜編制分隊及別動隊，由警部或警部補來擔任隊長，來負責對番地的偵察、交戰及鐵絲網的架設。〔註30〕

　　到 1905 年，隘勇線延長到 918 華里。其包容面積增加至 1,092 平方華里，起自宜蘭東海岸線的蘇澳，經深坑、桃園、新竹、苗栗、臺中各番地，抵達南投廳下埔里社支廳管內北港溪右岸。防禦設備，除槍炮外，在必要地點，還埋設地雷。隘勇數額到 1905 年增加至 4,500 人。除常設的隘寮外，還有流動隘，再配加游擊隊、奇襲隊，使警察與隘勇聯合的警備設施，已經達到攻守兼備的程度。〔註31〕以隘勇、地雷、鐵絲網、木柵、掩堡、探照燈等構成的隘勇線，將番地與平地嚴格分開，以達到推進番地樟腦事業，從經濟上榨取臺灣之目的。總督府更在 1905 年 8 月 9 日，對《各廳事務分課規程》進行了修改，將粗製樟腦油製造及管理事項從專賣局移交到警務課來掌理，以警察的威力，來強制掠奪番地的資源。由於日本人採取了如此的高壓政策，使臺灣番地人民反抗不斷。1906 年，佐久間左馬太出任第五任臺灣總督，同時也開始了臺灣原住民的災難期。

## 二、鎮壓時期（1906 年～1915 年）

### 1.「隘勇線包圍」政策

　　佐久間左馬太，素有「生番的剋星」〔註32〕之稱，日本政府讓其出任臺灣

---

〔註29〕（日）《理蕃概要》，第 64～65 頁。

〔註30〕（日）《理蕃概要》，第 69～71 頁。

〔註31〕井出季和太著、郭輝編譯：《日據下之臺政》（第一卷），第 311 頁。

〔註32〕佐久間左馬太（1844 年～1915 年），長州藩出身（今山口縣），臺灣第 5 任總督。他在 1874 年日本出兵臺灣時曾經與排灣「牡丹社番」在石門展開激戰，

總督，就是欲藉其擊敗「生番」經驗，以謀求早日平定「生番」，促進「番地」的富源及經濟的開發。當時臺灣平地義民的鎮壓已經基本成功，糖及其他平地產業的發展已經基本走上正軌，樟腦、林業及礦產的開發是總督府的當務之急，但這些都必須以平定「番地」為前提。佐久間一到任，就開始在行政上擴張「番務」機關，加強番地事務。1906 年 4 月 14 日，以訓令第 81 號對《總督府官房民政部警察本署及各局分課規程》進行了修改，在警察本署內，設番務課。〔註 33〕同時制定《警察彰功規程》、《廳警察官吏及警察事務從事職員旅費規則》等一系列番地相關勤務者的獎勵補助辦法，以鼓勵番地警察人員。

佐久間總督還確定了「五年理番」計劃，在一般預算中的「番界所屬費用」之外，再加上 50 萬元的經費，用五年時間對「番地」進行經營。其「理番」大綱仍然是以「北番」為主，主要採用引誘方式使其「番人」在其境內設置隘勇線，這稱為「甘諾」政策，等到警備線完成之後，再以雄厚的警察威力壓制「番人」，不再有抗日事件及騷擾事件發生。「甘諾」政策，是想促使「番人」心甘情願地由隘勇線的「線外」，全部遷居到「線內」去。

至於對待「南番」仍然採取「綏撫」政策。但這次是在番地內設置「撫番官吏駐在所」，由警察從事撫育工作。此設施實質上是了為避免「南番」的猜疑，以和平的面貌來漸次擴大警察所能控制的領域。「撫番官吏駐在所」的設置點，特別選擇在該「番社」中勢力最大的頭目所在地，這樣警察在平時就可以注意「番人」的動向，暗中偵察「番社」的內情，以達成「撫番」之目的。

在「北番」地帶，隘勇線的推進，是將原先為零散方式的隘寮，改為密集重點方式設置，並且加強和擴大不容易受人為因素影響的電流鐵絲網和地雷等的設置，來克服隘勇的素質不良和訓練不足及補給等管理上的困擾。這樣隘勇線從原來以人力為主的警備線，漸改為應用現代科技設施來發揮防禦功能的警備線。當時隘勇線分為二線，第一線是由南投廳濁水溪上游的「霧社番」起，越過中央山脈延伸到臺東廳花蓮港木瓜溪下游「七腳川社番」，這

---

擊敗「生番」打死牡丹社頭目。日本領臺以後，臺灣全島的漢人抗日活動在一段時間後逐漸趨於平息，日本政府遂將目光轉向理番事業，並且決定採用武裝鎮壓的手段來對付原住民。因為佐久間曾經參與過出兵臺灣之戰，日本遂決定啟用他擔任總督。佐久間在任內不斷地對原住民用兵，其有名的「五年理番計劃」，以北討泰雅族，南撫布農族為原則。參見：（日）小森德治：《佐久間馬太》，臺灣總督府警務局內財團法人臺灣救濟團，1933，第 178 頁；http://baike.baidu.com/view/158129.htm。

〔註 33〕（日）《警察本署ニ蕃務課ヲ置ク》，《理蕃志稿》（第一卷第二編），第 445 頁。

被認為是最有利益且最容易得手的首要之線。第二線是由深坑廳林望眼隘勇監督所起，經插天山北側延伸到桃園廳枕頭山阿母坪，而在此地銜接已設的隘勇線。

1906 年 3 月至 4 月，桃園廳彩山和卅八分方面，延長隘勇線 20 華里。在宜蘭及新竹方面警察隊討伐數回。在 9 月 4 日至 11 日，令宜蘭廳將鳳紗烏底嶺至狗溪左岸的隘勇線，延長了 18 華里。9 月 9 日到 10 月 3 日，由桃園、深坑兩廳聯合，出動警察 1,454 人，將桃園廳內隘勇線延長了 30 多華里，宜蘭廳下隘勇線延長了 27 華里，同時在新建的隘勇線上架設電流鐵絲網。11 月 26 日至 12 月 26 日，推進新竹廳下樹杞林支廳管內十八兒的隘勇線約計延長 18 華里。12 月 4 日到次年 11 月，臺東廳下東勢角支廳管內自毛社之全部，包括稍來及阿冷兩社之一部，隘勇線延長 26 華里。〔註34〕

1907 年，日本警察隊又對新竹、桃園、阿候、臺東各廳進行數次討伐，延長其隘勇線。4 月 27 日，為保護新竹廳下北勢番方面製腦地，以警察 400 人，自馬那邦山到鹽水坑隘勇監督所，延長隘勇線 21 華里。9 月 25 日到 10 月 24 日，自馬限至汶水，又延長了 39 華里。5 月 5 日，深坑出動警察 450 人、桃園出動警察 700 人，兩廳聯合起來共同行動，後臺中、南投兩廳警察隊支持，將隘勇線推進 66 華里，直到插天山及枕頭山附近。〔註35〕

1908 年 4 月至 6 月，總督府動用警察 1,500 多人對宜蘭廳下南澳番進行征討，將隘勇線又延長了 87 華里，同時收服太魯閣一部之「巴多攏」番。在新竹廳，組織千人警察隊，自鵝公髻、鹿場兩山間，經假裏山，經苗栗廳下之汶水溪，又推進隘勇線 102 華里。日本人在隘勇線上架設鐵絲網，並在附近埋下地雷，使番人受害頗巨。

1909 年，總督府又數次征討南投、臺東、新竹各廳下，來推進隘勇線。上年 12 月 17 日至本年 2 月 25 日，出動警察 580 人，夫役 660 人，組織征討隊，將南投廳內霧社方面的隘勇線延長了 56 華里。2 月在臺東廳長的指揮下，以警部以下 215 人、隘勇 148 人征討花蓮廳內「止加河所灣」，延長隘勇線 44 華里，並架設鐵絲網。3 月，以警察 539 人，雜役 400 人，出兵征討了「哈古」番社。新竹廳以警察 465 人，夫役 120 人，桃園廳以警察 1,047 人，雜役 120 人，組成聯合討伐隊，討伐「加拉羅」番，延長隘勇線 36 華里。

---

〔註34〕井出季和太著、郭輝編譯：《日據下之臺政》（第二卷），第 426～427 頁。
〔註35〕井出季和太著、郭輝編譯：《日據下之臺政》（第二卷），第 428 頁。

　　到 1909 年底，日本人在番地共延長「隘勇線」達 744 華里，其線內土地面積達 1,266 平方華里，使「北番」完全被 6,888 多警備人員包圍，且其包圍圈漸漸縮小。〔註36〕同時，由於「隘勇線」的推進，總督府侵佔了番人土地 282 公里，此外還在「番地」架設電話線 505 里，鐵絲網 66 里，通電鐵絲網 19 里。〔註37〕這些都對「番人」的生活造成極大的影響，因此，番人產生強烈不滿。總督府方面為了牽制「番人」，阻止其共同聯合，擴大抗日行動，於 5 月 11 日從新竹廳馬福社開始推進隘勇線。此行動反促使「番人」抗日行動激化，形成北部深坑、桃園、新竹各廳的「大嵙崁前山番」、「大豹番」、「大嵙崁後山番」、「馬武督番」和「馬里可萬番」的聯合抗日。至此，總督府實施的「五年理番」計劃，在北部和東部屢次遭受挫折，以隘勇線推進內山「番地」計劃並沒有想像那麼容易，其「甘諾」政策又不能發揮效力，於是對原來的「理番」計劃加以大幅修改，開始了新的以「軍事討伐」為主的「五年理番」計劃。

## 1895 年～1912 年番界隘勇線的延長

| 年　份 | 臺　北 | 宜　蘭 | 桃　園 | 新　竹 | 臺　中 | 南　投 | 花蓮港 | 總　計 |
|---|---|---|---|---|---|---|---|---|
| 佔領時 | 一里 | 一里 | 6 里 | 一里 | 3 里 | 6 里 | 一里 | 15 里 |
| 1895 年 | — | — | 6 | 9 | 3 | 6 | — | 24 |
| 1896 年 | — | — | 6 | 9 | 3 | 6 | — | 24 |
| 1897 年 | — | — | 6 | 19 | 3 | 6 | — | 34 |
| 1898 年 | — | 10 | 7 | 23 | 3 | 7 | — | 50 |
| 1899 年 | — | 10 | 8 | 23 | 3 | 7 | — | 51 |
| 1900 年 | 11 | 21 | 17 | 26 | 6 | 8 | — | 89 |
| 1901 年 | 14 | 21 | 17 | 26 | 6 | 16 | — | 100 |
| 1902 年 | 14 | 25 | 18 | 34 | 11 | 16 | — | 118 |
| 1903 年 | 15 | 29 | 18 | 34 | 10 | 15 | — | 121 |
| 1904 年 | 25 | 44 | 18 | 36 | 10 | 15 | — | 148 |
| 1905 年 | 15 | 34 | 17 | 34 | 9 | 17 | — | 126 |
| 1906 年 | 11 | 37 | 18 | 35 | 12 | 10 | — | 123 |
| 1907 年 | 10 | 29 | 14 | 40 | 12 | 11 | 3 | 119 |

〔註36〕井出季和太著、郭輝編譯：《日據下之臺政》（第二卷），第 431 頁。
〔註37〕周憲文編著：《臺灣經濟史》，臺北：開明書店印行，1980 年，第 971 頁。

| 1908 年 | 10 | 32 | 14 | 38 | 12 | 11 | 7 | 124 |
| --- | --- | --- | --- | --- | --- | --- | --- | --- |
| 1909 年 | 8 | 34 | 15 | 36 | 12 | 23 | 11 | 139 |
| 1910 年 | — | 29 | 9 | 39 | 8 | 23 | 11 | 119 |
| 1911 年 | — | 21 | 8 | 28 | 10 | 20 | 11 | 98 |
| 1912 年 | — | 20 | 9 | 29 | 13 | 10 | 11 | 92 |

## 2. 武力討伐前期

　　佐久間第一次以「隘勇線」加「綏撫」的「五年理番」計劃，實質上是企圖利用軟硬兼施、恩威利誘的辦法，來達到變「番人」的土地為「官有地」的目的，由於遭到「番人」的抗拒，也引起了漢人的不滿，引發了漢番聯合的抗日活動，鑒於此，佐久間又謀劃了第二次「五年理番」計劃。此計劃的主旨即是從制度層面上強化警察對番地事務的主動權，以為武力討伐作組織準備。1909 年 10 月 25 日，以敕令第 270 號發布《臺灣總督府官制》改革，重點在民政部新設「番務本署」，由番務總長出任番務本署長，主掌和指揮署內各課事務。其次，警察本署和掌管地方行政的總務局合併成立「內務局」，由警視總長充任內務局長，主掌和指揮廳長及警察官。第三，民政部的土木局升格為「土木局」。〔註38〕這樣，民政部所屬警察，在制度上分為「平地」的普通警察和「番地」的番務警察兩種。

　　「番務本署」的組織，除了有署長專屬的機密文書、署員考紀之外，另設了庶務課（文書掛、人事掛、經理掛、電務掛）和番務課（理番掛、兵器掛、測圖掛）。後又增設了「理番衛生部」及「調查課」。調查課專門管理「番地」的測量、製圖、編修、調查等。8 月在該課特設了「番地帳臺系」。同時「內務局」的組織，除了有局長專屬的有關政治、社團、集會、新聞、雜誌、出版、版權等業務，以及保安和高等警察的業務外，另設庶務、地方、警察、法務、學務、衛生等五課，共有二十三掛。從以上內容我們可分析看出，「番務本署」是類似武裝警察隊的軍事指揮中心，任務是以武力攻擊「番地」，迫使「番地」投降，開放給日本企業家。「內務局」則把地方行政業務完全地納入警察機構，實行真正的「警察政治」。「土木部」擔任綜合「平地」與「番地」的土木建設，修築事業。以此「三部」的最高領導均由警察即「警視」來擔任，也可見警察對「理番」所起的重大作用。

---

〔註38〕（日）臺灣總督府警務局編：《臺灣總督府警察沿革志》（第一編），第 125〜
　　　　127。

　　為了配合總督府官制的改革，當天以敕令第 282 號公布《臺灣總督府地方官官制》改革，將 1901 年實施近二十年的地方制度進行大幅改革。把以前的 20 個廳合併為 12 個廳，並依照行政區域的大小，廳治的難易又把 12 個廳分為三等〔註39〕，各廳長由警視充任，而一等和二等的各課長也由事務官或警視充任；至於原為廳制的基隆、彰化、打狗、恒春、苗栗，經合併廢止之後，降格為支廳，但支廳長仍由警視兼事務官充任，這與其他全臺設置的 82 個支廳長由警部充任有所不同。

　　總督府在制度層面上確立番地警察行政體系之後，編製了新的「五年理番」計劃，申請經費 1,624 萬元，計劃對新竹廳下之「馬得吉灣」、「奇那之」兩番，桃園廳下之「交岸」番，臺中廳下之北勢番，南投廳下之「詩家瑤」、「沙馬漏」兩番，及東部的太魯閣各番，進行大規模的討伐。

　　「交岸」方面的討伐（1910 年 5 月～11 月）

　　「交岸」為泰雅族之較大的部落，有番社十七個，人口一千多，散居在大嵙崁溪兩岸。1910 年 1 月間，該部落襲擊了宜蘭廳下九芎湖番務官駐在所及開山隊，又同新竹廳下之「奇那之」、「馬得吉灣」相聯繫，勸導歸順番共同抗日。因此，5 月，總督府聯合宜蘭、臺中、桃園、南投四廳，出動警察 680 人，前往宜蘭征討。警察隊被原住民所敗，損失嚴重，於是總督下令派出駐紮在臺北的步兵第一聯隊第二大隊及兩個中隊（224 人），步兵第一中隊（120 人）、炮兵一小隊，及正在訓練中的巡查 220 人，到現地增援。

　　聯合征討隊由「邦邦山」北部向南前進，在「詩那列古山」會合。至 6 月中旬，新竹方面推進至「烏帽山」之南，以牽制援助「交岸」番的新竹廳下的「奇那之」、「馬得吉灣」等番社。桃園方面，征討隊自「角板山」前進，至「加威籠」方面，基本達到目的。7 月，原住民在其根據地「詩那列古」山敗戰，勢力日見衰落。宜蘭方面，警察隊佔領了「邦邦山」西方的「古呂社」。桃園方面於 9 月 22 日，與新竹隊在「加威籠」方面匯合，佔領了最為重要的地點「巴侖山」，築炮臺，以炮轟威逼，原住民最後不得不屈服。

　　霧社方面的討伐（1910 年 2 月～1911 年 3 月）

　　霧社、萬大、白狗等各社均為泰雅族番社，位於南投廳下埔里社支廳管

---

〔註39〕第一等為臺北、臺中、臺南；第二等為新竹、嘉義、阿猴；第三等為宜蘭、桃園、南投、臺東、花連港、澎湖。參見：（日）臺灣總督府警務局編：《臺灣總督府警察沿革志》（第一編），第 564～565 頁。

內濁水溪上游。日本據臺後，此地的原住民時有反抗事件發生。1910 年 5 月，隘勇線推至「交岸」番時，原住民趁警察撤退之際，襲擊了腦僚等地。南投廳長請求總督，親任征討隊隊長，帶領警察 1,000 多人，於 17 日，炮轟「多羅國」社，燒毀了原住民的房屋及糧倉，原住民被迫投降。警察又扣押了「多羅國」、「豆查」兩社以外的「霧社番」槍械。派人到「和高」社、「梅埔」社，勸說各社頭目歸降。同時炮轟「巴籠」、「詩寶」、「刀岸」三社，以威嚇之。

至 1911 年 2 月，霧社及萬大社基本鎮壓下去。只剩「白狗」、「梅巴拉」、「馬列巴」三部族而已。

### 3. 武裝討伐後期

佐久間的第二次「五年理番」計劃，在推行第一年即遭受北部原住民的強烈反擊。同時，由於討伐的武裝警察隊，除了指揮者以外，大都是與原住民熟悉的隘勇和保甲壯丁，而且幾乎都是漢人，這種以漢人為主力的武裝警察隊，其作戰的意志消沉，攻擊能力也大打折扣，完全敵不過原住民的勇武。總督府認為警察隊的失敗，除了抗日「番人」的先發制人以外，歸咎於「以番制番」、「以漢制番」政策的失靈，以及警察不熟悉地理環境，未能適應深山之戰。於是總督府決定出動軍隊、山炮隊、迫擊炮隊等協助警察鎮壓原住民。由此開始，臺灣進入武力討伐原住民的第二時期，即由佐久間親帶軍警，到深山設立指揮中心，完全以「武力」圍剿「番地」。

為此總督府再次修改官制，於 1911 年 4 月 21 日公布了《番務監視區規程》，將「番地」以南投廳濁水溪為界，分為北南兩個監視區，由警視出任區長，負責對「番人」的化育及監督等。〔註40〕這可以說是輔助番務本署日益忙於「討番」，而另設的專管「撫番」的機構，以求完美地實現其「理番」事業。但由於其業務的擴大，總督府便於是年 10 月 16 日再次修改《臺灣總督府官制》，又恢復了警察本署。〔註41〕

從 1911 年到 1912 年，總督府對「北勢番」、「多亞社」、「奇那之」等社進行了征討；同時在鯉魚尾、李岐山、埋巴拉、北勢的「老武高」、白狗「馬列

〔註40〕（日）臺灣總督府警務局編：《臺灣總督府警察沿革志》（第一編），第 143〜145 頁。
〔註41〕（日）臺灣總督府警務局編：《臺灣總督府警察沿革志》（第一編），第 145〜146 頁。

巴」、馬利吉灣等方面將隘勇線向前推進。

## 1911 年～1912 年征討及隘勇線推進概況

| 年 月 | 征討及隘勇線推進地區 | 出動警察憲兵數 | 警察傷亡情況 |
|---|---|---|---|
| 1911 年 2 月～3 月 | 花蓮港廳：鯉魚尾方面 | 警察 33 人、隘勇 58 人、夫役 150 人 | — |
| 1911 年 4 月～6 月 | 新竹、臺中交界處的北勢番 | 警察 280 人、隘勇 1,015 人、夫役 574 人 | — |
| 1911 年 7 月～9 月 | 阿候廳阿里港支廳管內的「多亞社」 | 警部 1 人、警部補 2 人、警察 277 人 | — |
| 1911 年 9 月～10 月 | 新竹廳下樹杞林支廳李岐山方面的「馬利吉灣」 | 警察與憲兵共計 2,157 人 | 警察死亡 78 人、負傷 65 人 |
| 1911 年 9 月～10 月 | 南投廳與埔里社支廳管內梅巴拉番 | — | 死亡 45 人 |
| 1912 年 1 月～3 月 | 新竹與臺中兩廳管內的北勢番「老武高」社 | 警察與憲兵共計 2,464 人 | 警察死亡 28 人、隘勇 75 人 |
| 1912 年 4 月～6 月 | 南投廳埔里社管內白狗番 | — | — |
| 1912 年 10 月～12 月 | 新竹廳下之「奇那之」、「馬利哥灣」及「交岸」番一部 | 警察與憲兵共計 2,385 人 | 陣亡 205 人、負傷 288 人 |

此表根據《理蕃概要》第 73～109 頁及《日據下之臺政》第二卷第 432～442 頁之內容整理而成。

　　總督府經過兩年的征討，僅剩下北番中以「奇那之」為中心地區及太魯閣地區這兩塊地方。1913 年 6 月 8 日，總督府對《臺灣總督府官房及民政部各局署部課規程》進行了修改，決定廢止番務本署調查課，[註 42] 隘勇線內的「番務」，由警察本署的普通警察來管理。這樣，「番務本署」就萎縮成僅對「線外番」進行討伐，而線內番，則由警察本署統合。這樣線內的「番地警察」就可全力進行經濟開發，線外番地警察則配合憲兵全力圍剿剩餘的兩塊番地。

　　「奇那之」番在大嵙崁溪上游的「大野乾溪」與「大啟仁溪」合流處，有600 多人。佐久間於 1913 年 6 月 24 日，在李岐山設置警察討伐司令部，以民政長官內田為總指揮官，警視總長龜山理平太為副總指揮官，組織新竹、桃園兩廳警察 2,773 人的討伐隊對「奇那之」番進行討伐。

　　〔註42〕（日）臺灣總督府警務局編：《臺灣總督府警察沿革志》（第一編），第 158～159 頁。

討伐「奇那之」番時新竹、桃園兩廳出動警察員額表

| 區別 | 警視 | 警部 | 警部補 | 巡查 | 巡查補 | 警手 | 隘勇 | 翻譯 | 醫生 | 看護人 | 工夫 | 計 |
|---|---|---|---|---|---|---|---|---|---|---|---|---|
| 本部 | 3 | 4 | 5 | 51 | 1 | 18 | 40 | 1 | | | | 123 |
| 部隊 | | 10 | 26 | 790 | | 366 | 1,042 | | | | 16 | 2,250 |
| 前方運輸隊 | | | 2 | 44 | | 40 | 40 | | | | | 126 |
| 炮隊 | | 1 | 2 | 52 | | | 18 | | | | | 73 |
| 救護班 | | | | 8 | | | | | 7 | 6 | | 21 |
| 非常通信所 | | | | 6 | | | | | | | | 6 |
| 後方運輸隊 | | | 3 | 9 | 93 | | 3 | 67 | | | | 175 |
| 合計 | 3 | 18 | 44 | 1,044 | | 427 | 1,207 | 1 | 7 | 6 | 16 | 2,773 |

此表根據《理蕃志稿》第三編下卷第 875～876 頁之新竹、桃園討伐隊編制整理而成。

　　6 月 26 日，新竹隊的先鋒隊，佔領了「天他那」山脈前方。7 月 1 日，總督命平崗陸軍少將，率領步兵一聯隊及山炮兵與特設隊，赴宜蘭方面備戰。一面，龜山指揮官令新竹隊，對「大野乾」進行掃蕩。7 月 9 日，警察與憲兵合作，對「呂毛安」方面進行征討，以打擊「奇那之」之側面。新竹、桃園兩隊也配合行動，在 15 日，新竹隊自「大野乾溪」、「大啟仁溪」合流方面迫使「馬利吉灣」番投降。23 日，召集該番頭目等 75 人，至溪底，令其繳槍器，飭以酒食。新竹隊於 24 日，招集「奇那之社」頭目令其繳械。此次征討，自宜蘭廳濁水溪上游「呂毛安」附近，越過西南之「比亞蘭」，經過南投廳下「詩家瑤」，出至「沙馬漏」，橫斷「哈古」、「馬列巴」一帶地域及上列「呂毛安」西方之大霸尖山支脈，包括新竹廳下「奇那之」及「馬利吉灣」兩番全部佔有地，更向西方前進，跨過「謝家羅」山，將新竹廳下「謝家羅」番踞地全部約 270 華里的地域，全部平定。於是，中央山脈以西各番社，全被日本人控制。

　　此後，總督府府征討的重點就放在太魯閣番。太魯閣番，主要分布在北部中央山脈以東，方圓大約五百餘里，主要是泰雅族人，此番大約有九十七個番社，一千六百多戶人家，人口有九千多人。佐久間視此次討伐為「五年理番」事業成功的關鍵所在，為了能順利地剿平太魯閣番，先後四次派探查隊，並根

據勘察結果出版了《太魯閣事情》〔註43〕，分發給準備討伐人員。總督府借助於警察與軍隊聯合，最後剿平該番地的。當時出動警察及相關工夫如下表，警察為三十六隊，計有警視 5 人、警部 23 人、警部補 54 人、巡查 1,371 人、警手 491 人、隘勇 1,008 人、醫療人員 45 人，總計達 3,127 人。另外加上附屬員工 4,000 多人，共出動警察 8,000 人左右。當時由民政長官內田嘉吉任太魯閣討伐警察總指揮官，警視總長龜山里平太為副總指揮，總督府警視永田綱明任「達其利」方面討伐隊長，總督府警視松山隆治任「巴多蘭」方面討伐隊長。在警察與軍隊的聯合剿殺下，太魯閣番終於被征服，但日本人也付出相關的代價，佐久間總督在巡查前線時，自懸崖墜落摔成重傷，一年後死亡。

## 太魯閣番討伐警察及工夫隊編成表

| 區別 | 隊數 | 警視 | 警部 | 警部補 | 巡查班長 | 巡查 | 警手 | 隘勇 | 醫生 | 職工 | 工夫 | 計 |
|---|---|---|---|---|---|---|---|---|---|---|---|---|
| 總督專屬 | 1 | 1 | 2 | 1 | 1 | 5 | | | | 1 | 10 | 22 |
| 總司令部 | 1 | 2 | 2 | 2 | 1 | 10 | 5 | 20 | | 5 | 64 | 112 |
| 討伐隊本部 | 2 | 2 | 4 | 4 | 4 | 30 | 20 | 60 | | 20 | 200 | 346 |
| 部隊 | 12 | | 12 | 36 | 108 | 1,080 | 396 | 792 | | 24 | 3,216 | 5,676 |
| 炮隊 | 2 | | 2 | 2 | 4 | 60 | 30 | 56 | | 20 | 210 | 386 |
| 前線輸送隊 | 3 | | 1 | 3 | 4 | 65 | 30 | 60 | | 20 | 930 | 1,116 |
| 電話班 | 2 | | | 2 | | 10 | 10 | 20 | | | 80 | 124 |
| 警察救護班 | 2 | 3 | | | | 8 | | | 6 | | 20 | 39 |
| 非常通信班 | 5 | | | | | 15 | | | | | | 20 |
| 救護班 | 2 | | | | | 8 | | | 6 | | 20 | 36 |
| 軍隊附 | 4 | | | | 4 | 8 | 80 | | | | | 96 |
| 總計 | 36 | 8 | 23 | 54 | 130 | 1,371 | 491 | 1,008 | 12 | 90 | 4,750 | 7,973 |

此表根據《理番志稿》第三編下卷第 927、930 頁之太魯閣討伐警察隊編成表及警察隊附屬職工人夫表整理而成。

〔註43〕 （日）《太魯閣蕃調查事項ノ刊行》，《理蕃志稿》（第二卷第三編），第 481 頁。

　　經過佐久間總督的努力,「理番」五年計劃到 1915 年基本達成目標。此計劃的完成,完全可以說是以「警察政治」兼「軍事武力」發揮其威力而成功的。

## 三、撫育同化時期（1915 年～1945 年）

　　1915 年,佐久間的「五年理番」計劃基本實現其目標。當時臺灣「番地」共有 680 個番社、戶口總數為 22,829 戶、總人口達 132,279 人（男 66,232 人、女 66,046 人）,〔註44〕總督府統稱他們為「歸順番」。為了進一步加強對番地的有效統治,總督府的「理番」事業開始轉向新的政策。此政策乃是接受了總督府「囑託」丸井圭治郎,在 1914 年 9 月向佐久間總督提出的《撫番意見書》和《番童教育意見書》中的建議。此政策是採取一系列的「撫番」手段,使「番人」不經過漢化的「本島人」過程,直接脫離「野蠻」狀態,同化於日本,進而成為「日本國民的一部分」。〔註45〕

　　此「撫育」政策以「歸順番」為其對象,主要利用「警政」體系,發揮警察的軟硬兼施功能,重點在於精神誘導,其次配合物質教育,目的就是將原住民改造成為「純然的日本人」。此「撫育」政策與從前在掠奪山地資源時期的「撫育」政策有所不同,後者在於利用「物質文明」,來吸引番人的物品欲望,引導他們對「文明」的嚮往,進而由衷地服從殖民者的統治。這種策略的重點在於打破隱藏在原住民內心深處的傳統「習慣」、「祖先遺訓」及「迷信」思想。所以,總督府企圖利用警察來擔任「精神上征服」原住民的教化工作,以期在幾十年裏完全同化原住民。為此,1915 年 7 月 21 日,總督府再次修改了《臺灣總督府官制》,將「番務本署」廢止,而在警察本署內設立「理番課」。〔註46〕9 月更改「番務官駐在所」為「警察官駐在所」。〔註47〕從制度層面上,確立了以「警政」為主的新的「撫育同化」政策。

　　當時採取的主要方法有普及適於「番人」的簡易教育,「都市觀光」及其他社會教育,獎勵適於「番人」的產業,改善物品交換制度,改善及普及醫療

〔註44〕（日）《蕃社戶口》,《理蕃志稿》（第三卷第四編）,第 143～144 頁。
〔註45〕藤井志津枝:《日治時期臺灣總督府理番政策》,第 269 頁。
〔註46〕（日）臺灣總督府警務局編:《臺灣總督府警察沿革志》（第一卷第一編）,第 162～164 頁。
〔註47〕（日）臺灣總督府警務局編:《臺灣總督府警察沿革志》（第一卷第一編）,第 603 頁。

設施，對「番人頭目」以津貼，借給打獵專用的槍械彈藥等等。〔註48〕其實早在 1912 年，總督府就開始著手培養警察對番人的教育能力，在警察及司獄官練習所進行為期一個月的理番講習會，為擔任番童教育的警察們進行培訓，當時主講的科目有：理番方針、衛生急救及防疫、番童教育、教育大意、國語修身、算術、手工圖畫、唱歌、體操遊戲、養蠶、畜產、煙草、植樹造林、木工用材、蔬菜果樹、撫育問答、作物肥料農具等等。〔註49〕此後，這種培訓也一直進行著，所以番地的「大人」們很快就進入實戰。警察主持的「撫育同化」政策主要集中在兩個大的方面。

第一、同化教育

就日本人的番地改造政策而言，最重視的是「番人教育」工作。「番人教育」又分為學校教育、簡易教育、觀光教化、社會團體、言傳身教等幾類。

1895 年 5 月《臺灣總督府臨時條例》發布之時，設置了學務部來掌理教育事務，但學務部重點在於漢人的教育。1896 年 4 月復歸民政後，以敕令第 94 號發布了《臺灣總督府直轄諸學校官制》，規定在全島樞要之地設置「語言傳習所」。但由於番地業務由撫墾署來掌理，所以，伊澤修二學務長命令下屬對番地事情進行調查，以便漸行番地教育。8 月，恒春國語傳習所所長相良長綱在恒春支廳管內番地「豬勞束」設立了番地的第一所「日語傳習所」，這是番地教育的肇始。當時教授的科目有修身、日語、習字、算術，教法是先用國語教授之後再用番語說明。由於「日語傳習所」主要是向成年人教授日語，培養翻譯為目的，所以，在 1898 年 7 月，總督府以敕令第 78 號發布《臺灣公學校令》，除恒春及臺東二廳外，廢止了「日語傳習所」，改為公學校。公學校科目分為正、副兩種，正科基本上與「傳習所」相同，副科則根據實際的需要，增加了一般農業農事相關的土質識別、農地的整理方法、水田旱地的區別、蔬菜雜糧等的試種、水稻的栽培方法等等。〔註50〕番人公學校在 1923 年時有 28 所，學生在校人數達 4,731 人。〔註51〕

簡易教育即是在番地組織番童教育所，由駐在警察來具體執行的特殊教育。最早在 1902 年 5 月時，蕃薯僚蛟仔只警察派出所收容當地的原住民兒童，

〔註48〕藤井志津枝：《日治時期臺灣總督府理番政策》，第 271 頁。
〔註49〕（日）《理蕃講習會》，《理蕃志稿》（第四卷第五編），23～24 頁。
〔註50〕（日）《蕃人教育沿革》，《理蕃志稿》（第一卷第二編），第 838～839 頁。
〔註51〕井出季和太著、郭輝編譯：《日據下之臺政》第二卷，第 646 頁。

對之進行簡單的教育，這是臺灣番童教育所的發端。〔註52〕之後，此經驗在番地廣泛推廣，1908 年總督府允許各番地駐在所制定具體的教育標準及教育綱要。這樣，各番地警察派出所駐在的警察們，在從事番地管理的同時，必須負責召集管內番童進行日語、禮儀、農耕、畜牧及簡易的文字教育。這種教育，一方面有利於警察對原住民戶口及其他情況的掌握，同時也是馴服原住民的一種手段。警察教授番童掌握簡單的日語會話、修身的禮儀、衛生、實業、體育及簡單算術等等。在這些科目中禮儀與倫理最為重要了，教授的禮儀包括坐、立、注目、點頭、謹聽、欠身等基本禮儀常識，還有讓路、左避、隨行、門戶的開閉、日本和室的坐姿、他人食事的迴避、物品的授受等等；倫理教授忠、孝、順、愛、信、辭讓、公共心等。〔註53〕這些學習都有助於「日本式生活及日本文化」吸收及接納，目的是希望經受幾十年的同化，以達到「使此二十萬番人改造為純然的大和民族。在其自覺認同為天皇赤子，進而令他們擔負本島的守備任務，決心作赤誠日本臣民。」〔註54〕在 1923 年時，番地有番童教育所 142 處，學生人數 3,469 人。〔註55〕

　　公學校及番童教育所是日本洗腦教育「番人番童」的基地。但從下表分析來看，1931 年時番童教育所就達到 174 個，公學校卻只有 50 個，而就學率卻高達 60.23%。這顯示番地教育，實際上是主要通過警察負責的教育所來進行的。而在警察教育下成長起來的番童中，後來就有一部分人進入總督府的番地警政體系內，成為與「番民」接觸密切的「警手」。他們儘管自己在警政中的地位官階低下，充當著日本人警察的「雜役」，但他們穿著警察的服裝，領取政府的薪金，使用著日本的東西，過著純正日本式的生活，在原住民當中充當著原住民嚮往的日本目標。他們自己也視自己為日本統治番地的代表，以身作則，努力協助推行日本的各種同化政策。〔註56〕

〔註52〕（日）《蕃地事情》，第 78 頁。
〔註53〕（日）《蕃人教育沿革》，《理蕃志稿》（第一卷第二編），第 844～845 頁。
〔註54〕（日）丸井圭治郎：《撫蕃意見書》，臺灣總督府民政部番務本署，1914 年，
　　　　第 84～85 頁。
〔註55〕井出季和太著、郭輝編譯：《日據下之臺政》第二卷，第 646 頁。
〔註56〕藤井志津枝：《日治時期臺灣總督府理番政策》，第 273 頁。

各廳州教育所、公學校及人口就學比率表（1931 年）

| 州廳別 | 教育所 | 公學校 | 合　計 | 總人口 | 學齡者 | 就學者 | 就學率 |
|------|------|------|------|------|------|------|------|
| 臺北 | 21 | — | 21 | 5,874 | 1,020 | 878 | 96.8 |
| 新竹 | 27 | — | 27 | 12,265 | 2,505 | 1,350 | 62.1 |
| 臺中 | | | | | | | |
| 臺南 | 31 | 1 | 32 | 15,234 | 2,320 | 1,493 | 73.72 |
| 高雄 | 4 | | 4 | 1,619 | 27 | 131 | 84.81 |
| 臺東 | 38 | 4 | 42 | 29,767 | 5,351 | 2,485 | 50.64 |
| | 24 | 25 | 49 | 11,802 | 2,097 | 870 | 48.85 |
| 花蓮港 | 29 | 20 | 49 | 12,136 | 2,223 | 1,142 | 62.44 |
| 計 | 174 | 50 | 224 | 88,698 | 15,786 | 8,349 | 60.23 |

注：此表根據《蕃地事情》第 82 頁之《教育機關數（1931）》與第 82 頁之《廳州別就學率（1931）》編製而成。

　　觀光旅行是日本懷柔教化臺灣原住民的另一種方法，分為島外觀光與島內觀光兩種。初期以島外觀光為主，一般是去日本的大都市，主要參觀一些神社、建築與軍事設施，以起到威嚇性作用。霧社事件〔註57〕以前進行的日本觀光，刻意安排各種軍事設施與操練。例如在首次觀光中，為展現日本人軍事力量與炮火之巨，兩次安排番人參觀練兵場之炮火演習，並安排原住民到炮兵工廠參觀。另外，還讓原住民藉由參觀神社、公園、學校等，親眼目睹近代文明，以去除蒙昧思想。1915 年第二期理番事業結束後，由於番地基本趨於平靜，同化原住民成為觀光的主題，啟發性的觀光成為主流，觀光的主管機構也由番務本署、警察本署轉移到各州廳警務局。總督府要求各警務局規劃觀光活動及日程，具體以實際生活相關事物為參觀對象，並要求警察領隊能向參加者詳加指導說明。〔註58〕在警察的監控下，後期的觀光活動不僅侷限於大人，番童之「修學旅行」也規劃到其中。另外，警務局理番課還設置電影巡放班，配給各州廳放映機，製作或購買與理番相關的影片，派送

〔註57〕1930 年 10 月 27 日，位於臺灣中部山區霧社的 300 多名賽德克族人對日本殖民者的奴役和欺壓忍無可忍，在頭領莫那魯道的帶領下舉行起義，殺死正在一所學校舉行運動會的 134 名日本人，史稱「霧社事件」。事發後，日本殖民者出動大軍鎮壓，使用了飛機、大炮、毒氣瓦斯等近代武器對起義山鄉的百姓不分男女老幼一律屠殺。（參加某一本臺灣史的書）

〔註58〕鄭政誠著：《認識他者的天空：日治時期臺灣原住民的觀光行旅》，臺北：博揚文化事業有限公司，2005 年，第 13～14 頁。

到各地，進行巡迴放映。

　　觀光旅行等可以說對原住民的思想產生巨大的衝擊，改變了他們心中對外界的認知，瞭解統治者母國日本的發達，親身感覺到彼此間的差距，開始出現了認同殖民統治的想法。

　　番地所在的各州廳還獎勵原住民成立各種民間團體，由警察控制並對其進行社會教化。當時的番地民間組織有頭目勢力者會、家長會、主婦會、青年會、壯丁團、同學會、學友會、父兄會、日語講習會、矯風會等。1924 年時，共計有這類的團體 527 個，會員人數達到 25,000 多人。至 1930 年，這類團體升至 865 個，會員人數高達到 46,002 人。〔註 59〕這類團體主要致力於日語的推廣、水田耕種的指導、共同墓地的設定、房屋的建造、勞動觀點的養成、儲蓄心的培養、衛生習慣的普及、群體居住的誘導等。下表為 1931 年時番地主要社會團體的概要統計。

## 1931 年番地主要社會團體一覽表

| 會　名 | 會　數 | 會員數 | 會　名 | 會　數 | 會員數 |
|---|---|---|---|---|---|
| 頭目勢力者會 | 78 | 890 | 青年會 | 150 | 6,556 |
| 家長會 | 184 | 9,738 | 同學會 | 64 | 2,500 |
| 自治會 | 29 | 1,133 | 父兄會 | 8 | 208 |
| 婦女會 | 94 | 5,265 | 日語講習會 | 83 | 3,268 |
| 處女會 | 3 | 78 | 夜校 | 44 | 1,405 |

注：此表來源於《蕃地事情》，第 86 頁。

　　根據上表分析來看，日本警察似乎更注重利用家長會、青年會、頭目勢力者會、婦女會、日語講習會等來對原住民進行教化。這顯示番地教化的重點是放在兒童青年身上。警察通過家長會的活動，可以驗知番童在學校學習到的知識的掌握程度，同時再將番童在學校或教育所學習到的農耕畜牧知識，與在家長會、婦女會等講授知識相結合，以促進整個番人家族對日本文化的接納，引導其向農牧業發展。另外，警察還利用這些社會團體進行日語的普及。這種普及最重要是的啟發番人的德智和涵養番人的國民精神。從下表內容分析，到 1931 年時，臺灣番地日語普及平均率高達 43.17%，各別地區達成 57.45%，足見警察監督指導下的教育力量的強大。

〔註 59〕井出季和太著、郭輝編譯：《日據下之臺政》第二卷，第 785 頁。

## 各州廳日語普及狀況（1931 年）

| 州　　廳 | 普及人員 | | | | 總人口 | 百人中普及率 | 1931 年末同上 |
|---|---|---|---|---|---|---|---|
| | 上 | 中 | 下 | 計 | | | |
| 臺北 | 516 | 1,081 | 1,379 | 2,976 | 6,097 | 48.81 | 52.76 |
| 新竹 | 600 | 1,087 | 2,543 | 4,230 | 12,928 | 32.72 | 30.9 |
| 臺中 | 667 | 1,981 | 2,973 | 5,621 | 15,234 | 36.9 | 32.02 |
| 臺南 | 114 | 181 | 292 | 587 | 1,619 | 36.26 | 34.4 |
| 高雄 | 584 | 3,223 | 4,671 | 8,478 | 29,767 | 28.48 | 23.6 |
| 臺東 | 1,653 | 7,320 | 13,091 | 22,064 | 41,083 | 53.71 | 57.45 |
| 花蓮港 | 2,760 | 5,130 | 8,784 | 16,674 | 35,720 | 46.67 | 48.05 |
| 計 | 6,894 | 20,003 | 33,733 | 60,630 | 142,448 | 42.56 | 43.17 |

注：表中的「上」表示幾乎與日本人一樣，能使用日語自由對話者；「中」指能使用簡單日常用語的番人；「下」是指知道二三十年常用語的番人。此表來源於《蕃地事情》，第 86 頁。

　　總督府還採取了「漢番隔離」的措施，禁止原住民使用漢語與漢服；禁止漢番兒童同在公學校讀書；禁止漢番通婚等等。另一方面，日本人警察攜帶眷屬駐在番地派出所內，夫妻共同協力，言傳身教，懷柔示範原住民日本式的生活方式、日本的文化禮儀等，展開空前的國家主義同化教育。〔註60〕「大人」們時而傳授外科治療知識，時而把自己使用的茶具及日常器具給予番人，並教會番人如何使用，有時，警察還親自指導番人釀酒等等。〔註61〕

　　第二、幫助授產

　　授產，也是教化番人策略重要的一部分。早在 1902 年 5 月時，日本警察在恒春廳上番內獅頭社的萩桐腳溪設置了第一所「番人授產場」，當時在萩桐腳溪上游建堰四十間，圍成水田九千多坪，教授番人種植水稻，又開墾了一萬多坪的土地，教授番人種植花生等。在得到番民的認可後，開始勸誘番人移住到些地區，給與農具，贈送水牛等，鼓勵番人從事農耕，同時還送豬羊等家禽讓其飼養。但番人對這種定居的農耕生活方式並不習慣，紛紛回到舊番社。〔註62〕

〔註60〕藤井志津枝：《日治時期臺灣總督府理番政策》，第 271 頁。
〔註61〕（日）《蕃地內警察官吏派出所狀況》，《理蕃志稿》（第一卷第二編），第 384 ～385 頁。
〔註62〕（日）《恒春上蕃地二於ケル蕃人授產場》，《理蕃志稿》（第一卷第一編），第 175 頁。

1903 年，臨時番地事務調查掛在其調查報告中兩次提出：「要想使番民成為帝國臣民，必須使之認識到自己所應當承擔的作為臣民的義務，承認其耕種納稅的土地私有，保護其土地自由買賣交換，這是重要的行政手段，在施行綏撫教育的同時，必須教授其農業生產方法。」〔註63〕此後，日本人便在番人及番童教育所裏增設了授產方面的課程，並在各征服地開始授產活動。佐久間的「五年理番計劃」完成後，總督府將番地政策由鎮壓開始轉向綏撫引導，採取恩威並行的手段，將大量多餘的警察力量轉向撫育授產事業。

由於原住民散居游牧，兒童教育、授產指導等都難以全面管理，為此，日本人擇選適宜於農業耕種養畜牧區及適合住宅地，在警察駐在所附近選地建房，讓原住民移住，這樣即實現了原住民的定居，也間接培養了原住民對房屋等製材的熟悉，還培養了建築技術者。同時，各州廳在山地的樞要之地，根據實際需要開設諸如水田指導所、養蠶指導所、教育所實習園、甘蔗指導園、鳳梨指導園、桔柑指導園、竹林指導園、果樹指導園、桐樹指導園、苧麻指導園、蓮草指導園、桑樹指導園、堆肥及養豬指導所、牧場指導所、家兔指導所、製桶指導所、冶煉指導所、工藝指導所、機械指導所、產業指導所、瓜豆指導所、椎茸指導所等各種授產機關。〔註64〕

在警察威力的強制下，臺灣原住民開始放棄以前的游牧生活，認可定居的農耕生活，土地開墾面積逐年增加。根據下表可以看出，番地僅水稻面積在某些二十年間，由原來的 250 甲增加到 3,918 甲。同時畜牧與種植業也都有關長足的進步。

## 番地水田稻作及家畜飼養歷年統計表

| 年　別 | 水稻面積 | 收穫額 | 家畜數 |
|---|---|---|---|
| 1921 | 250（甲） | 2,894（石） | （隻） |
| 1922 | 448 | 3,617 | 36,695 |
| 1923 | 742 | 5,097 | 37,929 |
| 1924 | 790 | 6,212 | 38,384 |
| 1925 | 886 | 7,617 | 38,686 |
| 1926 | 1,038 | 9,262 | 40,998 |

〔註63〕（日）《臨時蕃地事務調查掛ノ調查》，《理蕃志稿》（第一卷第二編），第 290 頁。
〔註64〕（日）《蕃地事情》，第 93～94 頁。

| 1927 | 1,123 | 10,644 | 42,277 |
|------|-------|--------|--------|
| 1928 | 1,442 | 13,716 | 43,330 |
| 1929 | 1,489 | 14,210 | 43,561 |
| 1930 | 1,822 | 17,036 | 44,947 |
| 1931 | 2,045 | 19,189 | 46,201 |
| 1932 | 2,225 | 21,367 | 45,486 |
| 1933 | 2,437 | 23,357 | 49,386 |
| 1934 | 2,655 | 24,792 | 47,454 |
| 1935 | 2,856 | 25,369 | 48,126 |
| 1936 | 3,008 | 27,219 | 46,315 |
| 1937 | 3,192 | 29,716 | 47,347 |
| 1938 | 3,348 | 34,079 | 44,439 |
| 1939 | 3,744 | 34,737 | 39,443 |
| 1940 | 3,918 | 32,868 | 39,138 |

此表來源於周憲文編著的《臺灣經濟史》第 965 頁。

　　隨著臺灣原住民地區的開發，總督府又利用警察力量向原住民徵收各種租稅，根據下表分析，臺灣番地稅收也隨著番地的開發逐年增加，在 1931 年時就高達 133,186,35 日元。番地成為日本殖民者的一個富源。

## 公課租稅成績表（日本元為單位）

| 年次 | 地租 | 附加稅 | 水租 | 農會負擔 | 土地整理費 | 戶稅 | 公學校負擔 | 營業稅 | 雜種稅 | 其它 | 總計 |
|------|------|--------|------|----------|------------|------|------------|--------|--------|------|------|
| 1923 | 58,294,10 | 21,871,98 | 6,717,57 | 7,161,54 | 989,92 | 3,243,09 | — | 25,34 | 8,90 | 32,49 | 98,345,93 |
| 1924 | 56,646,00 | 22,036,45 | 6,774,51 | 6,665,69 | 886,47 | 2,472,67 | 6,60 | 13,62 | 2,030,24 | 90,33 | 97,622,58 |
| 1925 | 57,243,29 | 20,795,45 | 3,058,43 | 7,491,75 | 785,41 | 2,758,20 | 6,60 | 90,04 | 7,412,33 | — | 99,641,50 |
| 1926 | 54,637,62 | 21,514,47 | 8,283,41 | 9,306,57 | 828,93 | 3,233,33 | 6,60 | 61,86 | 10,866,95 | 74,85 | 108,814,59 |
| 1927 | 55,440,55 | 24,543,39 | 8,337,59 | 9,802,39 | 873,85 | 4,266,07 | — | 73,36 | 9,273,50 | 2,209,98 | 114,820,68 |
| 1928 | 51,582,00 | 23,225,00 | 11,164,00 | 5,181,00 | 1,677,00 | 4,098,00 | — | 112,00 | 20,438,00 | 74,97 | 115,395,00 |
| 1929 | 51,483,69 | 29,030,51 | 8,605,86 | 4,997,10 | 873,46 | 5,616,28 | — | 163,32 | 12,952,31 | 9,286,53 | 123,008,03 |
| 1930 | 56,590,20 | 27,523,70 | 11,121,86 | 62,226,05 | 1,619,80 | 5,615,35 | — | 120,74 | 12,226,76 | 2,591,86 | 123,636,26 |
| 1931 | 59,327,18 | 28,981,10 | 11,430,65 | 7,931,96 | 1,622,28 | 4,774,10 | — | 179,96 | 13,095,82 | 5,843,30 | 133,186,35 |

此表來源於《蕃地事情》第 107 頁。

## 小結

　　綜上分析，日本人的整個「理番」政策的實施，幾乎全部是借助警察系統，採用懷柔、撫綏、鎮壓、撫育、同化等手段而完成的。臺灣的「番地」行政，可以說是徹頭徹尾的「警察政治」。總督府借助警察系統，封鎖了一般人民在「番地」的任何所有權或佔有權（1900 年律令第 7 號），限制一般人民對於「番人」的通商行為（1917 年府令第 34 號）。因此，「番地」成為「特殊行政區域」。根據 1927 年發布的《番地取締規則》，普通人不能進入「番地」，「番地」完全由警察控制。「番地」警察不但有警察權，同時還負責教育、授產、衛生及撫慰等諸般事務。「他們即是警察，同時又是教師、醫生，且為生產技術指導者、主持諸般世事的家長。」〔註65〕他們可以隨意裁量與運用「番地」的所有法律，成為「番地」真正的家長。

　　就臺灣整個社會來說，由日本警察主持的「理番」政策，使山地與平地都趨於基本安定，為臺灣山地資源的開發利用提供了前提。同時「番人」的生活水平也有了一定的提高。應當承認，在日本佔領臺灣以前，臺灣先住民的生活，不論從文化還是從經濟上，幾乎都處於原始狀態。在日本統治的五十年間，臺灣「番地」的文化及經濟都有一定程度的進步。就「番地」兒童的平均入學率來看，到 1941 年底已經基本達到 86.35%；日語的普及率也很高，到 1942 年底，可用日語進行日常應用的成年人，平均男子達 54%，女子達 43%。〔註66〕雖然這種語言教育，是日本殖民統治的一種方法，但其間接促進了教育的普及，使原住民文化思想有了很大的提高，從而奠定整個臺灣的近代文化思想。從經濟層面來看，先住民過去都是以打獵或輪耕為中心，基本處於「自給自足」的原始狀態。1915 年「理番」五年計劃完成後，即著手推行「定置式農耕」，即以水稻耕作為主，同時獎勵他們進行家畜家禽飼養。他們漸漸體驗到「近代農業生產」方式給生活帶來的變化，經濟方式也由「原始經濟」向「近代經濟」邁進。所以日本警察在臺灣番地的前二十年，是征服番地的討伐者，而後三十年，則扮演著番地文明的進程的監督者及原生態文化野蠻破壞者這雙重身份。

〔註65〕周憲文編著：《臺灣經濟史》，第 963 頁。
〔註66〕周憲文編著：《臺灣經濟史》，第 966 頁。

# 第十五章 「七‧七事變」後皇民化的殖民統治

　　要瞭解日本後期對臺的殖民政策，必須深入瞭解此時期臺灣在日本帝國戰略架構中位置的變化，以及臺灣既有的社會經濟文化結構對其政策推行所形成的限制。1937 年 7 月 7 日，日本發動蘆溝橋事蹟，中日全面戰爭爆發。日本國內進入戰時體制，人力物力消耗至鉅。近衛文麿內閣遂於 9 月提出「國民精神總動員計劃」。這種動員的目的，就是為了達到遂行戰爭，汲取一切所需要的社會資源，引導培育民眾配合這種需要的社會意識。這種動員表現在殖民統治政策上，就是期待殖民地人民的全面協助和利害與共。

## 一、戰時體制與臺灣戰略地位的轉變

　　1937 年 7 月 7 日，中日全面戰爭爆發。此後日本便陷入「泥淖戰爭」中。而此時的國際形勢也發生了重大的變化。日本對中國的侵略，違反了美國的「門戶開放、機會均等」政策，於 39 年 7 月宣布廢止《日美通商航海條約》，日美關係逐漸交惡。在歐洲方面，德國吞併了捷克，意大利吞併了阿爾巴尼亞，德、意、日三國同盟之勢開始出現。日本想利用德國初勝對蘇聯和西歐的牽制，在中國大陸北境對抗蘇聯，趁機奪取西歐各國在亞洲的殖民地，以打開大陸戰爭的僵局。但 1938 年的張鼓峰事件及次年的諾門崁戰役，均以日本失敗以終。1941 年 6 月，蘇德戰爭爆發，日本立即在中國東北蘇聯邊境集結了八十萬大軍，企圖一舉解決北方問題。但由於德軍進兵的不順，日本的北進計劃夭折了。此後，日本將南方作戰目標由切斷援華路線改變為奪取整個南洋地區。日本的

南侵行動，促使美國採取對日凍結資產和石油禁運的措施，英國、荷蘭等國也跟進，日本因此面臨所謂的「ABCD（美英中荷）包圍」的局面。1941 年 4 月，第二次近衛內閣的松崗洋右外相提出「大東亞共榮圈」的口號，明示日本已將奪取東南亞的舊歐洲殖民地列入基本國策。

在此種戰略情勢下，臺灣的地位面臨了很大的轉變。這種南進的政策，使臺灣在地理上及文化上都具有了更重大的使命。從地緣政治學的觀點來講，南進分為「南中國」、「南洋」兩個方面。臺灣是當時日本當時領土內最接近這兩塊土地的地方。臺灣人也和南中國及南洋華僑同文同種。因此，當日本對南洋採取經濟滲透政策時，臺灣被當成南洋資源的轉口站及加工廠，臺灣人則被當成開發的先鋒。而當日本企圖對南中國及南洋採取武力進攻之時，臺灣自然成為南進政策的「指揮統制中心」。1937 年 8 月，新上任的臺灣軍司令官古莊干郎宣布臺灣進入「防衛的戰時體制」。自此，臺灣變正式轉變為南進的基地，戰爭也迫使臺灣必須具備戰時的工業生產能力。這種非正常的、需要動員的「國家強權」的經濟上的工業化，在被殖民母國視為「前進基地」的中間地帶的臺灣內部，表現在物質層面上，就是機械化及公共建設，表現在社會成員上，則是教育訓練。

1937 年 4 月，臺灣軍司令部針對總動員相關各事項，在「對總督府要望事項」中，提出總督府應成為徹底地普及國防思想及航空、交通、防衛、兵事、馬產、衛生、海外諸工作的輿論指導機關。臺灣軍實現總動員總力戰時，最大的憂慮就是臺灣人的配合。這一點在「徹底地普及國防思想」中表現的非常明確。「臺灣防衛的根本，是島民思想的皇民化，特別是國防思想的徹底普及，是軍務實行上的最為重大關心的問題，各當事者雖極盡心力，但對本島人判斷上的差異及對戰時狀態的認識的不同，使之行動與軍方期待的尚有距離。」〔註1〕

軍方的擔心是迫於戰事的巨大壓力，也表明總督府對「本島人的判斷」及「對戰時狀態的認識」與軍方是不一致的。這是臺灣後期武官總督上任的重要原因。軍方對臺灣總督府的要求，在「對總督府要望事項」的第一款「徹底地普及國防思想」中給予了更明確的闡釋。其內容如下：

　一、提高內地人自身的國防觀念，使其成為五百萬島民的中堅力量，
　　　以確保其具備指導本島人的地位。為此，軍人、官吏、防衛團及

〔註 1〕近藤正己：《總力戰と臺灣 日本植民地崩壞の研究》，東京：刀水書房，1996
　　　年，第 30 頁。

其他各種修養團幹部要上下左右密切聯繫，承擔起國防思想的
徹底貫徹。另外，作為行政官員必須注意保護自己的身份，成
為內地五百萬島民的中堅。

二、對於學生及兒童來說，應先提高教育者自身的國防觀念，以期對
兒童產生積極果敢的作用。為此必須實施下項：教師人選的適正；
召開教師國防講習會，對沒有服兵役的小公學校教員及青年訓練
所主管，每年至少進行一周的培訓；召開學校教師講習會。

三、對於本島人，要援助指導其中的皇民化自覺與先覺者，成為皇
民化的先鋒，同時動員教育系統、行政系統、軍系統、警務系統
及民風作興會等修養團體，以促進皇民化運動的展開。國語的
普及、臺語使用的禁止等，作為徹底實施皇民化上手段是非常
重要的。〔註2〕

　　臺灣軍方的言論，強烈地顯示出軍方對臺灣人民的不信任感，已經看出日
本欲在臺灣實行皇民化的雛形。同時，它也影響著日本政府對臺的政策，也使
臺灣內部的經濟政策和統治方針開始轉換。1939 年 5 月 19 日，武官總督小林
躋造發表了所謂的三大方針，清楚地說明總督府在此一階段中執政目標：「事
變進入了第三年，臺灣亦更加緊張起來，為了準備東亞新秩序建設的大事業，
臺灣該承擔的角色愈形加重。為了達成此重大任務，要談到的第一是臺灣島民
的皇民化運動。這次事變後，在軍夫的使用及其他的理由上，特別達到了顯著
的效果。可是考慮將來臺灣於日本帝國結構上的重要性，今後還須要更加的努
力。第二是臺灣工業化的問題。臺灣產業向來被認為是以完全自然成長的農業
為中心的，其實這方向已經走不通了。今後帝國要向南支南洋擴展，必須讓近
距離的臺灣工業化，發展以熱帶農作物為原料的加工工業，這是必然需要的，
因此目前正朝開發工業用動力（電力）的目標努力中。由於此一緣故，不免遭
遇勞動力供給困難、資材不足、原料困難等種種問題，但是考慮將來復興南支
所需的鐵材商品，以及開拓南洋方面的市場需求，連一天也不能怠忽。第三是
南方政策的問題。最近經常聽聞談起種種南進政策，個人認為至少臺灣要成為
南方發展、朝南支南洋方面拓展經濟的據點，臺灣統治非從那些觀點去考慮不
可。」〔註3〕

---

〔註 2〕近藤正己：《総力戰と臺灣 日本植民地崩壞の研究》，第 160～161 頁。
〔註 3〕《臺灣日日新報》，1939 年 5 月 20 日。

　　小林在這裡強調的所謂「工業化、皇民化與南進」中的「工業化」，不是單純近代資本主義的創造物質文明的進代化進程，而是配合戰爭需要的臺灣物質動員能力的提升。這是日本由大陸戰爭擴張到海洋戰爭的情況下，臺灣已經開始被預設為戰場。而戰爭不是臺灣社會內部矛盾的產物，是殖民母國強加的結果。而作為殖民地的臺灣，被殖民母國剝削的程度將隨著日本的軍事行動擴大而加深，由以前後勤補給式的動員形態，可能變為人力物力直接的投入。這種動員本身就存在著重重阻礙，殖民地異文化的存在，更使這種動員體系存在著具大的危機。從精神層面消滅臺人的民族意識，生活層面也脫離漢族傳統樣式和色彩，改造臺灣人民成為純粹的日本人，更易於徹底動員、供其驅使和榨取。皇民化就是這種動員體系危機下的民族改造運動。

## 二、初期皇民化運動的意涵

　　1937 年 7 月 7 日，中日戰爭全面爆發，近衛文麿內閣遂於 9 月發表了「國民精神總動員計劃實施要綱」。這裡所謂有「國民精神」即是「皇道精神」〔註4〕，臺灣也受此影響，加速皇民化運動的推行。為了要讓臺灣人成為天皇「陛下之赤子」的皇民，使運動能夠迅速進展，總督府總務長官森崗二郎發表聲明，要求盡快將皇民化滲透到島民生活的第一細節，俾作實現日臺一體化之重要轉基，將使臺灣全島更接近皇國民化。「所謂皇民化運動就是使本島人成為真正日本人的運動。」〔註5〕總督府在府內成立精神總動員本部，地方各州、廳設立分部，各市、郡設立支會，負責國民精神動員振興演講會的召開、教化宣傳資料的刊行、巡迴電影放映的進行、相關會議懇談會的召集及教化諸團體的指導統制等，一切相關精神總動員的事項。〔註6〕

　　事實上皇民化對日本人而言，就是要具有八紘一宇的團體精神，而對種族不同的臺灣人民來說，它的含義則有所不同。皇民化就理念上而言，它是極端的「同化主義」，而本質上則是日本侵略戰爭動員的重要環節。皇民化又分為兩個時期，就實質應當有兩個大的方面的內涵，即是精神與物質的。精神上是要徹底清除以前漢民族的思想信仰，知曉皇國大義，體會皇道精神，改變以往的生活方式、語言及風俗習慣，成為皇國之民；物質上就是要像日本內地人一樣，為皇道信仰，奉獻物質與身心。

〔註 4〕《部報》第 2 號，JACAR：A06032508500。
〔註 5〕森崗二郎：《時局下の臺灣》，臺灣時報，1937 年 11 月。
〔註 6〕《部報》第 2 號，JACAR：A06032508500。

## （一）培養皇民信仰

「國民精神」即是「皇道精神」，而「敬神崇祖」、「忠君愛國」是皇民道德的二個支柱，是日本國體的精髓。〔註7〕而「神社」則是這個精神的載體。總督府為了更好地調動臺灣人民參與戰爭，必須使臺灣人民認定自己是日本人，以日本國家神道信仰取代殖民地傳統信仰。在 1931 至 37 年的準戰爭期，總督府為因應非常時局的進展，推出一連串階段性的社會教化運動，其主要的實施內容除有關產業振興的項目外，尚包含敬神尊皇、普及國語、生活改善等事項。

正廳改造 1936 年 7 月 25 日，臺灣總督府召開「民風作興協議會」，提出改革固有寺廟宗教等決議。11 月，新上任的小林總督府親自參加是年神宮大麻發行式，強調敬神就等於尊皇，並規定不論其信仰如何，均須於各戶設置神座供奉神宮大麻，以為祭祀皇祖之聖壇，以涵養至誠奉仕之皇民素質。總督府在府內設置了「臺灣神職會」，由文教局長擔任會長，社會課課長擔任副會長，社寺系主任擔任理事，開始在臺灣全島推行正廳改造、燒毀祖先牌位、奉祀神宮大麻，寺廟整理等教化運動。

祖先崇拜蘊藏著臺灣人民對祖先神靈的敬畏和對祖國故地的懷念之情，日本人也曾將其作為善良風俗予以褒揚，但在皇民化運動中，卻斥之為不利於以「天皇為中心之大家」的迷信活動，「妨礙了皇民煉成」而遭取締。對於臺灣漢民族風俗如傳統節日的春節、中元節，及婚冠喪祭習俗，被斥為「弊風」，要予「打破」。1937 年 9 月，「臺灣神職會」設計出適合皇民祭祀原理的皇道式樣的祖靈舍，以使臺灣人的祖靈祭祀皇國化。12 月 1 日，提出「本島民屋正廳實施要領」強調正廳改造為確立臺人家庭皇民信仰生活的中心，獎勵祖國各地靈祭祀國式化，以期貫徹臺灣人的皇民化教育。

「正廳改善運動」，要求人民把家中牌位、神像燒掉，改奉神宮大麻（指由日本伊勢神宮所頒布的神符）於正廳。1936 年 12 月 5 日，臺南州東石郡鹿草莊兩個部落舉行牌位燒毀儀式，當時有 1,224 座神牌位被焚燒掉，也從即日起民眾一律改為以日本內地新佛壇來祭祀祖先，並行奉祀大麻。〔註8〕總督府還規定每月一日為敬神日，男女老少均需敬神如儀。下表為臺灣總督府公布的從 1934 年到 1942 年臺灣各州廳「奉祀大麻戶數」表：

〔註7〕《部報》第 12 號，JACAR：A06032509400。
〔註8〕《臺灣日日新報》，1936 年 12 月 7 日。

| | 1941 年末現住戶數 | 1934 年 | 1935 年 | 1936 年 | 1937 年 | 1938 年 | 1939 年 | 1940 年 | 1941 年 | 1942 年 |
|---|---|---|---|---|---|---|---|---|---|---|
| 臺北州 | 237,641 | 17,379 | 40,146 | 55,777 | 113,585 | 123,197 | 130,177 | 132,307 | 136,573 | 146,779 |
| 新竹州 | 129,725 | 4,561 | 14,540 | 18,038 | 99,375 | 102,450 | 104,463 | 104,638 | 108,424 | 112,446 |
| 臺中州 | 221,441 | 8,865 | 9,152 | 77,848 | 119,370 | 129,572 | 131,500 | 141,373 | 149,816 | 163,087 |
| 臺南州 | 258,482 | 8,774 | 21,254 | 49,498 | 119,217 | 145,304 | 161,256 | 177,101 | 192,995 | 206,579 |
| 高雄州 | 168,765 | 8,495 | 17,354 | 25,497 | 92,042 | 95,458 | 98,192 | 105,232 | 112,126 | 118,732 |
| 臺東廳 | 16,530 | 913 | 1,182 | 1,030 | 2,858 | 4,968 | 5,360 | 5,300 | 11,300 | 13,450 |
| 花蓮港廳 | 30,857 | 4,579 | 6,077 | 7,203 | 17,405 | 17,202 | 17,490 | 19,000 | 21,390 | 22,800 |
| 澎湖廳 | 12,057 | 180 | 548 | 670 | 5,713 | 7,265 | 7,650 | 6,332 | 6,754 | 7,399 |
| 計 | 1,075,498 | 53,746 | 110,253 | 235,561 | 569,565 | 625,416 | 656,088 | 692,283 | 739,378 | 791,272 |

此表轉引自臺灣總督府文教局社會課：《臺灣的神社及宗教》，第 96 頁。

　　從上表分析來看，1937 年皇民化實施後，臺灣人奉祀「大麻」的數量比 1934 年增加了近十倍，基本上達到臺灣人口戶數的一半強。1942 年時，1942 年統計表明臺灣奉祀神宮大麻 791,272 尊，占到臺灣總戶數的 80%。

　　本與家國關係的臺灣人漢民族的祖先崇拜，由於以皇民始祖為主的祖靈舍的設置，轉變成為敬神崇祖的國家神道式觀念，而成為了天皇或皇室忠誠的國家層次。這樣總督府經過正廳改造運動，企圖以代表大和魂的日本民族意識，取代長久以來臺灣人民信仰的中國民族意識，來達到皇民化臺灣人民的目的。從上表的比例來看，至少在外表上，臺灣人漢民族諸神佛為中心的家庭精神生活模式，被日本「天照大神」為中心的日本精神生活樣式所代替。

　　**整理寺廟興建神社**　臺灣漢民族傳統的教化活動一般係以寺廟為中心。1934 年起，加強「一街莊一社」之神社建造，以達到在全島樞要之地建設神社，以為社會教化之中心的目標。一般臺灣人都認為「神社」只是日本人「廟」，而不願意去參拜。尤其寺廟所供奉的神，基本上均屬中國神。日本人認為寺廟使臺灣人信仰中國神明，亦將中國視為祖國。只要這種宗教信仰不改變，那麼無論日常生活及評議如何日本化，也無法脫離中國印跡，變不能徹底實現臺灣的皇民化。當時（1936 年）臺灣的寺廟有 3,403 座，另有齋堂 246 座。〔註9〕日本人於是提出「臺灣人寺廟信仰的水準低度迷信，淫祠邪教難以區分，從而

〔註 9〕陳玲蓉：《日據時期神道統制下的臺灣宗教政策》，臺北：自立晚報社，1992 年，第 255 頁。

阻礙臺灣文化的發展；寺廟信仰明顯係利己信仰，無法產生捨小我而就大義的國民思想與社會公共思想；寺廟管理不善；寺廟收益盈餘尚由個人獲得，違反寺廟祭祀本來趣旨」〔註10〕等為藉口，進行寺廟整理。

1938 年，總督府召集各地方官會議，授權地方政府開始整頓寺廟，通過寺廟整理原則為：一、寺廟以全廢為原則，但過渡時期之方策，亦得廢合，一街莊保存一寺廟。二、舊慣祭祀之改善及寺廟管理行為須儘量合理化。三、祀神須改為純正佛教或儒教之神佛。四、寺廟之建築物必須漸次改為日本式布教所或寺院型態。五、被廢止之寺廟及神明會等宗教團體，其產財則另組織教化財團。〔註11〕

開始整理寺廟後，各種神像，包含關聖帝君、開漳聖王、媽祖等，土塑者予以推毀，木雕者，除部分送政府研究單位研究典藏外，大部分予以燒毀，寺廟則予拆掉，祭器燒棄；獲保留寺廟，須將廟宇屋脊兩角拆去，使具日本格式。這些神像的燒毀，實質上是為了符合一莊一神社的原則，以合祭「多餘的神」，並燒毀之，稱做「諸神昇天」。但「諸神昇天」並沒有讓臺灣人放棄對神的信仰，反而引起民心的不安。在臺日籍僧侶及學者都不主張以強迫手段為之，透過國會議員在 1939 年、1940 年第七十四次、七十五次帝國會議向政府提出質詢。但總督府則以皇民化運動讓臺灣人精神日本化為臺灣總督努力的目標，陋習之打破為皇民化運動的一環，寺廟與迷信邪教相依附，整理有助陋習之改良，引起臺人怨歡或為地方執行不當等藉口；並未停止整理。但迫於各方面的壓力，1940 年 10 月，總督府文教局通知各地方政府須尊重民意，以免臺人信仰生活陷於不安。但此政策推行後，各地方政府都先行召集寺廟代表會議通過，完成法定手續後行之。這樣，日本政府整理寺廟的腳步便緩慢了下來。經過整理後，全臺寺廟總數由 1936 年的 3,403 座，降至 1942 年的 2,327 座，減少了 31.6%。這一時期，計有 361 座寺廟被搗毀，819 所寺廟移供日本佛教之用，或用於國語講習所，被毀或移作它用的神像，高達 13,700 多座。〔註12〕臺灣的寺廟齋堂數目也減少了約 1/3。〔註13〕

中日全面戰爭以後，總督府開始大規模興建「神社」。在此前，明治時期臺灣有神社 8 社，大正時期有 13 社，昭和後興建的神社有 22 社，總共有神社

〔註10〕陳玲蓉：《日據時期神道統制下的臺灣宗教政策》，第 147～148 頁。
〔註11〕http://www.fsps.chc.edu.tw/07/religion.htm。
〔註12〕陳玲蓉：《日據時期神道統制下的臺灣宗教政策》，第 254～256 頁。
〔註13〕陳玲蓉：《日據時期神道統制下的臺灣宗教政策》，第 254 頁。

43 社。〔註14〕這些神社又分為官幣社、國幣社、縣社、鄉社、無格社這五種。〔註15〕從皇民化運動以後，臺灣各地積極建設神社，根據總督府的要求，1940年時各地神社數如下表：

| 地點 | 臺北州 | 新竹州 | 臺中州 | 臺南州 | 高雄州 | 臺東廳 | 花蓮港廳 | 澎湖廳 | 總計 |
|------|--------|--------|--------|--------|--------|--------|----------|--------|------|
| 社數 | 13 | 14 | 20 | 30 | 14 | 1 | 5 | 1 | 98 |

此表根據《本島神社營造的趨勢》（《部報》12 號）整理而成。

從上表中分析可以看出，神社在皇民化後，迅速澎漲，三年間要建設 55 社。特別是在漢民族文化深層的臺中及臺南地區，神社的數量更是多得驚人。雖然後來沒有如總督府所願，但還是新建設了神社 38 社。

總督府當局還大力推動神社的參拜活動。根據 1922 年公布的臺灣公立中學校規則，學生必須參拜神社。同時，總督府還組織神社的大祭活動，要求人民參加，根據《臺灣警察時報》記載，1942 年 10 月 28 日日總督府舉行臺灣神社大祭，僅兩天時間，參拜的人數就達到十五萬人，創造了有史以來的記錄。〔註16〕根據下表，而此一年，參拜團數達 36,750 次，總人數達到 12,125,170 人。

## 神社參拜者數調查表（1942 年 1 月 1 日～12 月 31 日）

| 人種別 | 內地人 | 臺灣人 | 高砂人 | 外　人 | 總　計 | 團體參拜團數 |
|--------|--------|--------|--------|--------|--------|--------------|
| 各州廳計 | 4,480,105 | 7,592,369 | 39,938 | 12,758 | 12,125,170 | 36,750 |

此表根據臺灣總督府文教局社會課《臺灣的神社及宗教》第 96～97 頁整理而成。

### （二）進行語言同化

日本據臺統治之初，即循後藤新平「無方針主義」、「生物學原則」的統治方針，尊重臺胞原有的風俗習慣。在語言政策上，就是採取「臺灣人學日語，日本人學臺語」的設計。於 1896 年在各地設置日語傳習所，其所使用的教科書，大多為日語與漢文對譯本。臺民對日語傳習所併不熱中，第二年總督府於是在日語傳習所中設漢文科，聘用舉人為教師，這樣臺灣人開始願意

〔註14〕《部報》第 12 號，JACAR：A06032509400。
〔註15〕臺灣總督府文教局社會課：《臺灣に於ける神社及宗教》，昭和十八年三月，第 1 頁。
〔註16〕《臺灣警察時報》第 325 號，轉引自周婉窈：《海行兮的年代——日本殖民統治末期臺灣史論集》，臺北：允晨文化，2003 年，第 44 頁。

進入傳習所學習。1898 年將傳習所改為公學校。同時日本殖民政府針對清代留下來的書房，頒布《書房義塾規程》以節制之，該規程規定書房需加授日語，每天至少兩小時。〔註 17〕可以說日本據臺後的日語教育是以學校及傳統書房為主，故日語的普及率並不是很高，1920 年時，「能解國語者」僅占全部人口的 2.86%。〔註 18〕

1919 年後文官總督田健治郎提出完全日本化的內地延長同化主義，才使總督府更注意在語言上同化臺灣人。1922 年公布《臺灣教育令》，將漢文由必修改為選修，許多公學校自動廢除漢文。各州或郡相繼設置國語練習會或國語講習會普及日語。1930 年各地共有日語普及會 1,900 餘所，1935 年一年制以上的日語講習所達 1,600 餘所，結業生突破 10 萬人。〔註 19〕即使這樣，到 1937 年時，「能解國語者」也僅占臺灣全部人口的 37.8%。〔註 20〕

皇化民以後，作為文化載體的語言，自然成為其中的一個重要指標。1937 年 2 月 19 日，總務長官森崗二郎在日本下院表示，報紙漢文欄的存在，只會防礙日語的普及，因此總督府計劃通知各報社於近日廢止各報的漢語欄。臺灣新聞、臺灣新報、臺灣日本新報報社，從 4 月 1 日起，廢止了報紙的漢文欄。連臺灣民報也從此日起，將原來四頁的漢文欄減少為二頁，6 月 1 日以後，則漢文欄開始全部廢止。

在學校教育方面，1937 年 4 月新學期開始，取消公學校的漢語課。學生在學校裏被要求講國語（日語）。在社會上開始壓制臺語的使用。在社會上獎勵說國語。對於全家大小 24 小時都用日語交談的知識家庭，則准予國語家庭的優待。1937 年 2 月，臺北州開始認定國語家庭。要成為國語家庭必須提出申請，經認可後，官方會在公開儀式中頒發刻有「國語家庭」字樣的牌子，供其懸掛在住家門口上，以示榮貴。國語家庭可以享有許多優惠，如小孩較有機會進入設備師資較好的小中學念書、公家機關得以優先任用、食物配給較多等。根據臺灣學者周婉窈的研究，1942 年時，全臺灣「國語家庭」僅占總人口的 1.3%，且「臺灣人是否真正誠心擁護日語運動，實在令人懷疑。」〔註 21〕

---

〔註 17〕 臺灣教育會編：《臺灣教育沿革志》，東京：青史社，昭和 14 年，第 970 頁。
〔註 18〕 臺灣總督府：《臺灣事情》，昭和十一年，第 201 頁。
〔註 19〕 吳文星：《日據時期臺灣師範教育之研究》，國立臺灣師範大學歷史研究所碩士論文，1983 年，第 61 頁。
〔註 20〕 臺灣總督府：《臺灣事情》，昭和十一年，第 202 頁。
〔註 21〕 周婉窈：《海行兮的年代——日本殖民統治末期臺灣史論集》，第 95 頁。

### （三）改姓名運動

姓氏，歷來被中國人特別注重，它是祖先血緣延續的，也表述後人對祖先的崇敬，成語中就有「大丈夫行不更名坐不改姓」之語，但日本人為了徹底切斷臺灣人民漢民族的淵源，開始誘導臺灣人更改原有的名字成日本式的姓名。1940 年 2 月 11 日，日本政府宣布為臺灣與朝鮮人民更改姓名的實施日。當日，總督府以府令第十九號宣布，實施戶口規則改正，允許臺灣人將中國式姓名改為日本式。

把漢姓漢名改為日本式的姓名，無疑地，這是做為「真正日本人」的重要形式之一。此想法其實早在日本人進入臺灣後，武裝抗日運動基本平定的1905 年就已經開始了，只是由於當時總督府採取「無方針的生物學」統治政策，沒有完全實施此一政策。統治中期，日本在一戰勝利後的景氣，及臺灣社會政治運動的分化瓦解，使大部分的民族主義的反抗運動者轉變為「試圖藉由接受同化主義方針而提升臺灣人地位」〔註22〕，民族認同問題開始出現一種「另類」的轉機，但臺灣人並不敢奢侈希望自己能與日本人一樣享有公權力。總督府的皇民化運動，如果真的是想讓臺灣人成為日本天皇的皇民，享有同等的公民待遇，那恐怕是臺灣人民求之不得的事情，但事情並不這樣的。改姓名運動就足以說明日本人的目的。總督府提出改姓名運動的理由主旨是「為了讓本島人與內地人無所差異，有必要在實質上體認皇道之精神，對事物的看法也必需與內地人相同，在形式上來說，從語言開始到姓名、風俗、習慣等等之外在形式也能與內地人無所差異的話，那是最理想的事。即是，不論在精神上、形式上都與內地人絲毫沒兩樣之後，始能稱為完全之日本人。」〔註23〕將臺灣隊人變成「完全之日本人」的目的，則是「本島人在各方面沒有保留地發揮皇民意識，這是事變後的要求。」〔註24〕這一語道破了日本殖民統治者倡導改姓名運動的根本原因。可以說改姓名運動，是日本人企圖將臺灣人綁入大東亞戰車的一種同化主義的極端形式。改姓名運動的

---

〔註22〕 林繼文：《日本據臺末期戰爭動員體系之研究》，臺北：稻香出版社，1996 年，第 10 頁。
〔註23〕 《本島人が改姓名するにはどうすればよいか》、《部報》第 114 號，JACAR：A06032510800。
〔註24〕 《本島人が改姓名するにはどうすればよいか》、《部報》第 114 號，JACAR：A06032510800。

重點不是改名,「嚴格地說是改氏許可,是將作為家的名稱的諸如陳、吳、林等氏進行變更。」〔註25〕這些姓氏一般都是中國以前天子的國號或顯貴門地的稱號,變更這些姓氏,說穿了就是去除中華文化。不管是否願意,放棄了世傳的中華姓氏,改為日本姓名,從同化層面上講,都是一個質的飛躍。這也昭示皇民化運動的實質,就是戰爭體制下的「效忠運動」,它的目的就是訓戒導引臺灣人民放棄以前的文化與種族,從心靈到肉體成為乖順的驅使戰爭工具。

總督府已經預想到其中的難度,故沒有強制臺灣人改姓名,規定變更姓名的條件為:國語家庭及從心裏熱望成為日本人且不以功利考量具有公共公德心的人。〔註26〕新姓名選擇時必須遵守以下的條件:「歷代的御諱御名不能使用;歷史上著名人物的姓氏不能使用;與原來姓氏有關的中國地名不能使用;其他認為不當之姓名。」〔註27〕變更姓名的手續也較為繁雜,需要變更人依據戶口規則第三十主號式樣提出申請,且先要報於保甲事務所;申請人在申請書中還在添附家中所在成年人的同意書,經居住所在地所轄警察派出所,向郡、署、支廳提出申報。

1940 年 2 月允許臺灣人改姓名後,到了 4 月才有 12 戶改了姓名,到了1941 年底,臺灣改姓名者只占總戶數的 1%,按人口計則為 1.2%。〔註28〕1944年後,改姓名的條件有所放寬,改姓名者有所增多,但根據周婉窈的研究,估計不會超過人口數的 7%以上。〔註29〕

臺灣人對改姓名不熱心,並不是因為沒有受到總督府的壓力,而是難以割捨的民族大義在起著支撐作用。有此人儘管變更成為日本姓氏,但明顯民族色彩,與中國人舊姓名之間的藕斷絲連,還在日本姓氏中表現出來,如姓陳的改成潁川,姓黃的改為江夏。另外,一些民族意識強烈的人,對於改姓名則是進行了抵制,譬如林獻堂,儘管遇到很大的壓力,也不願意改變姓名。

---

〔註25〕 《本島人が改姓名するにはどうすればよいか》、《部報》第 114 號,JACAR:A06032510800。

〔註26〕 《本島人が改姓名するにはどうすればよいか》、《部報》第 114 號,JACAR:A06032510800。

〔註27〕 周婉窈:《海行兮的年代——日本殖民統治末期臺灣史論集》,第 56 頁。

〔註28〕 臺灣總督府:《臺灣事情》,昭和十九年,第 134 頁。

〔註29〕 周婉窈:《海行兮的年代——日本殖民統治末期臺灣史論集》,第 58 頁。

## 三、皇民奉公運動

殖民統治者透過信仰日本神話，祭祀天照大神，凝聚臺灣的集體歷史記憶，進而創造一種與日本人共同的歷史起源，以便使臺灣人順利地進入大和民族，又通過日本語語言的使用，化解血緣的差異，鍛鍊臺灣人成為具有「日本精神」的皇民。為使臺灣人「精神系圖」與「血統種族」能夠辯證的合流，具有政治認同意義的姓名更改，則是解決「血緣本質論」與「身份社會化」對立的好辦法。這樣總督府通過一系列皇民化政策，宣傳鼓吹訓練臺灣人認同日本的精神，讓臺灣人擺脫血統天生的命定，使身份認同超越血緣，從而煉成臺灣人成為具有日本精神的皇民。日本殖民統治者想臺灣人擺脫血統天生的命定，而成為大和民族的一個部分的目的，則反映在願意效忠日本天皇，挺身而出，奉獻精神與物質。這實質上是解決戰時動員體制下經濟層面上問題。

### （一）總督府的統制經濟執行機關及皇民奉公會

為了遂行戰時的動員，總督府於 1938 年將原來的官房調查課擴大改組為官房企劃部，負責統籌各部、局之動員業務。1941 年，官房企劃部又下設企劃、物資、勞務、統計四課，分別掌管各項動員業務。1942 年，再將官房企劃部擴大改組，在其下設立總務局，總務局之下再設總務、物資動員、勞政等課。太平洋戰爭爆發後，總督府又在礦工局下設立國民動員課，各州總務部設立國民動員課，各廳總務課設立國民動員系，各市郡設立國民動員課或動員系，街莊設立國民動員專任職員。另外，在民間成立各種公、私經濟統制協作團體。公共組合乃依主要產業領域組成，團體包括「公共組合」、「水利組合」及各種新設立的統制團體，採取強制加入及繳納會費的制度。私統制團體在形式上屬私法人，但政府透過人事、財務及組織的審查來加以控制。這此團體包括「國策會社」、「營團金庫」、「同業團體」、「配給編制團體」等，1939 年時，這種統制團體已經達到 1,572 個。〔註30〕

除了各級的團體以後，各級的皇民奉公在輔助經濟動員上起著很大的效果。1941 年 4 月，總督府配合日本內地的「大政翼贊會」的組成，在臺灣設置了「皇民奉公會」，皇民化運動也開始由較為靜態的文化運動進入經濟層面上的積極奉行「臣道實踐」奉公運動。

皇民奉公會的組織甚為龐大，當時全臺 600 萬臺灣人都是當然會員。編制

---

〔註30〕林繼文：《日本據臺末期戰爭動員體系之研究》，第 181 頁。

幾經更改，據 1943 年的組織系統，是在中央本部之下，依照行政區域系統，5 州 2 廳各置支部；其次 11 市 51 郡各設支會；56 街 209 莊各置分會；底下還有 257 個區會、5,404 個部落會、68,334 個奉公班等末端組織，以達到徹底的動員。〔註31〕此外，尚有許許多多的團體，諸如產業奉公團、文學奉公團、愛國婦人會等，均被納入皇民奉公體系，人人成為聖戰的一份子。當時總督府當局也積極網羅各地的社會精英成為皇民奉公會的幹部，除了一向被日本當局視為臺灣統治功勞者的親日份子之外，過去自 1920 年代初期即相當活躍的一部分臺灣民族運動人士，也在被網羅的行列。像是林獻堂（議會設置請願運動的首腦、文協總理）被拉出來擔任皇民奉公會參與；蔡式穀（文協理事、議會期成同盟會理事、民眾黨顧問）被派任皇民奉公會中央本部奉公委員暨參事；林呈祿（自啟發會、新民會起即投身社會運動，並在《臺灣民報》、《臺灣新民報》居主導地位）也被派擔任皇民奉公會生活部長。

「皇民奉公運動」似乎原則上已認定經由「皇民化運動」的過程，臺灣人亦如日本人般已被「同化」成皇國臣民，而此時處於戰爭時期，臺灣人須拿出具體行動，落實犧牲奉獻的精神。此運動除進行訓練（如青年煉成、指導者煉成、拓南訓練等）、增產（農工礦等）及確立後方生活體制（如國民儲蓄、生活簡易化、金屬回收等）外，最主要是配合戰爭的持久與戰線拉長所造成的兵源不足，陸續實施志願兵及徵兵制度。皇民奉公會其目的和做法皆有異於四、五年前的皇民化運動。就對象而言，皇民化的對象是臺人，但是皇民奉公會則包攝在臺的日人與臺人；就機構而言，皇民化業務分屬各行政體系，皇民奉公會則有專責機構及相關人員；就目的而言，前者側重文化改造，後者則顯係透過社會動員來執行各項既定的目標。

## （二）以《部報》為例的皇民奉公運動
### 1. 皇民的兵役義務。

皇民化教育，使政治的認同開始趨於一致，臺灣人開始接受皇軍徵召。1937 年秋天起，日本人已開始在臺灣徵用軍夫以擔負軍中雜役。1942 年（昭和 17 年）4 月實施「陸軍特別志願兵制度」，開始向臺灣人募兵。1942 年 6 月中途島之役日軍大敗，戰況對日本轉趨不利，日本當局因兵源缺乏，乃於 1943 年又實施「海軍特別志願兵制度」。陸、海軍募兵制的實施，共有 16,500 名臺

---

〔註31〕 http://distance.shu.edu.tw/taiwan/ch23/ch23_sec01.htm。

灣青年加入日本軍隊作戰。從申請志願兵的人數來看，當時臺灣人響應日本當局的募兵制度似乎相當踊躍。除了某些人將當兵作為一條生路，那麼皇民化教育的洗腦，自覺奉獻的人也不在少數。部報中的《志願兵特輯號》（第 139 號）就有專題的報導。

### 2. 皇民的納稅義務

七七事變後，臺灣總督府增設了「臺灣支那事變特別稅」，在原有納稅品種的基礎上，又增加了通行稅、入場稅及特別入場稅、物品稅、利益配當稅、公債及社債利子稅這五個新的稅種，並將原有的所得稅、法人資本稅、酒類出港稅、砂糖消費稅、臨時利得稅進行了增徵。這些特別稅，是皇民化政策在經濟層面上重要的一個部分，在部報的相關文章諸如《事變後臺灣新增稅》（第 23 期）、《新增稅和地方稅關係》（第 25 期）、《支那事變和臺灣的增稅減免等的概要》（第 72 期）、《支那事變和臺灣稅務相關法規改廢等的概要》（第 73 期）、《本年度實施的改正稅令等的概要》（第 95 期）等，都有所反映，如果能與其他相關資料配合分析，將會對皇民化政策有新的認識。

### 3. 皇民的儲蓄與獻金

儲蓄及國防、恤軍獻金等是皇民化政策及皇民化運動的重要部分，也是作為衡量是否為皇民的重要尺度。部報中的《愛國儲蓄運動》（第 27 期）、《郵政儲蓄所體現的後方的赤誠》（第 40 期）、《臨時資金調整法令的改正》（第 41 期）、《就金報國運動》（第 35 期）《經濟戰和國民生活》（第 82 期）、《經濟戰和國民生活》（第 82 期）、《經濟戰強調周的實施》（第 36 期）、《面對經濟戰島民的態度》（第 36 期）、《關於改正金使用規則》（第 89 期）、《後方的經濟協力》（第 57 期）等文章，或可就此問題進行說明。

### 4. 皇民的節約奉公

日華戰爭全面爆發後，由於物資及食物的緊缺，總督府當局要求臺灣皇民要像日本人一樣節衣縮食，在生活的方方面面進行節約，以支持戰爭。部報中的《人造纖維混用規則及概說》（第 26 期）、《學校應屬行皮革資材消費節約》（第 29 期）、《改正金使用規則》（第 37 期）、《關於時局和重要礦物的增產》（第 46 期）、《代用品的說明》（第 50 期）、《關於學習用品的調整與節約》（第 54 期）、《絲配給統制規則的公布》（第 71 期）、《關於國民徵用令的實施》（第 76 期）、《關於臺灣米業令的公布》（第 78 期）、《關於在臺灣的國策遂行》（第 80 期）、《經濟戰強調運動的要綱》（第 80 期）、《經濟戰和國民生活》（第 82

期)、《小作料統制令的施行》（第 87 期）、《臺灣衣料品事情》（第 142 號）等文章，有相關的報導或說明，可對此政策進行一定的瞭解。

5. 皇民的集團式奉獻

在要求皇民節約奉獻的同時，總督府還策動臺灣民眾組成集團組織，以組織的名義進行皇民奉公活動。諸如組織農業義勇團、臺灣聯合青年團、女人團體等。這些都是皇民化運動的一個重要組成部分。部報中相關的文章有：《國家總動員法施行之際》（第 24 期）、《臺灣農業義勇團的使命》（第 25 期）、《臺灣農業義勇團的近況》（第 32 期）、《集團作業》（第 32 期）、《臺灣聯合青年團》（第 33 期）。

## 四、「七七事變」後臺灣島內人民的反抗及活動

1937 年「七七事變」爆發之時，臺灣已經被日本殖民統治了四十二年。儘管如此，總督府還是馬上於 9 月 10 日，通過國民精神總動員實施綱要及本部規程，在總督府設立本部、組織本部參與會，下設州廳支部、市郡支會、街莊分會，開展國民精神總動員運動。總督府又以禁止報紙漢文欄，廣泛利用大眾傳媒手段，採用廣播通訊、出版報紙雜誌等方式，向臺灣民眾灌輸日本「被迫戰爭」的思想，皇民化臺灣人民，以圖安定殖民地的民心。但這些都無法阻止臺灣人民對祖國大陸的深切關心，除了有些人內渡到大陸，參觀抗戰活動，臺灣島內各種反抗的言論及行動也有很多。

從日本防衛省防衛研究所現藏史料來看，目前能夠找到的相關文件共有十七件，名稱全部叫「『中國事蹟與本島人的動向』上報之件（支那事變と本島人の動向」送付の件）」。這些文件都不是一份單獨的檔案，分別收藏於 1937 年的《密大日記》、《陸支密大日記》，1938 年的《陸支密大日記》、1939 年的《陸支受大日記》及 1940 年的《陸支密大日記》中，故被研究者引用者很少，目前筆者還沒有發現在專業論文中有所使用。

這些文件是根據當時臺灣憲兵隊長、總督府警務局長、各州知事及廳長的通報編纂的，由於臺灣軍方高級長官向日本陸軍最高長官提供的情報資料，例如在 1927 年 9 月 1 日，臺灣軍司令部參謀長秦雅尚，報給陸軍次官梅津美治郎的「臺軍作第 43 號」密件：《通過北支事變看本島人的皇民化程度》。

這十八份資料，記錄了從 1937 年「七七事變」爆發後的 8 月中旬開始，到 1940 年 6 月三年間，臺灣島內民眾大量充滿祖國情結，與民族大義的反抗

事件及反日言論。臺灣民眾的反抗行為及言行，應令日本殖民統治者極為擔心，認為臺灣民眾「還是過信中國方面的實力，由於民族觀念而視中國為祖國，誹謗日本，有過半的民眾希中國的勝利乃至臺灣要回歸祖國。」〔註32〕由於資料龐多，本人僅就第一件文件《通過北支事變看本島人的皇民化程度》的文件進行整理研究，通過這份檔的文件可以看出，在這短短一個多月的時間裏，臺灣島內就有70多件反抗事件發生。

## （一）以投書形式出現的反抗事件，計共9件

這類事件主要是表達了臺灣人民堅決反對戰爭，號召臺灣人民團結起來，進行臺灣獨立運動，也要求改變差別待遇等。

**標注有時間的計有6件**

> 7月14日，從臺中州向總督府森崗總務長投書（信是寫給總督的）：中國雖然暴虐，但遠不及歐美，今是蚌哈相爭，必是漁翁得利，中國的不滿在滿州國，我國民眾的生活與之甚遠，也難以左右其和衷，如果真要樹立萬邦協和的東亞百年大計，不可不以國家觀為基礎，尋求日俄的改善，以解消中國問題，挫敗歐美的計劃，以消除人民之禍害；

> 7月16日，以全臺灣青年壯年同盟的名義向臺灣總督府官房秘書課發信：總督如再不徹廢內臺人工資差別，戰爭時我等將有所行動；

> 7月18日，以本島人青年同志的名義向總督發信：第一堅決反對日支戰爭（吾等流著祖先之血，不忍心同族被殘）；第二本島語使用禁止實時徹廢（束縛自由，是文明政治的恥辱）；第三官廳工作者工資差別實時徹廢（沒有勞力差別，同等的要求）；

> 7月19日，向臺灣軍司令部投書：日本的宣傳認為中華民國沒有實力，是一種心虛自戀的廣告；

> 7月28日，向七星郡警察課長發信：日本必亡、祖國興隆；日支交戰實報，日本軍死者數萬、傷者無計，中國軍則沒有損害；

---

〔註32〕《「北支事変を通して見たる本島人の皇民化の程度」送付の件》，JACAR：C04120039500。

7月29日，無名氏向南門鎮派出所發有「打倒日本」字樣的書信；

7月30日，嘉義廳某臺灣人向當地員警署投書：打倒日本。〔註33〕

### 沒有標注時間的計有3件

在高雄市內各處配發臺灣革命煽動文：中國領土時代，臺灣民眾非常幸福，憶起領臺初期臺灣各地民眾的犧牲，我們就更應當奮起，實現臺灣的獨立，將臺灣建成樂土；

高雄市郵局信件中：對日本人的統治十分不滿，號召臺灣三萬五千同志團結起來，發起臺灣獨立運動。

林慶雲向屏東憲兵隊投書：事變以來臺灣人一直被矇騙，臺灣人應協力向蔣介石通知臺灣的情況。〔註34〕

## （二）以落書標語形式出現的反抗事件，計有4件

這類事件主要以漫罵日本為主要內容，反映出被殖民統治四十多年的臺灣人民對殖民統治者的憎惡。例如：

花蓮港的便所內落書：打倒日本！

嘉義市元町郵局工作場地的板牆上，用木炭大書：打倒日本！（7月25日）

基隆市天神町公設市場內用臺灣話書寫：日本人必死；來臺灣的日本人必死！（7月26日）

基隆市西町共同便所內用瓦片書寫：天皇吃大便；天皇喝尿尿。（7月26日）〔註35〕

## （三）以具體行動進行的反抗事件，計有6件

這類事件主要是臺灣人民因對戰時問題的爭議及對戰時政策的不滿等，與日本人直接發生衝突。

7月15日，臺北市公會堂前揭示的時局市民大會廣告牌被破壞；

7月19日，雜貨商林文在日本人到家中收取皇軍慰問金時向其拋擲

---

〔註33〕《「北支事変を通して見たる本島人の皇民化の程度」送付の件》，JACAR：C04120039500。

〔註34〕《「北支事変を通して見たる本島人の皇民化の程度」送付の件》，JACAR：C04120039500。

〔註35〕《「北支事変を通して見たる本島人の皇民化の程度」送付の件》，JACAR：C04120039500。

兩袋牙粉；

7月19日，向臺灣總督府前門投擲油漆兩罐使之污損；

7月22日，基隆市橋本運輸店工人十三人在同港牛稠港岸山上毆打
兩名日本人，還將其推入海中。

7月22日，基隆港非軍事區泊船屋島丸兩名船員在該夜與上船臺灣
人因日支時局問題發生口角，兩人被打傷。

能高郡埔里街地理師林測漢將市場入口處提示的情報委員會第三十
九號印刷品揭走。〔註36〕

### （四）以言論行為出現的反抗事件，計有52件

這類反抗事件最多，所反映的思想也很多，其具體內容及處理方式如下：

7月18日，臺北市東門町130雜貨商洪文超在自家向大眾宣傳：日
支開戰，支那大國必勝；拘留5日。

7月22日，臺北市下町3—59的黏忠俊在市內大和町臺北印刷廠對
臺灣人印刷工宣傳說：日本人為盜賊，心黑，將來必死
光；所轄署檢束中。

7月15日，宜蘭郡礁溪莊農林阿旺在電影院內向民眾宣傳：日本雖
很強，但這次事變後，中國方面更強，日本恐怕會陷入
困境，我們今日在日本的統治之下，將納高額稅金，且
管制嚴重，不自由也；拘留15日。

7月20日，宜蘭郡礁溪莊農民游在添在自家對鄰居說：日支開戰，
祖國支那必要攻取臺灣，那時我等趁機配合，必受到中
國方面的重用；自日本政府統治以來，年年增加稅金，
沒有辦法與支那時代相比，戰爭結束後，臺灣回歸中國，
我等無限幸福；拘留十日。

7月20日，宜蘭郡礁溪莊土地租賃者周阿妙對游在添說：支那是我
們本島人的祖國，我們當然要袒護她，我們常常被日本
政府當成繼子，如果回歸支那，那就放心了；拘留29日。

7月17日，七星郡內湖莊內臺人少年同志論爭中不穩定言論：日本
與支那開戰，俄國一定支持中國，你等不要囂張；對言

---

〔註36〕《「北支事變を通して見たる本島人の皇民化の程度」送付の件》，JACAR：
C04120039500。

論者進行嚴重警告。

7月15日，羅東郡李木發：支那大國，開戰後必勝，臺灣將回歸祖國，我們將獲得自由；拘留5日。

7月30日，宜蘭郡礁溪莊雜貨商林榮對附近的居民說：現在的年青人不知道清國時代臺灣的政治，主觀地認為日本政府政治好，清時代不賦課稅金，生活自由，日本政府稅金高，臺灣人不自由；拘留29日。

7月下旬，基隆市臺陽礦業會社的顏欽賢在公司內臺人面前說：臺灣不是支那的領土，我們就難成為真正的人；調查中。

7月下旬，臺灣的新聞報導記事等都是虛構的，日支開戰，臺灣在住日本人將全滅；拘留5日。

7月18日，臺北市下奎府三丁目麵條製造者王增官在很多臺灣人面前說：支那軍在各地的戰鬥都取得了勝利，日本軍是難以相抗衡的，所以日本必敗。

7月26日，羅東郡五結莊農民吳砂向妻子說：日本喜好戰爭，必要我們出慰問金；拘留21日。

7月20日，臺北市龍山寺町三丁目花生行商陳心皰在龍山寺公園行商時向群眾宣傳說：最近日本軍在蘇聯盟軍的追擊下逃往支那，在支日軍與蘇軍的挾擊下全被消滅；日俄戰爭時每當有勝利時都會有提燈遊行，現在皆無，這表明日本戰敗；拘留29日。

7月28日，臺北市新富町木炭商許東琳在龍山寺廟內庭對五名臺灣人說；支那是睡虎，一旦睜眼，就很厲害，日本不敵；拘留29日。

8月15日，宜蘭郡宜蘭街蔬菜商郭萬枝由於顧客日本人說「這個不好」，誤以為說支那不好，響應說「支那那裡不好，還是蔬菜不好，請你以後別說支那的壞話。」；拘留29日。

8月15日，我的祖先是支那，如若日支開戰，支那將很快取得勝利，我們就再也不需要說日語，當然要說臺灣話；調查中。

7月26日，新竹市按摩業葉王開暗中稱讚支那軍強大，日本軍恐不敵支那軍；調查中。

7月20日，桃園軌道會社車長姚氏英說：從地圖上看日本還不如中國大，中國必勝；說喻。

7月24日，竹南郡頭分莊炭礦業張阿登：不知道事變的真相，希望看中國的報紙；檢束中。

湖口潭相：日本只報導有利的，不報導不利的；說喻。

元通宵莊長邱云：日本越早侵略中國，就早失去日本民族發展之地；內查中。

7月27日，大溪街賣肉人顏有福對獻金募集員說：將組合費納入國防獻金，現在沒有錢交國防獻金；拘留10日。

7月14日，中壢街雜貨商曾國良對數人說：日本船隊被中國軍擊中；拘留29日。

8月10日，大湖郡卓蘭莊公司職員詹秋湖對數名臺灣人說：島內揭載的新聞都有利於我方，沒有興趣，不如去沖繩當奴隸；拘留4日。

7月24日，臺中市梅ケ枝町木炭商江火：日中開戰，臺灣人陷入困境，軍費潮漲，課稅及慰問金太高，生活陷入困境；拘留2日。

7月24日，平原郡木工林日讓他人聽南京廣播；拘留7日。

7月20日，大屯郡太平莊電工蔡石象：不論中國怎麼樣，日本也不應當發動戰爭；拘留29日。

7月19日，北投郡溪節阿順：中國與日本開戰，中國必勝，因為有中國有英美蘇的支持；拘留20日。

7月22日，北斗郡田尾莊工人胡文得、木工李漢兩人讓附近的居民聽南京廣播；拘留10日。

7月19日，北斗街一苦力：中國背後有蘇聯，日中開戰，中國必勝；拘留10日。

臺灣新聞社文撰胡相對本島人職工：這次事變中方有相當的準備，所以才如此強硬，中國一定勝利；中國為我們的祖國，它的勝利對我們非常有利；調查中。

8月15日，員林郡永清莊藥商：事變後時間越長，越不利於日本；調查中。

臺南市旅館業鄭水傳多次向家人說：日支開戰日本必敗；以違警例事件處理。

臺南州曾文郡六甲公學校兩名學生向日本學生說：中國為大國，絕對不會輸給日本，中國為我等祖國，我等切望其勝利，如果其敗北，我們將無歸處，我們不是日本人，我們是臺灣人；保護者嚴戒。

7月19日，臺南市本町樂器商洪元合聽南京廣播；移送員警署。

7月15日，寫真業某人告訴客人如何收聽中國廣播；嚴格教訓。

7月25日，曾文郡麻豆街郭厚在眾人面前說：臺灣現在生活不好，稅金高，且稍有違反，就會被告發，且還要損失一些錢；我等是臺灣人；拘留5日。

虎尾郡教員幾人在當局主辦的時局認識懇談會上發言：中國不會攻打臺灣；新聞只宣傳日本勝利；呼籲早日停止戰爭。

7月25日，臺南市行商林文安說：極度壓制事變相關言論，人民戰戰兢兢；拘留。

7月15日，虎尾郡西螺街酌婦王氏阿珠對客人說：日本語是世界上最卑劣的語言，你們滿足於當日本人的螟蟲嗎；拘留。

7月29日，臺南市行商石來成、嘉義市行商徐有才在曾文郡六甲莊投宿時說：日本對事變的新聞都是虛報的，不足不信；調查中。

曾文郡麻豆街一臺灣人：日支事變後日本必然徵用我們的財產，所以我們盡可能吃喝玩樂；調查中。

8月上旬，虎尾街醫師顏新戶對管區警察：事變後在徵稅的基礎上還收取寄附金，現在再交慰問金，真是困難。

8月12日，臺南市苦力萬海對民眾說：我們都貧困人，那方勝利都沒有關係；拘留5日。

8月16日，虎尾街黃氏阿滿不肯交納國防獻金；拘留3日。

8月14日，新化郡玉井莊工人蔡新德對民眾說：日本將被中國消滅，真為噍吧年、霧社事件中殺死日本人高興。

> 潮州郡保正林國祥：戰爭沒有什麼好處，想想那些可憐
> 的出征軍人，還有高揚的物價。
> 鳳山街左官蔡瓦在媽祖廟說：支那事變是日本不法挑起
> 的；拘留 20 日。
> 7 月上旬，高雄市傭工周奢：南中國方面生活較為安定，沒有像臺
> 灣這樣物價高揚，生活也不穩定，現在應是轉任南中國
> 的好時候；嚴重教訓。
> 日本不以和平解決問題而採用武力；觀察中。〔註37〕

這份資料表明，儘管七七事變爆發時，臺灣已經被日本殖民統治了四十二年，但臺灣人民心中仍然強烈懷念著清朝時期自由的生活方式，強烈地不滿總督府的各種苛政，憎惡日本殖民統治者；也因無法改變的民族性，視中國為其祖國，並心向祖國。

## 五、後期的抗日事件

### 1. 東港事件

1941 年 11 月，日本總督府誣陷原臺灣文化協會主要成員吳海水（鳳山郡醫師）有反日舉動，以「圖謀使臺灣脫離日本統治」等罪名予以「檢舉」，並株連至黃本、蘇泰山等人。黃被逼供述東港有所謂「聯絡機關」，張明色為「負責人」。翌年，日警檢舉張明色，迫他供出臺南市律師歐清石是反日事件「主謀」。郭國基、郭生華。洪雅、黃周等 200 餘名知識分子因受此案牽連而被捕。由於其中以東港人居多，故稱「東港事件」。此案審判拖延三年，歐清石被判無期徒刑，張明色等被判處有期徒刑。在嚴刑拷打下許明和等多人慘死獄中。1945 年美國飛機空襲臺北，歐清石、洪雅被炸死。到 8 月 15 日日本投降時，被逮捕關押的 200 餘人中僅有四人幸存。

### 2. 蔡忠恕事件

蔡忠恕是臺北帝大的學生，臺灣學生抗日運動的領袖。1944 年在中國人民及世界反法西斯鬥爭勝利在望之際，蔡忠恕集合 200 餘名青年學生，秘密集會，醞釀反日起義，以期驅逐日寇，收復臺灣，迎接抗戰勝利，但不幸消息洩露。3 月 17 日，臺北帝大學生蔡忠恕（臺北二中畢業，大稻埕人）等五人被

---

〔註37〕《「北支事変を通して見たる本島人の皇民化の程度」送付の件》，JACAR：C04120039500。

捕，「二中」也有二十多人被捕，在臺北憲兵隊受刑訊，供出同謀達 257 人。官方報紙公布「蔡忠恕結合群眾二百五餘人，與支那政府暗通聲氣，製造炸彈，陰謀叛國。」最後蔡忠恕被拷死於憲兵隊內。

### 3. 鳳山事件

　　1937 年中日全面戰爭爆發後，臺灣民族主義開始抬頭，總督府為加強控制臺灣人，在各地派入大量特高警察，以打擊異議危險份子。「鳳山事件」就在鳳山郡林園莊港仔埔派出所性情暴戾的日警櫻井勇引發的。1941 年 6 月，有林園莊港仔埔 325 番地居民謝香喪父，在做百日祭當天中午招待親友有黃允南、黃犇等數名飲宴。在酒筵中，黃允南言及日警櫻井勇與農民蘇某之種種劣跡，致與同席黃和順發生口角風波。同年 8 月 25 日，黃允南對人說了這樣的大話：「時局緊張起來了，中國飛機又來空襲，我們快有光明了。」這些話被黃和順聽到後，立刻向當地保正黃水香報告，黃保正即向櫻井密告。櫻井與蘇某兩人在宿舍密謀商定，以黃允南、黃宇宙、黃詹岸（黃占岸）、莊榮願及鳳山街吳海水等人為中心，凡對上舉諸人有交往者，悉數視為同黨。櫻井警察再將上情向他的上級熊谷巡查部長報告，熊谷即向當天在場的人進行初步調查，經調查後將捏造虛構的事實密呈鳳山郡警，郡警即對黃允南等進行監視。日警利用密告者保正黃水香和莊民黃和順兩人之外，又授命黃清賢、蘇木、黃水枝等人為秘密偵探，擴大監視行動。郡警再向高雄州特高課報告，課長仲井清一見獵心喜，1941 年 11 月 8 日，首次拘捕林園莊名人黃宇宙、黃允南等 22 人，在牢中備嘗桎梏。嗣後又拘捕多名所謂疑犯。捕風捉影似的高壓行動，使高雄州下民人心惶恐，甚至擴及全臺灣島，從林獻堂開始，全島遭到「被疑者」竟達四百多人。「鳳山事件」逮捕行動一直持續到 1943 年。它與「東港事件」、「旗山事件」、「旗後事件」及「瑞芳事件」，合稱臺灣五大冤獄事件，或稱作「五大特高事件」。

　　這一時期抗日活動所表現出來的思想內容大致可歸納為以下幾點：

　　首先、臺灣人民在高壓的殖民統治下，對統治者充滿憎惡。

　　其次、因中國領土廣大，資源豐富，而確信中國方面在戰爭中的實力，相信祖國必然在戰爭中獲得勝利。

　　第三、認為這場戰爭是因日本侵略而爆發的，中華民族進行的是正義的戰爭，必將得到俄、美、英等國的支持，這是中國方面取得最後勝利的一個重要

原因。

第四、從民族主義大義出發，以血緣為臍帶，視中國為其祖國，堅決反對日本侵略自己的祖國，「吾等流著祖先之血，不忍心同族被殘」，切望其勝利。

第五、以此次戰爭為契機，號召臺灣人民團結起來，發起臺灣獨立運動，使臺灣擺脫日本的殖民統治，先期達到自治獨立，為回歸祖國懷抱創造條件。

第六、期待中國勝利後，臺灣能夠回歸祖國的懷報，臺灣人民也因此獲得自由。

## 小結

綜上分析，日本統治臺灣後期的皇民化，包括神社參拜、奉祀大麻等國民精神涵養、普及日語、日本生活樣式要求、改姓名、義務教育、志願兵與徵兵制度實施、貴眾議員選出等一連串措施，無非是「同化政策」的極致。但是，此政策是在戰爭緊迫時期，為了取得殖民地人民之人力物力支持，因而不得不急速推動的動員式的運動。如果抽離了「戰爭」因素，就無法理解皇民化的本質。所以，皇民化的本質，應當是改造臺灣人超越文化上血緣的障礙，在政治上達到共同的認同的日本臣民後，精神與物質的奉獻。「七七事變（盧溝橋事變）」以後，日本開始全面侵略中國的戰爭。以此為標示，第二次世界大戰亞洲區域的戰事也正式拉開。在日本的第一塊殖民地臺灣，總督府立刻發布「為因應時局徹底進行精神總動員件」和「華北事件之際特別注意事項」，加緊了輿論的宣傳與控制。當時的臺灣已經被日本殖民統治了四十二年，且進入「戰時體制」。但實際上「七七事變」爆發後，臺灣各地反抗行動與反抗言論接連不斷。只是由於當時總督府極力鎮壓，且密而不宣，致使今天的史學研究者與一般民眾很少知悉。這份檔案資料集中反映出來的「七七事變」後臺灣人民的各種反抗行動，實質上就是 1946 年林獻堂率「臺灣光復致敬團」前往南京和西安時所言的本意，即「須知臺胞在過去五十年中不斷向日本帝國主義鬥爭，壯烈犧牲，前仆後繼，所為何來？簡言之，為民族主義也。」資料還表明日本殖民統治者對臺灣人民反抗行動的嚴苛鎮壓，有時就因一句牢騷的話語，就會被拘留長達 29 天。臺灣人民的這些反抗，也許更是總督府後期強力推行皇民化政策的一個誘因。因為殖民統治者自己也在這份資料坦言：「通過北支事變

所反映出來臺灣人的皇民化程度，十分令人寒心。」〔註38〕這份歷史檔案所披露出來的史實，充分彰顯出臺灣人民不滅的中國魂。

〔註38〕《「北支事変を通して見たる本島人の皇民化の程度」送付の件》，JACAR：C04120039500。

# 第十六章　日據臺灣後期社會運動挫敗原因探析

　　人們的生產活動及其與之相聯繫的經濟基礎是決定人類社會發展的主導線索。只有經過生產力的巨大飛躍，徹底改變支撐社會結構的基本經濟結構和生產關係，才能由前現代社會進入現代社會。生存是人的最基本本能，在生存的基礎上追求財富是人類尋求發展的前提條件。但賦予人類生活意義的是人的社會性需求，即人在生產和生活過程中必須與他人共處，與他人結合，在人群中佔據一定地位。捨此人的生活就與動物無異。這就是說人必須在集團下追求社會性需求〔註1〕，這種集團就是社會階級階層。社會分層是我們認識複雜的人類社會結構的一種簡便方法，它有其實用的價值。在社會生活中，每個社會的階級階層都有其相對獨立的群體利益，在社會發展的過程中，特別是在加速而劇烈的社會變化過程中，各階級階層之間必然會產生各種利益的摩擦、矛盾和衝突。不管人們承認不承認，這些摩擦、矛盾和衝突是客觀存在的，對此進行科學的分析，可以讓人們以不同的視角來追尋整個社會的脈動。因為一個社會要想能夠持續、穩定、協調的發展，就要建立階級階層利益的整合機制、矛盾和衝突的化解機制以及社會分層秩序的穩定機制，而這些都要以對社會分層結構的瞭解和把握為基礎。日據臺灣時期，由於殖民地特殊的資本主義化，臺灣社會的階級階層關係由清朝統治時期單純的階層關係，轉變成為由日本人構成的統治階級與臺灣人整體的被統治階級這兩大階層，而被統治階層

---

〔註1〕俞新天：《機會與限制——發展中國家現代化的條件比較》（上海：社會科學出版社，1998年），第64頁。

中又分化成為數不小的階級階層，變得複雜而又畸形化。這使得臺灣的社會矛盾，呈現為階級與民族矛盾的相互交合。作為被統治階層中的幾個分階層個體的或聯繫的鬥爭，即呈現為階級階層之間的矛盾，同時又呈現為民族矛盾的鬥爭。這種錯綜複雜的矛盾，在統治者佔有強大經濟基礎的條件下，處於被統治地位的各階級階層，沒有自主的經濟地位，不但不採取團結聯合，還使用無視臺灣社會現實的鬥爭方式，這必然使後期的社會運動不能具有抗擊高壓的能力而最終走向分裂與挫敗。本章試圖從日本據臺後，臺灣社會經濟變化及對階級階層帶來的影響為視角，對後期抗日運動分裂的原因進行分析探討，以求教於學術界的前輩與先進。

## 一、先期研究的歷史回顧

臺灣後期抗日民族運動史的研究，是伴隨著上個世紀七十年代臺灣總督府史料的公開而開始繁榮起來的，當時的研究主要是從抗日運動史本身及同期的經濟及社會狀況來進行分析的。前期，矢內原忠雄〔註2〕、涂照彥〔註3〕等人的研究，儘管其本身對政治史中的抗日運動部分並沒有太多的涉及，但卻為後期抗日運動史的研究提供了經濟及社會的背景。對於後期抗日運動挫折分裂問題的觸及，最早應當是出自於許世楷與若林正丈等人的研究著作中。許世楷在它的專著《日本統治下的臺灣》（東京大學出版會，1972年）中，就林獻堂等人從民族反抗運動轉而接受同化主義，謀求提升臺灣人地位這一問題進行記述，但並沒有具體的評價。

若林正丈在其著作《臺灣抗日運動史研究》（研文出版，1983年）中，以後期抗日民族運動中，由土著地主資產階級〔註4〕主導的臺灣議會設置請願運動為軸進行分析，企圖尋求議會設置請願運動最後失敗的原因，探究為什麼地主資產階級與內地延長主義相妥協，走向謀求地方自治制度改善的道路。若林的分析認為原因主要有三個方面：在臺灣設置請願運動的理論中包含著內地延長主義的要素；1920年代以後，隨著日本資本大量湧入臺灣及近代思想的洗禮，土著地主階級內部開始分化，出現新的買辦層——支持日本帝國主義的

〔註2〕矢內原忠雄：《帝國主義下の臺灣》（東京：岩波書店，昭和4年）。
〔註3〕涂照彥：《日本帝國主義下の臺灣》（東京：東京大學出版會，1975年）。
〔註4〕土著地主資產階級主要是指接受過高等教育，擁有近代教養的人。他們多留學過日本大學或中國大學，歸臺後以醫生、學校教員、實業家等為職業。參見：若林正丈：《臺灣抗日運動史研究》（東京：研文出版，1983年），第21頁。

階層；在總督府的培植下，這個買辦階層開始倡導以內地延長主義下的地方自治制度的改善。但若林並沒有就臺灣社會的狀況與日本殖民政府實施的諸政策的關係，以及給臺灣社會帶來的變化狀況進行分析，也沒有觸及到它與地主階級中的抗日意識民族層所領導的運動有什麼關聯。

伊東昭雄〔註5〕的研究也存在著這樣的問題，他認為：抗日運動分裂成二個陣營，即使一個受當局的彈壓，也不意味著另一個陣營就難以生存下去，但分裂與對立將減弱抗日運動的勢力，使當局的彈壓就更加容易，這一點是沒有疑義的。

寺廣映雄則認為，抗日運動挫敗的原因主要是，臺灣文化協會分裂後，臺灣抗日的右派與抗日的左派之間難以統合。難以統合的原因主要是他們各自都有各自的訴求。作為抗日運動的右派代表者的「舊文化協會」，他們的運動停留在單純的文化啟蒙與自治範圍內，不知道謀求前進，不能將殖民地解放的理想與一般大眾的現實利益密切結合進行政治經濟的鬥爭。也就是疏忽了將階級鬥爭作為殖民地解放鬥爭的重要手段，結果被左派勢力找到盲點，奪取了運動的主導權，致使運動陷入衰退；而握有運動指導權的抗日的左派勢力，卻採取了無視臺灣現實的鬥爭方式。即是當時的臺灣還不具備階級鬥爭至上主義的社會條件，臺灣的無產階級還不成熟，基本的階級鬥爭是殖民地統治者與被統治者之間的對立。儘管如此，他們仍然將中小地主及中小資本家作為階級的敵人。這樣就致使必須統合的民族運動與階級運動完全分裂，加之日本警察憲兵的高壓，運動走向了衰弱。〔註6〕寺廣映雄將後期抗日運動衰敗的原因歸解為抗日的右派與抗日的左派之間不能統合造成的，但就「一般大眾現實的利益」、「臺灣社會的現實」等沒有進行具體分析，因此，仍然不能擺脫全面的政治史的敘述角度。

周婉窈的專書《日據時代的臺灣議會設置請願運動》（臺北：自立晚報社，1989年）就議會設置請願運動的開展進行了詳細的研究，認為運動最後終息的原因是由於日本軍國主義的抬頭及與之相伴的臺灣島內右翼勢力的興起。〔註7〕

〔註5〕伊東昭雄：〈臺灣文化協會と臺灣民眾黨〉，《橫浜市立大學論叢》，第31卷，1980年。

〔註6〕寺廣映雄：〈臺灣民族運動と中國〉，大阪學藝大學，《歷史研究》Ⅱ，1964年，第56頁。

〔註7〕周婉窈：《日據時代的臺灣議會設置請願運動》（臺北：自立晚報社，1989年），158頁。

　　以上關於後期抗日民族運動史的研究，存在著一個共同的傾向性。即是它的著眼點主要集中在抗日運動團體的聚散、意識形態的操作及臺灣總督府的鎮壓與分裂工作上，對抗日運動發展所需要的維持要素及妨害要素相關的各種社會條件分析不足，這樣就使得對後期抗日運動的研究束縛在統治者與被統治者的「抵抗與鎮壓」這樣的框架內。

　　從經濟的過程及經濟史研究視角來看，從矢內原忠雄開始的研究，就是將後期抗日民族運動納入到整個臺灣殖民地反抗運動中去，認為是伴隨著日本帝國主義發展的一個必然的結果。涂照彥的研究對同時期的臺灣的社會經濟構造進行了詳細的描寫，但對它與後期抗日民族運動關係的分析卻較少。涂照彥認為將後期抗日民族運動，即殖民地臺灣的民族運動，經歷過統一戰線的形成（1921 年～1927 年）、統一戰線的分裂（1927 年～1931 年）及變質形骸化這三個時期。其背景應當是中國的革命運動、第一次世界大戰、戰後各地蓬勃發展起來的殖民地民族解放運動及日本內地的社會運動興起等，臺灣島內的殖民地社會經濟變遷也有很深的關係。〔註8〕涂照彥的研究給我們提供了一種從經濟層面來探討問題的視角，但就運動究竟與經濟社會動向之間的關係並沒有深入的論述。

　　林繼文在《日本佔領期臺灣的戰爭動員體制》（愛知大學中國學會編《中國 21》第 2 號，1997 年 12 月）中，從經濟層面入手，認為後期抗日民族運動挫敗的最大要因，主要是由於土著地主階級伴隨著米穀經濟利益而獲得的經濟自主性，由於後期的殖民地統治當局的經濟統制政策而失去。

　　陳玉璽的研究也認為，臺灣地主紳士和資產階級的經濟發展受挫折，是後期抗日運動挫敗的要因之一。但挫敗的要因與運動開展過程與社會的經濟狀況究竟是什麼樣的關係，他並沒有做具體的分析。〔註9〕

　　後期抗日民族運動史的相關研究並不是新的研究領域，研究積累的成果也不少，但由於受收集資料的限制，僅做以上分析。也許這種分析並不全面，但至少也能反映出某種研究態勢與現狀。就以上分析來看，對後期抗日民族運動史的研究中，缺少將其展開的過程與當時社會經濟中的諸條件相聯繫進行研究，以經濟史或以經濟過程研究後期抗日民族運動的就更少。這樣就產生將

〔註 8〕涂照彥：《日本帝國主義下の臺灣》（東京：東京大學出版會，1975 年），第 429　　　～430 頁。

〔註 9〕陳玉璽：《臺灣的依附型發展——依附型發展及其芺氏政治後果：臺灣個案研　　　究》（臺北：人間出版社，1992 年），第 55 頁。

後期抗日民族運動挫敗的原因，單純地歸結為由於臺灣總督府的高壓、懷柔、切割及抗日運動者之間的利害不一致造成的。對運動為什麼不能抗高壓而產生分裂並沒有進行深入探求，本章將試圖從經濟及社會學視角入手，對此進行分析探討。

## 二、土地的日本資本佔有化與地主階層的分化

　　日本佔領臺灣的當時，中國人有三百萬，土地開墾的空間很小。殖民統治者為了便於榨取資源，採取了資本經營土地的政策。當時日本政府制定的策略為：「臺灣統治的大方針為移民的政策為副，資本的政策為主；產業開發的大方針是開墾土地為副，農業的改良獎勵為主。」〔註10〕總督府於 1896 年發布了「森林原野特別處分令」、「森林原野預約出賣規則」、「森林原野出租規則」等，來對土地進行先期管理。1898 年總督府開始進行大規模的土地調查，1904年 3 月，各廳土地調查委員會調查終了，土地臺帳地圖交給各地方廳。當時調查的結果如下表：

| 地　目 | 調查甲數 | 舊有甲數 | 增加甲數 |
|---|---|---|---|
| 水田 | 313,963 | 214,734 | 98,959 |
| 旱田 | 305,594 | 146,713 | 158,881 |
| 建築用地 | 36,359 | — | 36,395 |
| 其他 | 123,168 | — | 123,168 |
| 計 | 777,850 | 361,447 | 416,403 |

此表引自於東鄉實著：《臺灣農業殖民論》第 318 頁。

　　其實早在土地調查進行的前一年（1903 年），總督府就以律令設置了大租權調查會，以確立大租權。1904 年土地調查終了後，總督府又以律令，對大租權者，以「大租權買賣價格」、「大租目的物的其他價格」來算定補償金為主，依據臺灣事業公債法發行的公債證明書來交換，以此手段消滅了大租權。

　　總督府以殖民統治者的強制力量明確了地籍，消滅了大租權，土地的所有權得以確立起來，確定了殖民地土地制度的根本，不僅增加了地稅的收入，也使土地的享有及交易變為安全與確定，為產業資本主義經營土地奠定了基礎。這是殖民統治者將臺灣土地投入資本主義企業的前提，也為資本得以要求逐漸支配臺灣全部土地，確立了可行的順序。1902 年，總督府制定了「糖業獎

〔註10〕東鄉實：《臺灣農業殖民論》（出版者：富山房，大正 3 年），第 317 頁。

勵規則」，同時，總督府又開始獎勵「開墾水利及糖業」，設置了「農事試驗場」、
「糖業試驗場」、「茶樹栽培試驗場」、「園藝試驗場」、「種畜場」〔註11〕等，對
臺灣進行資本主義農場式的農業產業開發。特別是以製糖為主軸的殖民地產
業結構，要求土地的集中。「官僚與會社想出來的名案，就是廉價收買耕地，
自己經營農場。」〔註12〕由於經濟的、政治的及社會的原因，土地所有者不願
意出賣土地，但總督府對資本家收購土地給予援助，借助警察的力量勸誘或強
逼土地所有者出賣土地。「警察時常利用傳票，召集耕地的所有主，對於不肯
出賣者，不惜予以體罰或拘留。」〔註13〕「官憲援助」的土地集中主要是在
1908 年～1909 年佐久間總督統治之下，臺灣資本正趨於發展時期，特別以「林
本源製糖會社」的設立及「竹林事件」〔註14〕為代表。1926 年底，臺灣各新
式製糖會社的支配土地，所有地為七萬八千六百零一甲，佃權取得地二萬五千
二百三十七甲，共計十萬三千八百三十八甲，占臺灣耕地總面積的八分之一
強。〔註15〕

　　在土地調查之後，大中地主擁有了大部分的土地，但由於殖民地資本主義
的發展，特別是製糖會社的一再設法擴張土地，耕地的支配權愈來愈向擁有絕

〔註11〕 東鄉實：《臺灣農業殖民論》，第 320 頁。

〔註12〕 蔡培火：《日本國國民に與ふ》（東京：臺灣問題研究會，昭和 5 年），第 62
頁。

〔註13〕 蔡培火：《日本國國民に與ふ》，第 62 頁。

〔註14〕 竹林事件：即是以竹山、斗六、嘉義三郡的竹林及造林一萬五千甲歸於三菱製
紙會社之手的事件。這一竹林，是在臺中、臺南兩州，一向有五千幾百戶的當
地人民採取竹木竹筍，以維持生計。但是，因其業主權有欠明確，被認為官有
地。1908 年強制解除林役權，改為總督府的模範竹林。1910 年，總督府委託
三菱製紙（當時在總督府的援助之下，設在林內地方）經營這一模範竹林。於
是，當地人民要利用竹林，大受限制與鎮壓，有些人因此無法為生。1912 年
的林杞埔事件——暴徒襲擊警察派出所，殺死三名警察，主因即在於此。但因
三菱製紙所的竹紙製造，在技術上結果慘敗，故曾一時關閉，1915 年，這一
地區又成為三菱的預約出賣許可地。當地人民對此仍不滿意。1925 年秩父宮
駕至臺灣，經過林內車站的時候，當地人民曾經計劃面訴。而三菱的預約開墾
成功期限，是到 1925 年為止；故在該年，即以開墾成功地名義出賣。同年六
月，當地人民一千零三十一人，向總督提出請願書，要求根據舊慣，恢復他們
的權力，未被採納。不過，屬臺中州的區域，則在同年經臺中州知事的調停，
由三菱與當地人民成立契約，解決了這一歷史的事件，據此，一方面給人民以
利用竹林的便利，另方面則承認三菱的土地所有權。參見：矢內原忠雄，《殖
民と殖民政策》（東京：有斐閣，昭和 10 年），第 477～478 頁。

〔註15〕 矢內原忠雄著、周憲文譯：《日本帝國主義下之臺灣》（臺北：海峽學術出版
社，2002 年），第 29～30 頁。

對優勢資本的日本資本家手裏集中，在臺灣西部，儘管日本農民拓殖計劃失敗，但日本資本家佔有土地這一事實已經成立。根據矢內原教授的統計，「屬日本人支配的土地，已有十二萬甲，為全耕地面積的百分之十五，而其大部分是附屬於少數的會社地。實際是更多的面積屬日本人，特別是日本資本家。」〔註16〕

日本資本進入山間林野及臺灣東部稍晚一些。1910年～1914年度的林野調查事業，則分別了林野的官有與民有；1915年～1925年的官有林野整理事業，則使林野及東部臺灣的田地所有權得以明確。儘管這樣，由於東部土地及林野所有權較西部單純，使日本殖民統治者對林野獨佔情形及屬日本資本的比率，更甚於西部。以具體事例來看：「臺東開拓株式會社約占二萬甲，三井合名會社茶園一萬七千甲，臺灣拓殖製茶株式會社茶園一千甲，三菱製紙會社竹林及造林一萬五千甲。新竹州大湖郡的普通行政區域全面積一萬七千甲……國家資本的專賣局，其樟樹造林地三萬五千甲；阿里山、八仙山及宜蘭濁水溪的林業官營地八萬三千甲，帝國大學演習林十三萬甲。」〔註17〕

日本在臺灣的統治，是採取「少數的殖民者移住，創始文明的事業，讓島民從事勞動，自己擔當監督經營的大任，做所謂殖民地的統治者」，〔註18〕殖民地政策的大綱為：「日本人成為統治階級，掌握統治的全權；將日本人作為充當事業經營的資產階級；島民只用來從事勞動且充當農業生產之任。」〔註19〕為了實現上述統治政策，日本必須達成以日本資本佔有臺灣的土地。土地及林野的調查，使土地所有權及其移轉有了事實及法律的確實根據。殖民統治者又採用整理大租權而發行公債並令臺灣銀行加以購買的辦法，促使原有地方豪族封建土地財產資本化。土地調查的結果所付大租權補償公債共計四百零八萬餘元，其中三百零二萬餘元則為臺灣銀行所收購（1905～1910年間）。而臺灣銀行為便於以此公債為擔保的貸款起見，創辦了以公債為基礎的嘉義銀行（1904年）及彰化銀行（1905年），臺灣銀行提供人員與資金，援助並支配其經營。這樣擁有土地的本島人的地主，由封建的土地支配者，轉變為近代的資本家，並終為日本人資本家所支配。〔註20〕根據《臺灣經濟叢書》中收錄的與農業相關株式會社注入資本比較表中也可以看出一些倪端來。

〔註16〕矢內原忠雄著、周憲文譯：《日本帝國主義下之臺灣》，第30頁。
〔註17〕矢內原忠雄著、周憲文譯：《日本帝國主義下之臺灣》，第30頁。
〔註18〕東鄉實：《臺灣農業殖民論》，第322～323頁。
〔註19〕東鄉實：《臺灣農業殖民論》，第322頁。
〔註20〕杉野嘉助：《臺灣商工十年史》（臺南：杉野嘉助，大正8年），第31～35頁。

農業關係株式會社注入資本比較表

| 年　別 | 日本人 | 臺灣人 | 其　它 | 合　計 |
|--------|--------|--------|--------|--------|
| 大正九年 | 2,244,936 円 | 2,503,811 円 | 313 円 | 4,749,060 円 |
| 大正十五年 | 4,797,790 | 6,017,005 | 21,125 | 10,835,920 |
| 昭和四年 | 4,433,761 | 4,962,204 | 3,500 | 9,399,465 |

此表轉引自竹本伊一郎編：《臺灣經濟叢書》臺灣經濟研究會出版，昭和 8 年，第 199 頁。

　　從上表中可以分析看出，到 1920 年日本人在農業相關的株式會社中的資本金基本上與臺灣本島人持平，但臺灣人的稍高；1926 年時臺灣人的資本金遠遠高於日本人，但到了 1931 年時，又有所回落，再次基本持平，臺灣人略高於日本人的資本金。儘管臺灣人資本金在這三個階段都要稍高於甚至遠遠高於日本資本金，但大型農業企業都由日本人掌控，諸如在糖業上的三井及增田屋、茶業則由三井及野澤組等，而臺灣人大多是出資者，所以，儘管從出資額度上高於日本，但卻處於被控制的地位。根據矢內原忠雄的記載，在臺灣耕地總面積約八十萬甲中，製糖會社的原料採取區就佔了七十八萬五千甲；即幾乎臺灣全部的耕地都用於蔗作而成新式製糖會社的原料採取區域，小規模的舊式糖郭不僅只能在山間僻地存在，甚至可以新辦製糖會社的原料採取區域都已不存在；而甘蔗種植總面積約十三萬甲，又，蔗作農家戶數約十二萬戶，就總戶數七十五萬戶來說，為百分之十六左右；就農家總戶數三十九萬戶來說，為百分之三十左右。但因臺灣蔗作需要三年輪作，故按序可充蔗作的耕地及農家的總數，當為三倍；結果可以說：面積則原料採取區域內耕地的半數左右、戶數則農家總戶數的幾乎全部都在新式製糖會社的關係之下。[註21] 這樣日本殖民統治者通過土地的資本主義化，控制了臺灣的土地，成功地分化了臺灣原有的地主階層，一方面使少數日本人成為土地新的主人，另一方面也使原有的地主階級不得不服從殖民資本的支配，成為新興的地主資產階級與中產階級。土地的資本主義化也使臺灣農民階層的一部分，由以往單純依靠土地的農民轉變成為資本主義農場的職業農業工人。

## 三、商業資本向產業資本過渡中的日本獨佔化

　　日本領有臺灣後，先是通過資本對土地的掠奪，奠定了臺灣資本主義化的基礎事業，隨後開始驅逐外來資本，極力扶持日本企業資本，成功地將商業資

[註21] 矢內原忠雄著、周憲文譯：《日本帝國主義下之臺灣》，第 54 頁。

本轉變為金融資本，使日本資本家獨佔成立並開始向島外進出。

　　1858 年天津條約開港以後，英、美、德等國資本即湧入臺灣，很快就越過清朝商人的勢力，掌握了臺灣貿易與金融的大權。他們多以廈門為根據地，當時臺灣貿易的大部分是對彼岸大陸及香港的。日本據臺後，大型企業開始以強大的資本力進入糖、茶、樟腦、米及鴉片等行業，成立相關企業，商業資本與企業相結合，形成產業資本，這比單純的商業資本活動的外商更具有活力。同時，通過國家權力，日本資本又在臺灣設立銀行，使日本商人有強大的國家銀行資本作為後盾的支持，而以單純預借資金的外商自是無法相抗衡。特別是國家專賣制度的實施，使輸出入商權轉入日本商人之手。同時，通過航路補助金、日臺間關稅的消滅等方式，直接而且差別地保護日本資本，使臺灣貿易的線路從中國對岸轉向日本內地。這樣，靠日本資本強大的勢力與國家直接間接的援助，外國在臺資本得到了徹底的驅逐。「日本佔據臺灣的效果，是使這種商權移歸日本資本家掌握，貿易的方向轉為日本國內。」〔註 22〕

　　1902 年以後，臺灣社會治安基本穩定，土地調查、幣制改革等基礎性事業也開始著手進行。這為資本的轉換提供了基本的前提。總督府又通過強權政治，在行政、財政及人事方面對於資本家企業進行直接或間接的援助。總督府不但以其豐富的財政直接經營大企業，而且還發起半官半民的大企業；採取獎勵政策——補助與援助的方式，推進民間大企業的設立。其中最引人注目的，為糖業的獎勵政策。諸如蔗苗的改良配給、土地的撥給、原料採取區域的制定和對於製糖會社及製糖所的設立、製糖機械的購買、改良糖郭的取消、原料糖、原料消費、冰糖、開墾及灌溉排水費等各種補助金等，總督府都給予支持。自 1900 年度到 1925 年度的二十六年間，總督府為補助糖業所支出的金額，共為一千二百七十餘萬圓，此外還有蔗苗現品無價配給二億四千六百萬株；關於糖政事務及事業的經費，約為一千二百萬圓，合計總督府的支出為二千四百七十餘萬圓。〔註 23〕

　　在人事援助上，總督府對於資本家的企業，由有資本關係或資金關係的其他大企業選任董監事。總督府通過讓府內官吏任用為新設會社的經營者這種方式，實現了殖民統治者對企業絕對支配的一種變相形態。諸如明治製糖的社長是由以前舊臺灣臨時糖務局技師相馬半治來擔任、林本源製糖株式會社的

〔註 22〕矢內原忠雄著、周憲文譯：《日本帝國主義下之臺灣》，第 36 頁。
〔註 23〕臺灣總督府殖產局：《臺灣糖業概要》，臺北：臺灣總督府殖產局，昭和 2 年，第 22 頁。

幹部是由糖務局及臺灣銀行調用的、臺灣青果會社社長由則由殖產局轉任、臺灣電力會社社長則由臺北醫專校長轉任、嘉南大圳管理者則由臺南州知事轉任。此外，大自臺灣電力，小至地方的農會、農業倉庫等，充滿了退職的日本人官吏。〔註24〕這是殖民地產業的一種特殊形態，它有其合理有效性，但也存在著一些弊端。因其在政治界所具有的高位，而對企業的經營給予不合理的重負，或使事業經營陷入疏慢。同時這種經營的官僚化，必然把工人、農民當作「下等人」來看等，使臺灣社會階層界線變得鮮明，也成為民族矛盾與民族運動的一個契機。

總督府還熱心地勸誘日本本土及臺灣本島資本家投資，對臺灣經濟進行開發。但投資的效果，則兩者不同。日本人資本家則為企業支配的實權者，臺灣人則為單純的出資者。由於總督府的政策，通過獎勵與勸誘會社的設立、股票的募集等管道，將臺灣本島人的資金作為會社股票所吸收，而會社經營的實權者及會社利潤（股息及分紅）的主要獲得者轉變為日本資本家。林本源製糖會社設立的經過是其中最顯著的例子。林本源本是臺灣原來的豪族，據說在日本佔領臺灣的當時，為了避亂起見，曾在上海滙豐銀行存有三百萬圓存款，但在總督府的勸說下，將資金移回臺灣，設立了製糖會社（1909 年），但經營者卻是糖務局及臺灣銀行的人。另外總督府還通過大租權補償金，將本島人的地主轉變為近代的資本家，但這種轉變終為日本人資本家所支配。〔註25〕根據臺灣總督府殖產局調查課的調查，在臺灣設有本店的株式、合資、合名會社，到昭和四年末，總計有 836 社，其出資額見下表：

## 會社出資額日臺人比較表（昭和四年）

| | 社　　數 | 日本人 | 臺灣人 | 其　它 | 合　計 |
|---|---|---|---|---|---|
| 株式會社 | 402 | 225,745,240 円 | 57,032,573 円 | 5,160,999 円 | 287,938,812 円 |
| 合資會社 | 375 | 11,261,300 | 5,305,666 | — | 16,566,966 |
| 合名會社 | 59 | 1,872,669 | 6,068,683 | — | 7,941,352 |
| 合計 | 836 | 238,879,209 | 68,406,922 | 5,160,999 | 312,447,130 |
| 百分比率 | — | 76.46% | 21.89% | 1.65% | 100% |

備註：株式會社是注入資本金額；合資會社、合名會社採用出資額。此表轉引自《臺灣經濟叢書》第 197 頁。

---

〔註24〕矢內原忠雄著、周憲文譯：《日本帝國主義下之臺灣》，第 51 頁。
〔註25〕杉野嘉助：《臺灣商工十年史》，第 31～35 頁。

　　從上表來看，日本人在株式會社出資額在投資總額上的比重高達 76.46%，而臺灣人的投資額僅占 21.89%；臺灣投資額優勢主要集中在合名會社上，而株式會社及合資會社日本人的出資是絕對壓倒多數的。這不僅存在著經濟上日本人獨佔的問題，也必然產生政治上出資的臺灣人無權，處於被日本人資本家所支配的地位。從株式會社的業別中也可反映出這種特徵來。

## 株式會社業別表（昭和四年）

| 業　別 | 日本人 | 臺灣人 | 其　它 | 合　計 |
|---|---|---|---|---|
| 農業 | 4,433,761 円 | 4,962,204 円 | 3,500 円 | 9,399,465 円 |
| 工業 | 180,496,787 | 16,786,171 | 1,658,411 | 198,941,369 |
| 商業 | 23,127,866 | 28,081,759 | 2,032,605 | 53,242,230 |
| 交通業 | 3,185,624 | 2,570,901 | 24,725 | 5,781,250 |
| 水產業 | 2,257,883 | 1,189,908 | 19,504 | 3,467,295 |
| 礦業 | 12,243,319 | 2,441,630 | 1,422,254 | 16,107,203 |
| 合計 | 225,745,240 | 57,032,573 | 5,160,999 | 287,938,812 |

此表轉引自《臺灣經濟叢書》第 198 頁。

　　根據上表，在臺灣株式會社注入資本二億八千八百萬圓總額中，其中的 78%都由日本人來支配，而這其中的 80%的一億八千萬圓都投資到工業上。涉及到國民經濟命脈的工礦、交通運輸及水產等國家經濟的主導性行業，日本人是佔有絕對優勢的，而農業、商業則臺灣人占主導地位。這些企業有的是總督府依據特別法而建立的，有的是總督府通過官營及專賣確立起來的。由於專賣制不但促成了官營的企業獨佔，且靠指定委託的方法還給民間資本家以獨佔的地位。這樣就使這部分資本家必須依附於日本殖民地統治當局。還有一些企業是受總督府特別監督的特殊企業。「在臺灣，資本家企業之『帝國的』及『地方的』獨佔化，這由日本人資本家對臺灣人資本家的關係來看，也可知其已為日本人資本家方面的獨佔。在像臺灣的殖民地，當討論到企業獨佔成立的時候，自然還得由可說是『民族的獨佔』方面加以列論。」〔註26〕

　　由於臺灣的產業基本上為日本資本所獨佔，沒有形成臺灣人自己的產業資本獨立形態，自然也就沒能形成一個相對獨立的資產階級階層，資產階級革命形態自然也就不會在臺灣發生。

---

〔註26〕矢內原忠雄著、周憲文譯：《日本帝國主義下之臺灣》，第 69 頁。

## 四、日據時期臺灣社會階級階層關係的變化

臺灣人的資本主義化，並非是由於其社會本身內部的發展而自然產生的，而是由於日本帝國主義殖民的外來要求而強制摧生出來的。它一方面是由前資本主義社會轉入資本主義社會過程中臺灣人內部階級階層關係的分解與質變，也是隨著資本主義化的日本人的殖民統治而產生的資本主義階級階層關係的移植。因此，在日據臺灣時期，階級階層關係首先呈現的是民族的對立與交合的博弈。階級階層關係的複雜與畸形化是殖民地社會發展過程中的一種特殊的特質。

首先，殖民地的臺灣社會分為兩大階級階層陣營，即是日本人的殖民統治者與臺灣人的殖民地被統治者。臺灣社會的整個博弈都是這兩大階級階層的角力。在初期階級階層關係單純時期，這種角力體現的是臺灣民眾普遍的、包括地主與農民的全部階層的一種武裝抗日的意識和行動。而當日本殖民統治基礎穩固，隨著資本主義的發展，臺灣社會階級階層關係就開始逐步發生變化，而這種變化是發生在被統治的臺灣人這個整個的群體中。這個群體的變化，使臺灣社會的抗日力量開始分化分解，出現統治階級的附屬階層。臺灣人的整個階層，在文化素質提高，且經濟基礎薄弱的前提下，反抗運動的方向也從武裝抗日轉變為和平的鬥爭。

其次，臺灣殖民地的過程，就是臺灣社會資本主義化的過程。資本家階級，自是這個社會最重要的一個階級階層。臺灣的資本家階級，分為日本人與臺灣人兩個部分。而根據數據記載，在臺灣設有本店的會社，以日本人為代表者占壓倒的優勢。特別以銀行資本及產業資本更為明顯。臺灣人方面的優勢只限於一般商事。儘管是這樣，以臺灣人為代表的會社中，事實上由日本人負責經營，處於日本人支配的也不在少數。因此可以說，臺灣人的資本家階級大部分是日本人的勢力。

| 民族別 | 會社數 | 資本金 | 拂入額 |
|---|---|---|---|
| 日本人 | 93 | 480,226 千圓 | 288,936 千圓 |
| 臺灣人 | 57 | 77,900 | 30,896 |

此表根據矢內原忠雄著、周憲文譯：《日本帝國主義下之臺灣》，第 101～102 頁的表格整理而成。

而在臺灣有勢力的日本人資本家，又可以分為住在臺灣的與住在日本的兩類。在駐臺灣的日本資本家階級，主要是由駐在臺灣而代表以日本國內為根

據的帝國資本家及以臺灣為根據的地方資本家兩者所構成的。他們的人數儘管不如駐在日本的資本家人數多,但其中最有力的,俗稱「民間總督」的他們,對於臺灣總督府的政治,具有直接緊密的利害關係,「據說這一繼續的固定的利益主體,其勢力足以掣肘更迭頻繁的臺灣總督的施政。」〔註27〕

　　臺灣人資本家主要是由兩個管道產生的。一個是經過大租權公債,或者聽從政府及有力者的勸說,或者受了資本家企業勃興的刺激,依據股票制度的遊資動員作用,以其資本提供於日本人資本家的企業經營,而自己成為放利資本家。他們並無企業經營的實權,他們對於日本人資本家是處於從屬地位的。另一個就是由於專賣制度等與政府權利有關的事故而成為新興資本家的。臺灣人的資本家的大多數是由封建的地主階級階層轉變而來的,他們自身還有著濃層的封建色彩,特殊的經濟地位也決定他們必須依靠日本人資本家階層才能存活下去。他們有意為自己爭得權力,但又無力打碎有著強大力量的國家機器,只好在體制內尋求合理的、不脫軌的鬥爭方式,這種鬥爭形式儘管帶有民族鬥爭性質,也往往以民族鬥爭為口號,但鬥爭的內容實質是為本階層謀求權力,以本階層的權力的擴張來實現整個臺灣民眾的權力提升為前提。這樣,經濟地位使得這個階層可以成為民族運動的支持者甚至領導者,但不可能有徹底的民族反抗鬥爭的精神。他們在經濟地位受到威脅的情況下,必然退縮。

　　第三,中產階級在殖民地臺灣社會中有幾個層次。可以分為中產的地主、中小資本家企業主、大公司職員、政府公務員及自由職業者等幾大部分。如果從民族別上分類,又可分為日本人中產階級及臺灣人中產階級這兩個部分。大公司職員、政府公務員、官吏及自由職業者,一般都為日本人所獨佔。而臺灣人中產階級主要集中在地主、中小企業主中。中產的地主階層,由於受到大型製糖會社及農場的排擠,他們往往與農民階級有著共同的利益。他們與中小企業主一起,構成民族運動的中堅力量。所謂自由職業,即包括教師、醫師、律師等,這個階層中雖然也是日本人居多。但由於總督府直到 1919 年止,對於臺灣人,一般未曾授予以高等專門教育,只在佔領臺灣之初,由於衛生情況急待解決,由後藤新平民政長官創辦了醫學校,所以,臺灣的醫師主要由臺灣本島人擔任,他們中的一部分人成為臺灣民族運動的指導者。

　　中產階級階層在殖民地臺灣特殊的環境裏,其革命的先進性有時比資產階級還要強烈。由於其較少受日本資本主義的鉗制,自由度也相對高,戰鬥力

〔註27〕矢內原忠雄著、周憲文譯:《日本帝國主義下之臺灣》,第 104 頁。

較強。特別是其中的新興知識分子階層，特別容易接受先進思想的影響。日據臺灣後期抗日民族運動的先鋒，一般都出自於這個階層，但這個階層也容易偏激。又由於這個階層的經濟地位決定了他們的機會主義傾向，他們會按照自己所接受的思想來指導社會運動。但這不可能被臺灣社會現實所認可。

第四，臺灣的產業大部分為農業，所以臺灣的產業工人階級階層並不發達，而且還存在著日本人與臺灣人交合併存的情況。這恰好也能反映了其弱點所在：受壓迫深，說明其階級地位低下，反抗性強，卻不能改變自己的命運，因此不得不忍受極端不公平的處境。由於其低下的社會地位，沒有完成從自在階級向自為階級的過渡過程，在特殊的殖民地環境裏，缺乏社會層面的影響力與號召力。他們儘管與農民保持著天然的緊密聯繫，儘管可能有助於建立工農聯盟，但同時也表明他們的整體素質和成熟性都不高，仍未能擺脫傳統農業文明和小農意識的影響與束縛，因此也就不可能成為臺灣民族運動的強大力量。

第五，臺灣的農民占臺灣總人口的百分之五十八，但因土地的資本佔有化，使他們由封建的土地關係轉入到資本主義的土地關係上，他們一般成為資本主義蔗園的農業勞動者或農場勞動者，但他們不是資本主義自然成熟的產物，而是殖民統治催生的一個階層。他們的眼界依然狹隘，對社會政治的發展方向既沒有發言權，更少有作為，也缺乏從政治上表達自身不幸和利益的手段。這個階層從來沒有成為一個自我組織起來的整體，儘管由於處境的日益惡化而逐漸具備了採取有力的反抗行動的潛力，但靠其自身是不可能發揮和實現這種潛力的。它需要從外部提供領導、組織和思想體系，才能成為社會運動的參與力量，改變其原來的單純犧牲品的命運。臺灣的農民階層是臺灣後期抗日運動的一個部分，但為其提供組織的領導及思想體系都不適合臺灣社會的現實。所以，它不可能成為臺灣後期抗日運動的主力。

根據以上分析，臺灣的資本主義發展，使臺灣人的階級關係由封建的前資本主義變為近代的資本主義，且因殖民者的日本人與被殖民的臺灣人混在一起，故使階級階層關係與民族的對立關係相互交錯並相互博弈，形成了殖民地特有的複雜狀態。日本人獨佔總督府及大資本家的企業，故在政治及經濟方面成為臺灣的支配階層。從日本人及臺灣人的人口職業分別看，大體上，官吏公務員、資本家及其使用人是日本人獨佔的，少數的臺灣人大地主資產階級階層，由於利益的驅使，他們可以參加民族運動，但他們擺脫不了的總督府的強權政治的陰影及對這一制度的依附，他們具有鬥爭性，但也有妥協性；中產階

級與自由職業者中，則是日本人與臺灣人相互競爭，這必然使得日本人自然附屬於日本人的獨佔勢力，臺灣人的這個階層，在殖民地的臺灣是先進的一個階層，它有能力承擔起領導民族運動的使命，但卻沒有經濟力量保障完成這一使命；農民階級大部分是臺灣人，他們與中產階級中的臺灣人合流成為民族運動的力量。這樣，臺灣整個社會，一方面大體上呈現日本人對臺灣人的民族對立，同時也是政治上的支配者與被支配者的對立，並與資本家對農民勞動者的階級對立相一致、相競爭；另一方面各個階層之間及各個階層內部也有矛盾潛藏。以上這些特點與後期民族運動的興衰有很大的關係。

### 日本人及臺灣人人口職業分別比較表（大正十二年末）

| 項目 | 公務員及自由職業 | 家牧林水產業者 | 工礦業者 | 商業及交通業者 | 其他有業者 | 無職業及無申報者 | 合計 |
|---|---|---|---|---|---|---|---|
| 日本人 | 57,677人 | 10,091人 | 44,823人 | 47,864人 | 672人 | 3,139人 | 164,266人 |
| 臺灣人 | 64,114 | 2,458,717 | 299,042 | 366,769 | 204,293 | 73,572 | 3,466,507 |

此表引自：《殖民地便覽》（大正 12 年），東京：拓殖事務局，大正 14 年，第 5 頁。

## 五、從經濟及階級階層視角的分析

近代民族民主運動的必要前提是資本主義的發展、教育的某種程度的普及、政治自由思想的發生等條件。日本進駐臺灣後，各地人民就奮起反抗，在日本軍警憲的強力鎮壓下，1902 年基本平定，以後就是小規模的暴動性質的反抗鬥爭。但這只是個別的、地方的，尚未形成近代的有組織的民族運動。臺灣近代民族主義的端緒，應當是在 1914 年，臺中的大地主資產階級的代表林獻堂借助板垣退助，在臺組織了臺灣同化會，及由他所倡導的私立臺中中學校的設置運動而開始的。而民族運動的真正醞釀與發起，是以臺灣議會設置請願運動為標誌。1918 年在東京的留學生中，組織「六三撤廢期成同盟會」；1920 年創刊《臺灣青年》（1923 年更名為臺灣民報），以《臺灣青年》為議論中樞，林獻堂等人，在 1921 年 2 月，開始向日本議會提出請願書，開始臺灣議會設置請願運動。第一次請願受挫後，林獻堂聯合青年知識分子，與臺灣旅日留學生策動組織了啟發會（後改名了新民會），後與島內的蔣渭水聯合，於 1921 年 10 月成立了臺灣文化協會。此後，臺灣文化協會長期成為臺灣人民民族運動的唯一團體。我們可以從文化協會的主要領導人的階級階層關係上來進行具體分析。

## 臺灣文化協會主要幹部及會員職業表

| 職　業 | 人員姓名 |
|---|---|
| 地主 | 林獻堂、林幼春、楊肇嘉、洪無煌、許嘉種、林資彬、蔡年亨、林伯廷、黃運元、林碧梧、張信義 |
| 醫師 | 蔣渭水、邱德金、李應章、林篤勳、賴和、韓石泉、黃金水、王受祿、吳海水、林糊、石煥長 |
| 律師 | 蔡式毅、鄭松筠 |
| 記者、教員 | 王敏川、陳逢源、鄭明祿、謝春木、黃周（以上為民報記者），林呈祿（民報常務董事）、林茂生（商專教授）、林冬桂（文協支部主事） |
| 企業主 | 連溫卿 |
| 工商及勞動者 | 楊良（雜貨商）、吳廷輝（木工）、洪石柱（洋雜貨商）、吳石麟（襪褲師）、高兩貴、黃氏細娥（以上二人為送報夫） |
| 無職業 | 蔡培火 |
| 不明 | 蔡惠如、黃呈聰 |

以上表格根據《臺灣社會運動史》第一卷第 194～197 頁的《臺灣文化協會主要幹部及會員》表整理而成。

　　根據上表所列，可以看出，臺灣文化協會主要是由臺籍地主資產階級中的先進分子與中產階級的知識分子階層來領導組織的，支持的力量主要是一些留學生團體。特別值得注意的是，臺灣議會設置請願運動的主要領導者及支持者就是臺灣文化協會。文化協會的幹部或會員是在文化協會的名義下，參與啟蒙運動，而以個人的資格，參加臺灣議會設置請願運動或其他的運動的。這一事實也可以從下記「臺灣議會期成同盟會人員及職業表」中分析出來。

## 臺灣議會期成同盟會人員及職業表

| 職　業 | 人員姓名 |
|---|---|
| 醫師 | 蔣渭水、邱德金、石煥長、周桃源、陳增全、林水來、林資彬、林麗明、陳英方、林篤勳、李應章、簡仁南、石錫勳、陳逆方、賴和、吳海水 |
| 貸地業 | 林幼春、王杰夫、林梅堂、施至善、蔡年亨、黃鴻源、林振生、林子瑾、許嘉種、林伯廷、蔡江松、陳逢源 |
| 文協工作人員 | 許天送（文協書記）、蔡培火、林呈祿、祭炳耀（以上三人為臺灣雜誌社員） |
| 工商及勞動業 | 鄭耀東（運送業）、蘇壁輝（貿易商）、陳世煌（鐵工場書記）、莊海兒（司機）、 |

| 律師及職業不明者 | 鄭松筠（律師）、吳鬧寅（不明） |

以上表格根據《臺灣社會運動史》第二卷第 56～57 頁的《禁止當時之同盟會員》整理而成。

　　先進的臺籍地主資產階級何以成為臺灣民族運動的領導階級呢？臺灣經過二十幾年的資本主義的發展，日本資本家獨佔經濟、政治及文化資源的局面已經形成。而從地主轉變而來的臺灣資產階級，他們的經濟基礎的一部分儘管是建立在土地上，但大體上已經成為資本化的都市工商業資本家了。他們的資本大部分已經從土地轉向投資於商業、貿易、銀行等小型企業。但日本獨佔資本一直阻礙著他們的自由發展，迫使他們無時不在冀圖從日本獨佔資本支配下解脫出來，發展成為大資本家階級。這不僅是經濟上的壓迫，而且是政治上的民族壓迫，所以他們懷有革命的傾向性，正是這部分人成為文化協會及臺灣議會設置請願運動的主要領導者。以林獻堂為首的文協及議會請願運動的地主資產階級階層，既有著地主階層特有的封建性，也有著資產階級階層特有的先進性。他們可以在外在的影響下，借助自己的經濟力量及民族主義理念，進行為資產階級階層爭取權益的反抗日本殖民統治者的政治運動，但在外部的壓力下，在自己的利益受到威脅或侵佔下，就會退縮。這一點用社會學解釋為，各個社會群體佔有或者佔用經濟資源、政治資源、文化資源的差別情況，隨著經濟結構的調整而改變，原來其階級階層內部的同構型特徵越來越弱，異質性越來越強，分化傾向越來越明顯。階層分化中的階層利益衝突初步顯現，階層的心理隔閡初現端倪。作為地主階級的林獻堂等，他們作為臺灣人的地主資產階級階層，在政治、經濟、文化資源的佔有上，自然無法與日本人資本家相比。他們爭取自身階層的權益的鬥爭，在殖民地特殊的背景下，即有民族性的特徵，也含有階層內部的矛盾。它們的鬥爭方式是控制在體制之內，前提是不損害自身既得的利益。如果鬥爭一旦超過此界線，他們就會退縮。這是他們的階級性與他們在階層的地位決定的。林獻堂在議會設置請願運動中，受其妹婿楊吉臣的勸告軟化就是實證。他最後向總督提出：「依照您的訓喻，敝人已決意從請願運動撒手。但是，我無能依照自己的意志來決定在京學生和其他同志，故煩請您訓諭他們罷。」〔註 28〕《警察沿革志》中也有證明林獻堂是由於迫於經濟上的壓力的有力證明：「正當那時，隨著財政界蕭條，施行延緩貸款回收

---

〔註 28〕《臺灣社會運動史》第二卷，臺北：海峽學術出版社，2006 年 6 月，第 52～53 頁。

舊債。林獻堂也隨著受到履行債務的催促，對此以為是基於總督府的高等政策而來，以致經苦慮後聲明退出請願運動。」〔註29〕而林獻堂退出議會設置請願運動，所代表是的以林獻堂為首的大地主資產階級階層的整體的退縮。

　　以林獻堂退出議會設置請願運動及臺灣議會期成同盟會的結成為標誌，以蔣渭水等為首的青年知識分子階層開始實際上成為議會設置請願運動的領導層。從某種意義上說，也可以理解成為臺灣文化協會開始出現轉向的一個倪端。如果從階層來看，出身於醫生的蔣渭水所率領的「期成同盟會」的成員，大部分屬激進的青年知識分子及中產階級階層。這個階層開始與島內、日本及大陸內地的留學生聯合，繼續推動議會設置請願運動。在島內，他們開始接受共產主義等思想的影響，創辦社會問題研究會、臺北青年會、臺北青年體育會、臺北青年讀書會等，開始轉向社會主義思想的研究。隨著新思想的接納，文協內部三個派別的對立開始出現，最後的分裂也就不可避免了。這是因為，伴隨著社會階層的分化，各階層的價值觀念、社會意識的差異也會越來越大。日益多樣化的思想觀念、價值取向，有利於人們解放思想，拓寬視野，更新觀念；但另一方面也容易產生社會隔膜心態，各自從社會階層利益出發來考慮社會問題，使某些階層之間對一些社會敏感問題也產生巨大的觀念衝突，從而導致社會階層之間互相的不信任。

　　文協分裂後的民眾黨的分裂過程也是這種衝突的具體體現。1927 年 7 月 10 日，蔣渭水、蔡培火創立了臺灣民眾黨。從其成立的經過，可以看出蔣渭水與蔡培火所代表的兩派之間的對立鬥爭的暗流。蔡培火一派大體上以民族自決主義為其理念，以爭取臺灣島內，整個臺灣人的福祉、權力的提升為宗旨，主要依靠「訴求於內外輿論，啟發島民，以此為背景，以殖民地自治為其終極目標，而似欲經過合法政治運動逐步達成此一目標。」〔註30〕實際上這一派代表的是島內地主資產階級階層的利益所在，所爭取的權力，實質上也是島內地主資產階級階層的參政權及參政權之下的經濟權益的拓展。而蔣渭水一派，則是知識分子及中產階級階層利益的代表。他們大多出身於小地主、小商人及各種小企業主，還包括醫師、教員及事務員等，而在政治上處於無權的地位，經營上受日本大農場、大企業的排擠，因此，他們的革命性比地主資產階級階層還要高，但其特殊的社會地位，其動搖性也強。他們受世界民族民主革命及中

〔註29〕《臺灣社會運動史》第二卷，第 53 頁。
〔註30〕《臺灣社會運動史》第二卷，第 182 頁。

國國民革命的影響,與勞農階層相提攜,以階級鬥爭為手段,企圖實現殖民地的民族解放,達到臺灣的獨立。

像這樣見解相異、觀點對立的兩者共存於一黨之內,其矛盾就可想而知了。在結黨過程中就屢次發生意見的衝突,但欲與新文協相抗衡,也考慮到形象受損和勢力分散等危機,雙方暫時妥協加以維持。但在當時國際、日本及大陸民主思潮及革命的影響,代表著島內多數人利益的知識分子階層的蔣渭水的活動較為激進和積極,而蔡培火一派則轉於消極。這樣「壓制蔣派之主張而維持合法存在的原民眾黨,對蔡派之牽制力逐漸減弱,其指導權漸漸移到蔣派手中」,〔註31〕這樣民眾黨的內訌及分裂也就在所難免。分裂後的新文協也同樣存在著這樣的問題。

實際上後期抗日運動分裂挫敗的關鍵性要因之一,是由於各政黨、各派系的鬥爭,使臺灣整個社會階級階層的整合很難達到最佳融合的狀態。殖民地臺灣的社會運動,必然是一個超階級的全民運動。民族運動即是階級運動,階級運動即是民族運動,兩者的相互結合必然大於兩者的相互排斥,有時階級運動必須從屬民族鬥爭之內才能真正取得成效。這是殖民地特殊的社會特徵決定的。但臺灣民眾黨、新文協、共產黨等,沒能認識到臺灣殖民地社會的基礎還不足以形成單純的排他的無產階級運動。他們將鬥爭方向轉向於無產階級的勞農運動,這樣就使得一些同情、支持、援助社會運動的地主、資產階級及中產階級階層反而成為社會運動鬥爭的對象。這樣整個民族運動陣營的鬥爭力量就開始委縮;同時,年青的知識分子精英們缺少領導階級鬥爭的經驗與能力,內部派系鬥爭不斷,又常常採取激進鬥爭的方式,這勢必不為殖民統治者所容。在外壓內鬥的狀況下,整個後期抗日運動走向分裂與最終的挫敗。

## 小結

近代西方的民主思潮的真諦在於主權在民,即「天賦人權」。這是在資本主義得到一定發展,而資產階級在佔有較多社會物質資源後,為爭取自身權力而提出的。18 世紀的法國資產階級革命是一個典型例證。而在臺灣,由於殖民地的特殊的形態,儘管資本主義有所發達,但畸形的經濟結構及專制的政治體系,決定著統治必然以強大的軍警憲體系、佔有絕對優勢控制地位的經濟實力,以強力的國家機器控制著被統治地。當被統治地人民權力的行使有超過統

---

〔註31〕《臺灣社會運動史》第二卷,第 185 頁。

治者的控制範圍的傾向時，即採取堅決的專政手段，將其扼殺。以警察政治為特點的殖民地臺灣，此方面表現的更為明顯。在這種特殊的情況下，臺灣本島人實際上作為一個整體，無論在政治上，還是在經濟上，都處於被統治的地位。而這個被統治整體中的各個階層，又都是在沒有充分成熟的條件下催生出來的，沒有經過工業文明的洗禮，其各階級階層的封建性及小農意識還十分明顯。所以，階層內部的各個分階層又矛盾衝突不斷，沒有力量聚合成全體臺灣人的聯合戰線，而分散割據的態勢也有利於統治者的分化瓦解及鎮壓，其後期反抗運動最終走向蛻化及挫敗，是否也可能理解為一種歷史的必然呢！

# 結　語

　　從 1895 年《馬關條約》臺灣被迫割讓，至 1945 年之間五十年間，日本在實施了系統的殖民統治，此時期一般稱為「日據臺灣時期」。臺灣被迫割讓的記錄在《馬關條約》的第二條，因此條款臺灣被迫成為日本殖民地。國際法上土地取得的方式有很多，傳統國際法獲得領土具有五種方式，包括先占、時效、添附、割讓和征服。割讓是一國根據條約將部分領土轉移給另一國。割讓分為強制割讓和非強制割讓。強制割讓是一國通過武力以簽訂條約方式迫使他國進行領土割讓，通常是戰爭或戰爭脅迫的結果。臺灣成為日本的殖民地，是日本通過戰爭而強迫割讓的，符合於國際法中「強制割讓」一條。強制割讓已隨著戰爭在現代國際法中被廢止而失去其合法性。這也是中國在戰後接收臺灣的國際法依據。

　　從日據臺灣五十年的統治來看，其殖民地特徵十分明顯。臺灣總督府是日本在臺灣的最高統治機關，其最高統治者為臺灣總督。「六三法」賦予了臺灣總督具有制定在臺灣實施法律的權利，並總攬行政、立法、司法、軍事等大權，形成具有殖民地特點的絕對中央集權的總督專制政體。為協助總督府統治政策的實施，日本在臺灣建立了嚴密的警察制度。警察的職責很廣，除了維持治安等警察原有的職務外，還包括了衛生及協助民政等工作，事實上形成了「警察王國」。為達到經濟榨取殖民地臺灣的目的，在臺灣實施了五十年的鴉片專賣，更將鴉片及新式毒品作為隱形武器，長時間秘密地輸入到中國大陸、朝鮮等東亞各國，以鴉片收入來給養戰爭的方式，實施了人類有史以來規模大、時間長、地域廣的「國家販毒」。能夠體現殖民地差別待遇的統治政策還有很多。

其五十年的殖民統治，其目的只是同化臺灣居民為日本人，但終其統治，臺灣民眾還只是日本帝國的二等公民。我們不否定臺灣在日本殖民時期政治、經濟及文化有一定進步，特別是在後期實施「內地延長主義」，希望減少與日本本土的差異，但這不能改變其為日本殖民地的從屬地位。

在日本殖民統治臺灣的半個世紀裏，臺灣同胞從未停止過抗爭，數十萬臺灣同胞為此付出了鮮血和生命。武裝反抗日本殖民統治者的抗日活動，大抵上發生在日本據臺的前二十年。在這二十年的武裝抗日運動，從前期「臺灣民主國」抗拒日軍接收的「乙未戰爭」，到「臺灣民主國」之後的前期抗日游擊戰，幾乎每年都有武裝抗日行動，特別是受大陸辛亥革命的影響，臺灣爆發了「苗栗事件」、「西來庵事件」、「北埔事件」等抗日事件。這些事件無一不被總督府殘酷地鎮壓下去。即使此後臺灣抗日活動轉為民族民主運動的非暴力形式，但在 1930 年期間，原居民部落還是爆發了舉世矚目的「霧社事件」。

二十多年的抗日活動基本都被殘酷鎮壓下去。在警察高壓及保甲制度下，臺灣民眾反抗情緒被迫隱藏。在梁啟超的啟發下，1914 年又以「臺灣同化會」的形式，開啟了新的民族民主運動階段。「同化會」所帶來的民族主義思潮，逐漸在臺灣島內知識分子之間擴大。留學於東京和中國大陸的臺灣留學生受到歐洲大戰末期風靡全世界的民族主義、自由主義的影響，及戰後美國威爾遜總統所倡導的民族自決主義的激勵，喚醒了潛藏在腦海中的民族意識，從民族自覺主義出發，喊出了「臺灣非是臺灣人的臺灣不可」的口號，開啟了近代臺灣民族民主運動的各種實踐。這些運動在臺灣島內以民族自覺主義為基調，組成各種聯合陣線，持續地進行議會設置請願運動、無政府主義、共產主義運動等等，最終導致臺灣島內社會運動發展的一個新時期。但由於各階層內部矛盾衝突不斷，沒有力量聚合成全體臺灣人的聯合戰線，而分散割據的態勢也有利於殖民統治者的分化瓦解及鎮壓，致使後期民族民主運動最終走向蛻化及挫敗。

# 參考書目

## 一、參考的日本檔案

1.（日）臺灣総督府下ヘ召集ノ警察官ニ要スル諸費ヲ軍資金ヨリ支出ス。

2.（日）臺灣阿片令中ヲ改正ス。

3.（日）臺灣総督府警察官及司獄官練習所ニ巡査及看守ヲ置ク。

4.（日）臺灣総督府警察官及司獄官練習所練習生ノ俸給ニ関スル件ヲ定ム。

5.（日）臺灣家屋建築規則ヲ定ム。

6.（日）臺灣総督府警察官吏ノ職務応援ニ関スル件ヲ定ム。

7.（日）臺灣警察共済組合令ヲ定ム。

8.（日）臺灣総督府警部、警部補特別任用ノ件。

9.（日）臺灣総督府警視特別任用令。

10.（日）蕃務ニ従事スル臺灣総督府警視特別任用令改正ノ件。

11.（日）臺灣総督府警部、警部補特別任用令。

12.（日）臺灣総督府警視特別任用令。

13.（日）臺灣巡査警部召募の件に付電報・臺灣千々岩。

14.（日）警察強化幹事會關係書類編。

15.（日）外地に於ける警察組織。

16.（日）韓國併合始末ノ件。

17.（日）警察研究資料・臺灣地方警察実務要論（第三版）。

18.（日）臺灣地方警察実務要論。

19.（日）特二臺灣警察処対策利用ノ件。

20.（日）臺灣總督府 生蕃討伐に関する件。

21.（日）《行政諸法規／行政警察規則》。

22.（日）地方官官制。

23.（日）各省官制——內務省。

24.（日）講和條約。

25.（日）臺灣憲兵隊條例。

26.（日）臺灣民政支部處務細則。

27.（日）臺南民政支部處務細則其他報告。

28.（日）警察署外ニ警察部課ヲ置カサル內訓。

29.（日）內務部處務細則。

30.（日）臺灣總督府地方廳分課規程準則。

31.（日）臺灣總督府官制及臺灣事務局官制中ヲ改正ス。

32.（日）臺灣總督府評議會章程中ヲ改正ス。

33.（日）保甲制度論送付の件（第三）。

34.（日）臺灣總督府地方官官制。

35.（日）經濟警察所管事項。

36.（日）警保局經濟保安課ノ事務分掌。

37.（日）臺灣總督府部內臨時職員設置制中ヲ改正ス。

38.（日）臺灣總督府部內臨時職員設置制中ヲ改正ス。

39.（日）臺灣總督府民政官等臨時設置制。

40.（日）臺灣總督府地方官官制。

41.（日）朝鮮的警察概要。

42.（日）朝鮮總督府警察官署官制。

43.（日）朝鮮總督府事務公掌規程。

44.（日）朝鮮警察概要。

45.（日）滿州國警察制度概要。

46.（日）滿州國警察制度概要。

47.（日）警察職務規程施行細則。

48.（日）臺灣總督府警察官及司獄官練習所官制中ヲ改正ス。

49.（日）臺灣總督府官制中○臺灣總督府地方官官制中ヲ改正ス。

50.（日）拓務省所管臨時警察費外一件ヲ臺灣総督府特別會計第二予備金ヨリ支出ス。

51.（日）拓務省所管地方警察費外四件臺灣総督府特別會計同上。

52.（日）臺灣総督府部內臨時職員設置制中ヲ改正ス。

53.（日）臺灣総督府地方官官制中ヲ改正ス。

54.（日）臺灣警察共済組合令中ヲ改正ス。

55.（日）臺灣総督府警察官服制ヲ改正ス。

56.（日）臺灣警防団令ヲ定メ○臺灣消防組規則ヲ廃止ス。

57.（日）臺灣ニ於ケル警防団員ノ職務応援ニ関スル件ヲ定ム。

58.（日）臺灣総督府警察官及司獄官練習所舎監任用ニ関スル件。

59.（日）臺灣総督府官制中改正ノ件。

60.（日）蕃務ニ従事スル臺灣総督府警視特別任用令。

61.（日）臺灣総督府庁事務官及庁警視特別任用令。

62.（日）蕃務ニ従事スル臺灣総督府警視特別任用令改正ノ件。

63.（日）奏任文官特別任用令中改正ノ件（臺灣）。

64.（日）臺灣総督府庁警視特別任用令。

65.（日）臺灣総督府官制中改正ノ件及臺灣総督府地方官官制中改正ノ件。

66.（日）朝鮮総督府官制中改正ノ件外九件。

67.（日）馬匹ノ輸出ヲ禁スルノ件。

68.（日）臺灣総督府事務官特別任用令。

69.（日）道庁府県事務官特別任用ノ件。

70.（日）臺灣総督府地方職員特別任用令中改正ノ件及臺灣総督府警部警部補特別任用令中改正ノ件。

71.（日）臺灣総督府港務官特別任用令。

72.（日）臨時臺灣総督府工事部事務官特別任用ニ関スル件。

73.（日）朝鮮総督府警察官署官制廃止ノ件。

74.（日）朝鮮総督臺灣総督等ノ発スル命令ノ罰則ニ関スル件。

75.（日）明治三十三年勅令第十四號中改正ノ件。

76.（日）臺灣総督府専売局事務官特別任用令中改正ノ件。

77.（日）府県事務官補特別任用ノ件。

78.（日）臺灣総督府官制中改正ノ件。

79.（日）臺灣総督府地方官官制中改正ノ件。

80.（日）関東庁官制中改正ノ件。

81.（日）臺灣総督府警察官及司獄官練習所併諸學校ノ整理ハ第三期ニ延期ノ件依命通牒。

82.（日）警察犯処犯令罰則の件‧臺灣。

83.（日）警察強化幹事會關係書類編。

84.（日）臺灣において戰死せる警察官等合祀に関する件。

85.（日）御署名原本‧明治二十九年‧勅令第二百三十二號‧臺灣憲兵隊條例。

86.（日）御署名原本‧明治三十年‧勅令第三百三十二號‧憲兵條例改正臺灣憲兵隊條例廢止。

87.（日）御署名原本‧明治三十一年‧勅令第百十二號‧臺灣総督府警察官及司獄官練習所官制。

88.（日）制定臺灣総督府巡查看守教習所官制廢止。

89.（日）御署名原本‧明治三十一年‧勅令第百十三號‧臺灣総督府職員官等俸給令改正臺灣総督府醫院高等官官等俸給ノ件廢止。

90.（日）御署名原本‧明治三十一年‧勅令第百十七號‧臺灣総督府巡查及看守手當支給規則改正。

91.（日）御署名原本‧明治三十一年‧勅令第百十八號‧臺灣総督府警察官及司獄官練習生二手當金及旅費支給ノ件。

92.（日）臺灣人籍規則ヲ定ム。

93.（日）臺灣地籍規則ヲ定ム。

94.（日）御署名原本‧明治三十一年‧勅令第二百五十九號‧內務省官制改正臺灣事務局官制及明治二十七年勅令第六十六號。

95.（日）臺灣船籍規則ヲ定ム。

96.（日）御署名原本‧明治三十一年‧勅令第三百三十七號‧憲兵條例改正。

97.（日）御署名原本‧明治三十二年‧勅令第四百號‧臺灣総督府警察官及司獄官練習所二巡查及看守ヲ置クノ件。

98.（日）御署名原本‧明治三十二年‧勅令第四百一號‧臺灣総督府警察官及司獄官練習所練習生ノ俸給二関スル件。

99.（日）御署名原本‧明治三十三年‧勅令第二十二號‧臺灣總督府警察官及司獄官練習所官制中改正削除。

100.（日）御署名原本‧明治三十三年‧勅令第三百八號‧臺灣總督府職員官等俸給令中追加。

101.（日）御署名原本‧明治三十三年‧勅令第三百十號‧臺灣總督府警察官及司獄官練習所舍監任用ノ件。

102.（日）御署名原本‧明治三十三年‧勅令第三百五十七號‧臺灣總督府地方官官制中改正削除。

103.（日）御署名原本‧明治三十四年‧勅令第十二號‧警察賞與規則中追加。

104.（日）御署名原本‧明治三十四年‧勅令第二十九號‧憲兵條例中改正削除。

105.（日）御署名原本‧明治三十四年‧勅令第九十四號‧臺灣總督府警部警部補特別任用令。

106.（日）御署名原本‧明治三十五年‧勅令第二百十四號‧臺灣總督府稅関官制中改正追加。

107.（日）御署名原本‧明治三十六年‧勅令第百四十五號‧臨時臺灣總督府ノ防疫事務ニ從事スル職員ノ件。

108.（日）御署名原本‧明治四十年‧勅令第百十九號‧臺灣總督府警察官及司獄官練習所官制中改正。

109.（日）御署名原本‧明治四十二年‧勅令第二百七十號‧臺灣總督府官制中改正。

110.（日）御署名原本‧明治四十二年‧勅令第二百七十八號‧臺灣總督府警察官及司獄官練習所官制中改正。

111.（日）御署名原本‧明治四十四年‧勅令第二百六十號‧臺灣總督府官制中改正臨時臺灣糖務局官制廢止。

112.（日）御署名原本‧明治四十五年‧勅令第百四十五號‧臺灣總督府庁警察醫ノ給與ニ関スル件。

113.（日）御署名原本‧大正四年‧勅令第百三十五號‧臺灣總督府蓄務警視特別任用ニ関スル件制定明治四十四年勅令第百九十五號。

114.（日）御署名原本‧大正七年‧勅令第三百四號‧臺灣總督府官制中改正。

115.（日）御署名原本・大正八年・勅令第三百九十七號・憲兵條例中改正朝鮮駐箚憲兵條例廃止。

116.（日）御署名原本・大正九年・勅令第五百五十三號・臺灣總督府警察官吏ノ職務応援二関スル件。

117.（日）御署名原本・大正十年・勅令第二百六號・臺灣消防組規則。

118.（日）御署名原本・大正十一年・勅令第二百二十號・臺灣總督府警察官及司獄官練習所官制中改正。

119.（日）御署名原本・大正十一年・勅令第五百二十一號・質屋取締法外十六件施行二関スル件。

120.（日）御署名原本・大正十四年・勅令第九〇號・臺灣總督府警察官及司獄官練習所官制中改正。

121.（日）御署名原本・昭和四年・勅令第四〇二號・臺灣警察共済組合令。

122.（日）御署名原本・昭和十二年・勅令第六四三號・防空法臺灣施行令。

123.（日）御署名原本・昭和十二年・勅令第六九三號・兵役法施行令中改正。

124.（日）御署名原本・昭和二十年・勅令第一〇一號・臺灣總督府文官等服制戰時特例。

125.（日）御署名原本・昭和十六年・勅令第一一六號・資源調査令中改正ノ件。

126.（日）御署名原本・昭和十八年・勅令第一九四號・臺灣警防団令。

127.《日本共産黨関係雑件／臺灣共産黨関係》，JCAHR：B04013184800。

128.《日本共産黨関係雑件／臺灣共産黨関係 1・検挙ノ狀況》，JCAHR：B04013185000。

129.《日本共産黨関係雑件／臺灣共産黨関係 2・昭和三年 分割 1》，JCAHR：B04013185100。

130.《日本共産黨関係雑件／臺灣共産黨関係 2・昭和三年 分割 2》，JCAHR：04013185200。

131.《日本共産黨関係雑件／臺灣共産黨関係 3・昭和五年》，JCAHR：04013185300。

132.《日本共産黨関係雑件／臺灣共産黨関係 3・昭和五年》，JCAHR：B04013185400。

133.《日本共產黨関係雜件／臺灣共產黨関係 5‧昭和七年 分割 1》，
　　　JCAHR：B04013185500。

134.《日本共產黨関係雜件／臺灣共產黨関係 5‧昭和七年 分割 2》，
　　　JCAHR：B04013185600。

135.《日本共產黨関係雜件／臺灣共產黨関係 5‧昭和七年 分割 3》，
　　　JCAHR：B04013185700。

136.《日本共產黨関係雜件／臺灣共產黨関係 6‧昭和八年》，JCAHR：
　　　B04013185800。

137.《治安維持法違反被疑事件檢挙一覽表》，JCAHR：B05014020800。

138.《臺灣人関係雜件》，JCAHR：B02031442600。

139.《臺灣人関係雜件／臺灣人発行ノ新聞、雜志其他刊行物関係》，JCAHR：
　　　B02031446300。

140.《臺灣民報》，1～166 號。

## 二、參考的日文書目

1.（日）《後藤新平文書》：水澤市立後藤新平紀念館編集膠片資料。

2.（日）臺灣總督府警務局編：《臺灣總督府警察沿革志》（全五編），南天書
　　局，1995。

3.（日）持地六三朗著：《臺灣殖民政策》，臺灣南天書局有限公司，一九一
　　二年八月東京二版發行，一九九八年五月臺北一刷發行。

4.（日）鶴見祐輔編著：《後藤新平伝》（全三卷），発行所：後藤新平伯伝記
　　編纂會，昭和十二年七月二十日発行。

5.（日）大霞會編：《內務省史》（第二卷），地方財務協會出版，1970 初版。

6.（日）井出季和太：《南進臺灣史考》，誠美書閣，1943。

7.（日）《臺灣總督府例規類抄》，臺灣總督府民政局文書課，1896。

8.（日）井出和太著：《臺灣治績志》，臺灣日日新報社刊行，一九三七年。

9.（日）竹越與三郎：《臺灣統治志》，南天書局，1997 年 12 月。

10.（日）杵淵義房著：《臺灣社會事業史》，南天書局有限公司，民國八十年
　　　八月復刻版發行。

11.（日）伊藤博文編：《秘書類纂臺灣資料》，原書房，1977 復刻版。

12.（日）植田捷雄，《東洋外交史》（上），東京大學出版會，昭和 44 年。

13. （日）外務省編,《日本外交文書》,第 11 卷,日本國際聯合協會,昭和 20 年。

14. （日）山辺健太郎編,《現代史資料——臺灣（一）》,みすず書房,1971 年。

15. （日）高浜三郎,《臺灣統治概史》,新行社,昭和 11 年。

16. （日）《日本外交文書》第 28 卷,日本國際連合協會,昭和 28 年。

17. （日）井出季和太,《臺灣統治志》,臺灣日本新報社,昭和 12 年。

18. （日）矢內原忠雄,《帝國主義下の臺灣》,1988 年復刊。

19. （日）持地六三朗著:《臺灣殖民政策》,南天書局,1998 年復刊。

20. （日）臺灣総督府警務局編:《臺灣総督府警察沿革志》（全五編）,南天書局,1995 年復刻版。

21. （日）中島利郎、吉原大司:《鷲巢敦哉著作集》（全五卷）,緑陰書房、2000 年復刻。

22. （日）持地六三朗著:《臺灣殖民政策》,南天書局,1998 年。

23. （日）J·コートマン著,小掘憲助訳:《警察》,鳳舎,1969 年。

24. （日）戒能通孝編:《警察権》,岩波書店,1960 年。

25. （日）大日方純夫著:《日本近代國家の成立と警察》,校倉書房,1992 年。

26. （日）井上清:《日本の警察》,《天皇制》,東京大學出版會,1953 年。

27. （日）《岩波講座日本歷史》近代 4,岩波書店,1962 年。

28. （日）黃文雄:《捏造された近現代史》,德間書店,2002 年。

29. （日）鶴見佑輔編著:《後藤新平伝》（全三卷）,後藤新平伯伝記編纂會,昭和 12 年。

30. （日）山元一雄:《日本警察史》,東京松華堂,1934 年。

31. （日）《官僚制——警察》,岩波書店,1990 年。

32. （日）阪上孝:《1848 國家裝置と民眾》ミネルバ書房,1985 年。

33. （日）信夫清三郎:《日本近代政治史》（第二卷）,東京松華堂,1934 年。

34. （日）《日本庶民生活史料集成》（第 21 卷）,三一書房,1979 年。

35. （日）《警務要書》,內務省警保局編,博聞社出版,明治 18 年。

36. （日）大野達三:《日本の警察》,新日本出版社,1995 年。

37. （日）大霞會編:《內務省史》（第二卷）,地方財務協會出版,1970 年。

38. （日）石川中一著:《臺灣警察要論》,新高堂書店,1915 年。

39.（日）井出季和太：《南進臺灣史考》，誠美書閣，1943 年。

40.（日）《臺灣始政四十年史》，日本殖民地批判社，1935 年。

41.（日）臺灣憲兵隊編：《臺灣憲兵隊史》，龍溪書舍，昭和 7 年複製。

42.（日）田崎治久：《日本之憲兵》（全二卷），福山製版，昭和 46 年。

43.（日）《臺灣総督府例規類抄》，臺灣總督府民政局文書課，1896 年。

44.（日）井出季和太著：《臺灣治績志》，臺灣日日新報社刊行，1937 年。

45.（日）鶴見佑輔：《正伝・後藤新平》，藤原書店，2005 年。

46.（日）竹越與三郎：《臺灣統治志》，南天書局，1997 年。

47.（日）杵淵義房著：《臺灣社會事業史》，南天書局有限公司，1991 年復刻版。

48.（日）伊藤博文編：《秘書類纂臺灣資料》，原書房，1977 年復刻版。

49.（日）臺灣總督府警務局編：《臺灣警察法規》（上），昭和 13 年。

50.（日）石川忠一：《臺灣警察要論》，新高堂書店，1915 年。

51.（日）臺灣総督府：《臺灣統治概要》，昭和 20 年。

52.（日）《官僚制——警察》（日本近代思想大系 3），岩波書店，1990 年。

53.（日）黃文雄：《《日本殖民地の真実》，德間書店，2005 年。

54.（日）條約局法規課編：《日本統治下五十年の臺灣》，昭和 39 年。

55.（日）高濱三郎：《臺灣統治概史》，東京新行社，1936 年。

56.（日）《理蕃志稿》，臺灣總督府警察本署，1918 年。

57.（日）小森德治：《佐久間馬太》，臺灣總督府警務局內財團法人臺灣救濟團，1933 年。

58.（日）丸井圭治郎：《撫蕃意見書》，臺灣總督府民政部蕃務本署，1914 年。

59.（日）東郷実、佐藤四郎：《臺灣殖民發達史》，南天書局有限公司，1996 年復刻版。

60.（日）《陸海軍幕僚歷史草案》（全二卷），臺灣總督府陸軍軍幕僚編，捷幼出版社，1991 年。

61.（日）臺灣警察局編：《臺灣衛生要覽》，大正 14 年。

62.（日）中村新太郎：《日本と朝鮮の二千年》（下），東邦出版，昭和 56 年。

63.（日）中冢明：《近代日本と朝鮮》，三省堂，1994 年。

64.（日）近藤一編：《太平洋戰下の朝鮮及び臺灣》，友邦協會，昭和 35 年。

65.（日）春山明哲：《岩波講座近代日本と殖民地 4》，岩波書店，1995 年。

66.（日）稻田周之助、綾川武治：《現代社會問題研究第六十卷——殖民地問題》，同文館，昭和 2 年。

67.（日）山本美越乃：《殖民地政策研究》、弘文堂書房、昭和 2 年。

68.（日）上沼八郎監修：《臺灣協會會報》（第 1 卷），東ゆまに書房，昭和 62 年。

69.（日）中村哲：《殖民地統治法の基本問題》、日本評論社、昭和 18 年。

70.（日）臺灣總督府：《臺灣二施行スベキ法令二関スル法律》、大正 10 年。

71.（日）小林啟治：《國際秩序の形成と近代日本》，株式會社吉川弘文館，2002 年。

72.（日）原奎一郎編：《原敬日記》（全五卷），東京乾元社、昭和 25 年。

73.（日）外務省條約局編：《外地法制志—外地法令制度の概要》，文生書院，平成 2 年。

74.（日）小林啟治：《國際秩序の形成と近代日本》，株式會社吉川弘文館，2002 年。

## 三、中文參考書目

1. 王詩琅著：《臺灣社會運動史》，稻鄉出版，1988。

2. 矢內原忠雄著、周憲文譯：《日本帝國主義下之臺灣》，海峽學術出版社，2002 年。

3. 《臺灣總督府檔案中譯本》（第三輯），臺灣省文獻委員會，1994 年。

4. 伊能嘉矩著、臺灣省文獻會編譯：《臺灣文化志》，臺灣省文獻委員會，1991 年。

5. 黃昭堂著：《臺灣總督府》，前衛出版，1994 年。

6. 井出季太和著、郭輝譯：《日據下之臺政》，臺灣省文獻委員會，1956 年。

7. 黃昭堂著：《臺灣總督府》，教育社，1981 年。

8. 程大學編譯：《臺灣前期武裝抗日運動有關檔案》，臺灣省文獻會，1977 年。

9. 《臺灣總督府民政事務成績提要》（第二篇），成文出版社，1985 年。

10. 周憲文編著：《臺灣經濟史》，開明書店，1980 年。

11. 王曉波：《臺灣的殖民地傷痕》，帕米爾書店，1985 年。

12. 林獻堂紀念集編纂委員會：《林獻堂先生紀念集》（全三卷），1960 年。

13. 史明：《臺灣人四百年史》，蓬島文化公司，1980 年。

14. 林士賢：《臺灣警政》，發行者：卜疑之，1951 年。

15. 藤井志津枝：《日治時期臺灣總督府理蕃政策》，文英堂出版社，1997 年。

16. 徐國章譯注：《臺灣總督府警察沿革志》（第一篇），國史館臺灣文獻館編印，2005 年。

17. 徐宗懋著：《日本情緒——從蔣介石到李登輝》，天下文化出版股份公司，1997 年。

18. Rapport Sur Formose，Reginald Kann：《福爾摩莎考察報告》，鄭順德譯，中央研究院臺灣史研究籌備處，2001 年。

19. 簡後聰：《臺灣史》，五南圖書出版公司印行，2001 年。

20. 許錫慶編譯：《臺灣總督府公文類纂衛生史料彙編》，臺灣省文獻委員會，2001 年。

21. 戴國輝：《清代臺灣之鄉治》，臺北：聯經出版公司，1979 年。

22. 陳孔立主編：《臺灣歷史綱要》，九州島圖書出版社，1996 年。

23. 張洪祥：《近代日本在中國的殖民統治》，天津人民出版社，1996 年。

24. 塞繆爾·沃克：《美國警察》，群眾出版社，1988 年。

25. 李道剛《歐洲：從民族國家到法的共同體》，山東人民出版社出版發行，2003 年。

26. 湯子炳：《臺灣史綱》，海峽學術出版社，1996 年。

27. 黃靜嘉：《春帆樓下晚濤急——日本對臺灣的殖民統治及其影響》，商務印書館，2003 年。

28. 吳汝綸編：《李文忠公（鴻章）全集》譯署函稿、文海出版社有限公司。

29. 吳汝綸編：《李文忠公（鴻章）全集》朋僚函稿、文海出版社有限公司。

30. 王彥威、王亮輯：《清季外交史料》第一函、民國影印本。

31. 復旦大學歷史系教研組編：《中國近代對外關係史料》第一分冊上、中卷，上海人民出版社，1977 年。

32. 中央研究院近代史研究所編：《清季中日韓關係史料》第二卷。

33. 中國第一歷史檔案館編：《清代中朝關係檔案史料彙編》，北京：國際文化出版公司，1996 年。

34. 中國第一歷史檔案館編：《清代中朝關係檔案史料續編》，北京：中國檔案出版社，1998 年。

35. 故宮博物院編：《籌夷務始末》同治朝卷 42、卷 80。

36. 故宮博物院編：《清光緒朝中日交涉史料》，第一卷。

37. 蔣廷黻：《近代中國外交史料輯要》上、中卷，上海：商務印書館，1931 ～1934。

38. 中國史學會編：中國近代史資料叢刊：《中日戰爭》，第一冊。

39. 中國近代史資料叢刊續編：《中日戰爭》，第一冊。

40. 汪向榮、夏應元編：《中日關係資料彙編》，中華書局，1984 年。

41. 張存武編：《中韓關係史料彙編》，第八冊，中央研究院近代史研究所，1998 年。

42. 曹中屏：《朝鮮近代史》，東方出版社，1933 年版。

43. 姜萬吉：《韓國近代史》，東方出版社，1933 年版。

44. 朝鮮科學院歷史研究所：《朝鮮通史》下卷。吉林人民出版社，1975 年。

45. 黃枝連：《天朝禮儀體系研究》三卷，中國人民出版社，1992～1995 年出版。

46. 井上清：《日本軍國主義》第二冊，商務印書館，1985 年版。

47. 井上清：《日本歷史——國史批判——》，三聯書店，1957 年。

48. 信夫清三郎：《日本政治史》第一卷、第二卷，上海譯文出版社，1988 年版。

49. 信夫清三郎：《日本外交史》上冊。商務印書館，1980 年。

50. 玄洋社史編撰會編：《玄洋社史》，1917 年版。

51. 王芸生：《六十年來中國與日本》第一卷，三聯書店 1979 年版。

52. 東亞同文會編：《對華回憶錄》，商務印書館，1959 年版。

53. 田保橋潔：《近代日鮮關係研究》上卷，宗高書房，1972 年。

54. 王信忠：《中日甲午戰爭之外交背景》，國立清華大學，1937 年版。

55. 馬士：《中華帝國對外關係史》第二卷、第 3 卷，三聯書店，1958 年版。

56. 斯塔夫里阿諾斯著，吳象嬰、梁赤民譯：《全球通史》，上海科學出版社，1999 年。

57. 王如繪：《近代中日關係與朝鮮問題》，人民出版社，1999 年版。

58. 權赫秀：《19 世紀末韓中關係史研究》，白山資料園，韓文版，2000 年。

59. 戚其章：《國際法視角下的中日戰爭》，人民出版社，2001 年。

60. 戚其章：《甲午戰爭國際關係史》，人民出版社，1994 年版。

61. 陳偉芳:《朝鮮問題與甲午戰爭》,三聯書店,1959 年版。

62. 井上清、鈴木正四:《日本近代史》,商務印書館,1972 年。

63. 野村浩一著,張學鋒譯:《近代日本的中國認識》,中央編譯出版社,1999 年。

64. 《福澤諭吉全集》,岩波書店,第 5 卷,1958～1986 年版。

65. 《福澤諭吉自轉》,商務印書館,1995 年。

66. 菲利普・約瑟夫:《列強對華外交》,商務印書館,1959 年。

67. 渡邊勝美:《朝鮮開國外交史》,見於《普專學會論叢》第三輯。

68. 渡邊幾治郎:《日本戰時外交史話》,千倉書房 1938 年。

69. 升味準之輔:《日本政治史》第一冊,商務印書館,1997 年版。

70. 萬峰:《日本近代史》,中國社會科學院,1978 年版。

71. 李定一:《中美早期外交史》,臺北:傳記文學出版社,1978 年版。

72. 楊玉聖:《中國人的美國觀——一個歷史的考察》,上海:復旦大學出版社,1996 年。

73. 費正清、劉廣京編:《劍橋中國晚清史》下卷,中國社會科學出版社。

74. 盛邦和、井上聰主編:《東亞學研究》,學林出版社,2000 年。

75. 吳廷璆編:《日本史》,南開大學出版社,1993 年。

76. 納羅奇尼茨基等:《遠東國際關係史》第一冊,商務印書館,1976 年。

77. 張振鵾,沈予編:《日本侵華 70 年史》,中國社會科學院出版社,1992 年。

78. 張聲振:《中日關係史》第一卷,吉林文史出版社,1986 年版。

79. 王洛林澤:《臺灣憲兵隊史》,海峽學術出版社,2001 年 5 月。

80. 臺灣省行政長官公署編:《臺灣暴動事件記實》,臺灣省行政長官公署新聞室,1947 年 4 月。

81. 臺灣銀行金融研究室編:《臺灣之糖》,臺灣銀行,1949 年 2 月。

82. 臺灣銀行金融研究室編:《臺灣之米》,臺灣銀行,1949 年 9 月。

83. 臺灣銀行金融研究室編:《臺灣之香蕉》,臺灣銀行,1949 年 9 月。

84. 太嶽新華書店編:《準備大反攻》,太嶽新華書店,1947 年 5 月。

85. 《臺灣抗日人物傳》,華藝出版社,2015 年 6 月。

86. 《臺灣史稿》,鳳凰出版社,2013 年。

87. 《臺灣簡史》,鳳凰出版社,2010 年。

88. 李理:《另一視角看臺灣史》,臺灣海峽學術出版社,2010 年 8 月。

89. 李理：《日據臺灣時期警察制度研究》，海峽學術出版社，2007 年 1 月。

90. 宋邦強：《日據時期臺灣共產黨研究》，中國社會科學出版社，2012 年。

91. 徐康：《臺灣共產黨抗日史實》，華品文創出版社，2015 年。

92.《朝鮮義勇隊通信》，朝鮮義勇隊，1939 年 4 月。

93.《李友邦先生紀念文集》，世界綜合出版社，2003 年。

94. 陳正平：《李友邦與臺胞抗日》，世界綜合出版社，2000 年。

95. 丁志龍主編：《臺灣義勇隊檔案》，海峽文藝出版社，2007 年。

96. 王正文著：《臺灣義勇隊》，臺灣古籍出版有限公司，2007 年。

97. 金振林主編：《臺灣義勇隊在金華》，九州出版社，2005 年。

98. 何池：《翁澤生傳》，海峽學術出版社，2005 年。

99. 金蕾蕾：《瞿秋白對馬克思主義中國化的早期探索》，中國社會科學出版社，2017 年。

100. 張傳仁：《謝雪紅與臺灣民主自治同盟》，廣東人民出版社，2004 年。

101. 張克輝：《啊！謝雪紅》，臺海出版社，2006 年。

102. 吳藝煤主編：《謝雪紅畫傳》，臺海出版社，2017 年。

103. 陳芳明著：《謝雪紅評傳》，麥田出版，2009 年。

104. 安岡昭男著，林和生、李心純譯，《日本近代史》，中國社會科學出版社，1996 年。

105. 黃昭堂：《臺灣總督府》，自由時代出版社，1889 年。

106. 司馬嘯著：《臺灣日本總督》，玉山社，2005 年。

107. 郭譽孚著：《自慘的主體的臺灣史》，汗漫書屋籌備處，1998 年 12 月。

108. 周憲文：《清代臺灣經濟史》（臺灣研究叢刊第四五種），臺灣銀行，1957 年。

109. 葉榮鐘著：《日據下臺灣政治社會運動史》（上、下），晨星出版，2000 年。

110.《杜聰明言論集》第二集，杜聰明博士還曆紀念獎學基金管理委員會，1955 年。

111. 杜聰明著：《回憶錄》，龍文出版社，1989 年。

112.《蔣渭水全集》，海峽學術出版社，2005 年。

113. 黃訟顯：《臺灣文化協會的思想與運動（1921～1931）》，海峽學術出版社，2008 年 12 月。

114. 沈雲龍編：《美國與中國之關係》，文海出版社有限公司，1982 年。

115. 蔡前著：《日本帝國主義之殖民地：臺灣》，新華書店，1942 年。

116. 臺灣省行政長官公署：《臺灣省民意機關之建立》，臺灣省行政長官公署民政處，1946 年 11 月。

117. 臺灣省行政長官公署教育處：《臺灣一年來之教育》，臺灣省行政長官公署教育處，1946 年 11 月。

118. 《附匪份子實錄》，國防部保密局，1953 年 3 月。

119. 李絜非著：《臺灣》，文海出版社，1945 年。

120. 李震明編著：《臺灣》，中華書局，1948 年 5 月。

121. 陳純仁著：《臺灣》，軍事委員會政治部，1945 年。

122. 《臺灣研究》，三民主義青年團中央團社，1944 年 3 月。

123. 《臺灣問題》，新華書店，1949 年 12 月。

124. 漢人編著，《臺灣革命史》，泰東圖書局，1927 年 9 月。

125. 《陳儀與臺灣》，南瀛出版社，1947 年 8 月。

126. 袁克吾編纂：《臺灣人口日本交通實業》，商務印書館，1927 年 9 月。

127. 王維巽著：《臺灣地理》，新中國出版社，1948 年 6 月。

128. 邱平田著：《臺灣人民的出路》，新民出版社，1948 年 5 月出版。

129. 東北日報社編：《蔣管真相》，東北書局，1948 年 4 月出版。

130. 狄超白主編：《中國經濟年鑒：1948》，太平洋經濟研究社，1948 年 5 月出版。

131. 《中華人民共和國開國文獻》，新民主出版社，1949 年 12 月。

132. 《日本帝國主義在中國淪陷區》，解放社，1939 年 10 月。

133. 《臺灣大慘殺報告書》，旅京滬臺灣七團體二二八慘案聯合後援後。

134. 勁雨編：《臺灣事變真相與內幕》，上海建設書店，1947 年 4 月。

135. 唐賢龍編著：《臺灣事變內幕記》，中國新聞出版社，1947 年 6 月。

136. 臺灣民主黨宣傳處編：《臺灣革命運動》。

137. 臺灣革命同盟會編：《臺灣收復問題言論》，國際問題研究所，1943 年 10 月。

138. 漢人編著：《臺灣革命史》，蘭記書局。

139. 國立海疆學校第三屆畢業同學會編，《臺灣教育》，1948 年 9 月。

140. 沈雲龍主編：《臺灣抗戰》，文海出版社。

141. 許崇灝著：《臺灣島》，新中國出版社，1948 年 6 月。